Inhalt Wann läßt sich von einer Fehlentwicklung im Konsum sprechen? Die Grenzen sind fließend. Die Kritik kann sich nicht auf einen einzelnen Kauf- oder Konsumakt beschränken. Zur Debatte stehen Verhaltensweisen, also andauernde und eingeübte Gewohnheiten. Es geht um ein Verbraucherverhalten, das sich langfristig psychisch, finanziell, sozial und ökologisch negativ auswirkt. Wichtige Indikatoren beim Verbraucher zeigen sich in Form von Unersättlichkeit, Impulsivität, Habgier und Neid. Letzten Endes geht es um das Maß, mit dem man den Versuchungen der Werbung und der Marketingstrategien begegnet. In diesem Sinn untersucht der Autor 51 Typologien, die sich durchaus überschneiden können. Die Ursachen für Fehlentwicklungen im Konsum können im Erlebnis des Kaufens und Konsumierens, in der begehrten Eigenschaft eines Produktes oder Dienstleistung, im Drang nach sozialem Status, aber auch in der mangelnden Information des Verbrauchers liegen.

Autor Udo Beier, geb. 1943. Professor für Hauswirtschaftslehre und Verbraucherpolitik an der Universität Hamburg. Der Autor verfügt über reiche Erfahrung in der Konsumkritik, u. a. auch im Rahmen der Stiftung WARENTEST. Viele Publikationen.

Udo Beier

Der fehlgeleitete Konsum

Eine ökologische Kritik am Verbraucherverhalten

Fischer
Taschenbuch
Verlag

fischer alternativ
Eine Reihe des Fischer Taschenbuch Verlags
Herausgegeben von Rudolf Brun

Originalausgabe
Veröffentlicht im Fischer Taschenbuch Verlag GmbH,
Frankfurt am Main, November 1993

Umschlaggestaltung: Buchholz/Hinsch/Hensinger
Gesamtherstellung: Clausen & Bosse, Leck
Printed in Germany
ISBN 3-596-11683-X

Gedruckt auf chlor- und säurefreiem Papier

Inhalt

Einführung

Der Grundgedanke des Buches ist es, daß alle Umweltgefahren auf den Konsum zurückzuführen sind; denn ohne Konsum wird z. B. jede Produktion überflüssig und ohne Konsum entsteht auch kein Abfall. Will man also einen wesentlichen Beitrag zum Umweltschutz leisten, so muß er sich mit der Entwicklung des Konsums auseinandersetzen, wenn er sich nicht mit der Lösung von Teilproblemen begnügen will.

Die Gefahrenquellen für die Umwelt sind genauso vielfältig wie ihre Auswirkungen. Einerseits gehen sie aus von der Rohstoffgewinnung, von der Rohstoffverarbeitung (Produktion) bzw. der Dienstleistungsbereitstellung, vom Vertrieb (Handel, Transport), vom Konsum bzw. vom Abfall und betreffen somit die gesamte Palette des Wirtschaftens, wie es in Betrieben und Haushalten tagtäglich zu beobachten ist. Andererseits beeinträchtigen sie die Qualität von Boden, Wasser bzw. Luft und entziehen somit den Pflanzen und Tieren, aber auch uns Menschen allmählich die Lebensgrundlage.

Leider wird es nicht einfach sein, sich in einer vom Pluaralismus geprägten Gesellschaft darüber zu einigen, welche Zielrichtung die Entwicklung der Konsumbedarfe einzuschlagen hat, sofern sie über die pauschale Propagierung von Konsumaskese hinausgehen sollte. Unter Umständen müßte es aber allen leichterfallen, sich über die möglichen Fehlentwicklungen im Konsumwachstum zu verständigen.

Diese von Gerhard Scherhorn (1975) vertretene Auffassung wird in der folgenden Arbeit aufgegriffen. Insgesamt werden sechs Grundtypen von Fehlentwicklungen aufgezeigt, die die Bedarfsformung der Verbraucher und somit ihren konkreten Konsum beeinflussen. Die einzelnen Grundtypen werden dabei jeweils geprägt

- durch den Kaufvorgang als solchen,
- durch die Art der Entstehung von Konkretisierung der Bedürfnisse,
- durch die Eigenschaftsmerkmale, die den zu konsumierenden Waren bzw. auch Dienstleistungen anhaften,
- durch die Außenwirkungen des Konsums,
- durch den beim Verbraucher ablaufenden Kaufentscheidungsprozeß
- und durch die mit der Bedarfsformung unweigerlich verbundenen Intransparenzprobleme.

Basierend auf diesen Grundtypen werden insgesamt 51 konkrete Typen *möglicher* Fehlentwicklungen herausgearbeitet und erläutert. Die Bedeutung der einzelnen Fehlentwicklungen liegt dabei nicht in dem Aufzeigen ökologischer Folgeschäden, die durch den Konsum einer spezifischen Ware verursacht werden. Gibt es doch hierzu eine Vielzahl von sog. »Öko-Ratgeber«-Büchern. Vielmehr besteht ihr Wert darin, daß es gerade dieser »Cocktail« an Fehlentwicklungen ist, der dem Konsumwachstum das Potential verschafft, von dem die eigentlichen Gefahren für die Umwelt ausgehen.
Die Herausarbeitung dieser typischen Fehlentwicklungen sollte dazu dienen, zum einen im Rahmen der Verbraucher- und Umwelterziehung dem einzelnen Verbraucher den Weg zur *Bedarfsreflexion* zu erleichtern und zum anderen im Rahmen der Verbraucher- und Umweltberatung den Beratungskräften Ansätze in die Hand zu geben, die ihnen die *Problematisierung der Kaufwünsche*, welche von den ratsuchenden Verbrauchern angesprochen werden, ermöglichen könnten.
Letztlich sollte die Arbeit den Verbrauchern einen Weg aufzeigen, wie sie Konsumeinsparungen erzielen können, um einen längst fälligen und von den Politikern nicht mehr lange hinausschiebbaren Beitrag zum Umweltschutz, aber auch zur Finanzierung eines Abbaus von Wohlstandsunterschieden in unserem eigenen Land bzw. in den Ländern der Dritten und Vierten Welt zu leisten.
Ziel der Arbeit kann es also nicht sein, einen Beitrag zur Förderung asketischen Konsumverhaltens zu leisten. Vielmehr sollen Fehlentwicklungen individueller Bedarfsformung und individuellen Kauf- und Konsumverhaltens aufgezeigt werden, und zwar insbesondere solche Fehlentwicklungen, die den einzelnen Verbraucher, seinen Privathaushalt, seine Nachfahren, aber auch seine nähere aber auch weitere Umwelt in Schwierigkeiten bringen können, sei es nun aus finanziellen, zeitlichen, gesundheitlichen, bedarfsbezogenen, ökologischen und sozialen Gründen. Der Verbraucher soll über die Konfrontation mit diesen Fehlentwicklungen in erster Linie nicht zur Konsumentsagung, sondern zu einem verantwortlichen Konsumverhalten angeregt werden; denn nur über ein solches Verhalten der Verbraucher ist dem nicht enden wollenden Konsumwachstum Grenzen zu setzen und nur so kann dem Konsum seine ökologische Gefährlichkeit genommen werden.
Eine *ökologische Kritik am Verbraucherverhalten* darf sich daher nicht damit begnügen, sich lediglich mit unmittelbaren Schädigungen der Umwelt durch einzelne konkrete Waren (z. B. Waschmittel, Auto) und Dienstleistungen (z. B. chemische Reinigungen, Alpinskitourismus) auseinanderzusetzen (vgl. »Folgekostenkauf« [51], und zwar »Umwelt-Folgen«). Im Grunde gefährden alle Marktleistungen die Umwelt, wenn nicht beim Konsum, so doch bei der Produktion bzw. bei – diese erst

ermöglichenden – Rohstoffbeschaffung/-verarbeitung und Energiegewinnung, beim Vertrieb, bei der Entsorgung dessen, was nach dem Konsum von einer Ware oder Dienstleistung übrig bleibt, aber auch beim Aufbau der zum Wirtschaften notwendigen Infrastruktur. Eine ökologische Kritik am Verbraucherverhalten – will sie sich auch als eine Anleitung zum konkreten umweltbewußten Verbraucherverhalten verstanden wissen – kann sich daher auf die Herausarbeitung des fehlgeleiteten Konsums beschränken. Hat doch der Verzicht auf solche Fehlentwicklungen auch immer eine positive ökologische Wirkung.

Die hier vorgestellte Typologie von Fehlentwicklungen im Konsum erhebt nicht den Anspruch, alle möglichen Fehlentwicklungen zu enthalten, geschweige denn alle kritischen Kauf- und Konsumverhaltensweisen zu erfassen. Dazu sind die Varianten des Kauf- und Konsumverhaltens und die Ansichten darüber, was davon als kritikwürdig einzustufen ist, zu vielfältig. Wollte man eine solche allumfassende Typologie der Fehlentwicklungen erstellen, gipfelte sie sicherlich darin, all das als Fehlentwicklung einzustufen, was über die Befriedigung der physischen Grundbedürfnisse der Menschen hinausginge.

Erklärungen und Rechtfertigungen für eine solche Typologie finden sich immer. Beweise, daß ein Leben ohne solchen, für unsere heutige Industriegesellschaft so typischen, fehlentwickelten Konsum möglich ist und trotzdem lebenswert erscheint, könnten durch *interkulturelle* Vergleiche auch zwischen den Nationen entwickelter Volkswirtschaften erbracht werden. Nicht jedes Bedürfnis, das von einem Deutschen als befriedigenswert erachtet wird, ist für einen Amerikaner, Franzosen, Norweger oder Japaner wichtig. Und was die Bürger dieser Nationen als unverzichtbar ansehen, wird von einem Südamerikaner, Afrikaner, Araber oder Inder vielfach nur mit Kopfschütteln zur Kenntnis genommen. Solche Beweise finden sich aber auch unmittelbar vor unserer eigenen Haustür. Jeder Nachbar hat einen Grund, wegen des Konsumverhaltens der anderen die Stirne zu runzeln; denn jeder Verbraucher setzt bei seiner Bedürfnisbefriedigung andere Prioritäten, kauft und konsumiert andere Waren. Wollte man ihm den Konsum seiner Nachbarn aufzwingen, hätte er dafür sicherlich nur selten Verständnis.

Aber das sind noch keine Hinweise und Belege dafür, daß Fehlentwicklungen vorliegen; denn Fehlentwicklungen müßten schon aus etwas anderem als bloßem »Anderssein« bestehen. Sie haben mit Überflüssigem, Ungesundem, Umweltgefährlichem, Unsozialem, Nicht-Finanzierbarem zu tun, also mit etwas, was man bislang gar nicht wollte. Die Vermeidung von Fehlentwicklungen hat nicht unbedingt den Verzicht auf die Befriedigung einzelner Bedürfnisse, seien sie noch so eigenartig, sondern nur die maßvolle Beschränkung eines Bedürfnisses zur Folge. Was dabei alles als maßvoll angesehen werden kann, wird versucht, bei der Erklärung

der einzelnen Fehlentwicklungen herauszuarbeiten. Das Streben des einzelnen Menschen nach Anerkennung, Abwechslung, Lust und Anregung und seine Neigung zur Unersättlichkeit, Impulsivität, Habgier und zum Neid spielen dabei eine entscheidende Rolle.
Die mehr oder weniger eng miteinander verflochtenen *51 Fehlentwicklungen* erheben keinen absoluten Anspruch. Sie sind keine fest vorgegebenen Größen, die für alle Verbraucher gleichermaßen Gültigkeit besitzen oder die gar die Grundlage für restriktive gesetzliche Konsumregelungen bilden sollten. So verweist Sombart (1922, S. 137) auf »Konsumaufwandsverbote« vergangener Jahrhunderte; Wenke/Zilleßen (1978, S. 308ff.) geben die fünf schwedischen Vorschläge zur Herausarbeitung von »Konsumobergrenzen« wieder. Vielmehr stellen diese Fehlentwicklungen lediglich Vermutungen für eine »weniger vernünftige« Bedarfsformung dar. Sie sind daher nur als Empfehlungen an den Verbraucher anzusehen, seinen akuten Bedarf kritisch zu reflektieren. Es bleibt letztlich jedem einzelnen Verbraucher überlassen, ob er seine Kauf- und Konsumentscheidungen an derartigen Empfehlungen ausrichtet und somit die aufgezeigten Fehlentwicklungen als für sich relevante Fehlentwicklungen akzeptiert.
Der einzelne Verbraucher muß selbst prüfen, welche der beschriebenen Fehlentwicklungen für ihn und seine Umwelt unerwünscht oder untragbar sind. Nur er selbst kann die Entscheidung für seinen Konsum treffen. Die Fehlentwicklungen sollen ihm dabei helfen, aus der Vielfalt der möglichen Kauf- und Konsumentscheidungen die für ihn und seine Umwelt problematischsten Entscheidungen auszusondern. Sie dienen zur Orientierung und zeigen die Richtung, in die der Konsum nicht führen sollte. Dem Verbraucher kann dadurch die Suche nach dem »richtigen« Konsum erleichtert werden. Das Ziel »richtiger« Konsum muß ein jeder Verbraucher zusammen mit den Mitgliedern seines Haushalts jedoch selber formulieren und finden. Dazu bedarf es weniger der Wissenschaft als des »gesunden Menschenverstandes« (vgl. die Ausführungen von H. Markl über »Wohin führt uns die Wissenschaft?«, in: Die Zeit, Nr. 34/90, S. 66).
Das bedeutet für den Verbraucher keinen Freibrief. Er muß sich der *Ursachen* und *Folgen* dieser Fehlentwicklungen für sich, seinen Haushalt und die Umwelt bewußt sein. Nur dann kann er eine Entwicklung für oder gegen einen Kauf und Konsum entsprechender Sach- oder Dienstleistungen treffen. Der Verbraucher kann sich im Prinzip für die Realisierung eines »fehlentwickelten« Bedarfs entscheiden. Je öfter er jedoch dies tut, desto problematischer ist ein solches Verhalten zu beurteilen. Das gilt insbesondere dann, wenn:
- die *finaniziellen Mittel* eines Verbrauchers oder seines Haushalts besonders knapp sind (wegen Arbeitslosigkeit, Verschuldung, Unterstützung von Angehörigen, Familiengründung, Ruhestand, Krankheit);

● der angestrebte *Konsumaufwand* nur noch dadurch finanziert und möglich gemacht werden kann, wenn auf die Befriedigung immer mehr anderer Bedürfnisse, seien es nun die eigenen oder die der übrigen Familienmitglieder, verzichtet werden muß. Dies ist der Fall, wenn das Geld ausgegeben ist und zusätzliches Geld zur Finanzierung dieser anderen Bedürfnisse nicht da ist oder wegen Ausweitung der Arbeitszeit (Überstunden) zwecks Schaffung zusätzlicher finanzieller Mittel nicht mehr genügend Freizeit (Konsumzeit) übrig bleibt;

● die *Gesundheit* eines Verbrauchers durch übermäßigen bzw. einseitigen Konsum schon gefährdet ist;

● die soziale bzw. natürliche *Umwelt* durch weiteren Konsum ein nicht mehr vertretbares Gefährdungsstadium erreicht.

Wenn der Verbraucher aufhört, derartig »fehlentwickelte« Kauf- und Konsumentscheidungen *»gewohnheitsmäßig«* zu treffen, hat diese Arbeit hier ihr Ziel erreicht. Mit einem Abbau von Fehlentwicklungen bei der individuellen Bedarfsformung wäre dann langfristig sicherlich zu rechnen. Natürlich wird es noch ein langer Weg dahin sein. Setzt dies doch beim Verbraucher eine Stimulation zur *Bedarfsreflexion* (vgl. Scherhorn 1973, S. 38ff.) voraus, die ohne Unterstützung der Verbrauchererziehung (vgl. Steffens 1980, Kaminski 1981) und Umwelterziehung sowie der Verbraucherberatung (vgl. Beier 1978*a*, 1979*a* u. 1988) und Umweltberatung, aber auch ohne die Mithilfe durch die »Öko«-Medien (z.B. »test«, »Öko-Test«) nicht gelingen kann.

Im Mittelpunkt einer solchen Anregung zur *Bedarfsreflexion* sollte dabei insbesondere die Vermittlung folgender Erkenntnisse stehen:

● Die Bedürfnisse werden immer mehr zu Konsumbedürfnissen; dabei stellt der Konsum von auf den Märkten angebotenen Sach- und Dienstleistungen nur eine Möglichkeit der Bedürfnisbefriedigung dar (»Marktorientierung«), ist aber nicht die einzige.

● Jedes Bedürfnis, welches mit dem Konsum von Marktleistungen befriedigt wird, erfordert Geld, das u. U. nur durch (zusätzliche) Überstunden verdient werden kann, und trägt u. U. zur Beeinträchtigung unserer Umwelt und Gesundheit bei. Der einzelne Verbraucher sollte sich daher in einem solchen Fall immer fragen, ob die Nutzenminderungen, die durch die Ausweitung der Arbeitszeit auf Kosten der Freizeit bzw. durch die anfallenden Folgeschäden für Umwelt und Gesundheit eintreten, überhaupt durch eine Nutzenerhöhung, welche auf den nun möglich gewordenen Konsum von weiteren Sach- bzw. Dienstleistungen zurückzuführen ist, kompensiert werden kann.

● Im Rahmen der Bedürfnisbefriedigung sollte den ebenfalls Befriedigung stiftenden Tätigkeiten ein stärkeres Gewicht gegeben werden (»Aktivitätsorientierung«) (vgl. Scherhorn u. a. 1988, S. 34ff.); denn die immer wichtiger erscheinenden Freizeitwünsche bedürfen eigentlich zu ihrer Befriedigung viel weniger der von Unternehmen angebotenen Marktleistungen als der persönlich auszuübenden Tätigkeit.

- Die Bedürfnisse werden immer stärker von anderen bestimmt (»Fremdorientierung«). Auch wenn es schwer ist herauszuarbeiten, was eigentlich der Unterschied zwischen »fremdbestimmten« und »selbstbestimmten« Bedürfnissen ist, dürfte es sicherlich nicht als anmaßend anzusehen sein zu fordern, daß der Verbraucher bei seiner Bedürfnisbefriedigung etwas mehr in sich hineinhören sollte, wessen er eigentlich bedarf (»Autonomieorientierung«) (vgl. Scherborn u. a. 1988, S. 5ff.), statt stets danach zu schielen, was die Unternehmen so alles anbieten und Dritte so alles konsumieren.
- Auch tut sich der Verbraucher mit der Erfüllung eines jeden Konsumwunsches nicht immer unbedingt einen Gefallen. Vielmehr ist es oftmals besser für ihn, sich damit zu begnügen, etwas zu wünschen, was ihm fehlt, statt stets zu versuchen, jeden aufkommenden Wunsch möglichst umgehend zu verwirklichen (vgl. Maslow 1981, S. 13). Vielleicht gelingt es ihm auf diese Weise, sein »hedonistisches« Streben nach Lust, Genuß und Glück etwas zu beherrschen und sich dadurch ein wenig unabhängiger von den Reizen zu machen, die von den nicht mehr überschaubaren Marktangeboten ausgehen. Vielleicht wird ihm bei fortschreitendem Verzicht immer deutlicher gewahr, »daß nicht die Fülle der materiellen Güter zur Befriedigung führt, sondern die Erfüllung des Lebens mit Sinn; daß das Glück nicht im Scheinparadies des maximalen Vergnügens zu finden ist, sondern im Alltag, in dem die spröde Wirklichkeit in der Gestalt des nächsten Menschen dominiert« (Bartelt 1978, S. 15ff., insb. S. 117).
- Der Verbraucher »muß im Verlauf seines Lebens lernen, seine Bedürfnisse zu entwickeln, so daß Befriedigung nicht nur durch materielle Objekte, sondern ebenso durch ›symbolische‹ Akte erlebt werden kann, durch Gratifikationen, die in nichtmaterieller, in ›geistiger‹, symbolischer Form gewährt werden und aus der Kommunikation mit anderen Menschen erwachsen« (Bartelt 1978, S. 110). Nur dann kann er erkennen, daß z. B. Anerkennung und Bestätigung durch andere nicht nur über den kostspieligen Umweg des Kaufs und Konsums von Sach- und Dienstleistungen, sondern auch über den jedoch kurzfristig recht kräftezehrenden und zeitraubenden Einsatz persönlicher Leistungen erlangt werden kann, und zwar auf einer Basis, die von Marktschwankungen, die z. B. Modetrends anhaften, unabhängig ist.
- Die Ausweitung unseres Konsums bleibt nicht mehr folgenlos und stößt immer häufiger an individuelle, gesellschaftliche und ökologische und soziale Grenzen. Zurückzuführen ist dies auch auf die egoistische Neigung der Verbraucher, der Befriedigung ihrer augenblicklichen Be-

dürfnisse oberste Priorität zuzugestehen, ohne dabei den Bedürfnissen anderer, seien es welche aus dem eigenen Haushalt, aus der näheren, weiteren Umgebung oder aus fremden Ländern, genügend Beachtung zu schenken. Hier muß ein Umdenken stattfinden, und zwar weg vom »Egoismus« und hin zur »Solidarität« mit anderen (vgl. Bartelt 1978, S. 111 f.), denn letztlich wird das Überleben der Menschheit von der Solidarität aller mit allen abhängen.
Der Verbraucher muß lernen, nicht nur an sich selber zu denken, sondern auch Rücksicht auf andere Menschen, auf die Natur schlechthin zu nehmen. Er hat bereit zu sein, auf eigene Vorteile zugunsten Dritter auch dann zu verzichten, wenn ihm daraus kein »›sozialer‹ Nutzen erwächst, der den individuellen Schaden kompensiert« (Scherhorn 1990, S. 13); denn der einzelne Mensch hat nicht nur Verantwortung gegenüber sich selbst, sondern auch gegenüber seiner Umwelt zu tragen. Das »Mitgefühl mit anderem Leben« (Scherhorn 1990, S. 13) darf nicht nur auf die Mitglieder seines Haushalts, auf den engsten Verwandten- bzw. Freundeskreis beschränkt bleiben.

- Durch finanz- und gesundheitsbewußteres sowie umwelt- und sozialverträglicheres Konsumverhalten können Ersparnisse erzielt werden, die einer zweiten »Einkommensquelle« gleichkommen, deren Potential wohl kaum auch nur annähernd von zukünftigen Realeinkommenszuwächsen zu erreichen sein wird.

Das Ergebnis einer solchen Bedarfsreflexion wäre nicht nur ein weniger fehlentwickeltes Kauf- und Konsumverhalten, sondern u. U. auch ein Verhalten, das weniger materiell orientiert ist. Vielleicht würde dadurch die Priorität des Marktes mit seinen vielfältigen Sach- und Dienstleistungsangeboten aufgehoben werden zugunsten von immaterielleren Zielvorstellungen, die bislang nur eine Minderheit konsequent verfolgt. Zu denken ist z B. an ein gesundheits-, umwelt- und sozialverträglicheres Verhalten sowie an die »Entfaltung auch solcher menschlichen Kräfte und Fähigkeiten, die im Erwerbsleben nicht gebraucht werden« (Scherhorn u. a. 1988, S. 68). Wie ein solches, von Scherhorn u. a. (1988, S. 66 ff.) als *»postmateriell«* bezeichnetes Verhalten konkret auszusehen hat, das kann diese Arbeit hier nicht darstellen. Sie will nur auf negative Tendenzen im Verbraucherverhalten aufmerksam machen, die, wenn sie nicht mehr vom einzelnen Verbraucher verfolgt werden, in seinem Leben ein Vakuum entstehen lassen, das den immateriellen Bedürfnissen die Chance gibt, es zu füllen. Es liegt am Verbraucher selbst, ein solches Vakuum zu schaffen, und an der Gesellschaft, dem Verbraucher konkrete Aussagen über mögliche »postmaterielle« Ziele, Werthaltungen und Lebensweisen an die Hand zu geben, die es auch wert sind, nachgeahmt zu werden.

Vielleicht könnte auch ein weniger materiell orientiertes Verhalten mittelbar zu einer intakteren und konfliktfreieren Umwelt beitragen und somit ermöglichen, daß automatisch auch jene Bedürfnisse (wieder) befriedigt werden können, die für die meisten Menschen nicht käuflich, für die meisten Völker kaum bezahlbar sind, so das Bedürfnis nach sauberer Luft, sauberem Wasser, ruhiger Umgebung und intakter Natur, aber auch nach konfliktfreien Beziehungen, und zwar zwischen den Mitgliedern eines Haushalts, einer Kommune, eines Volkes und letztlich auch aller Völker; denn es ist doch nicht von der Hand zu weisen, daß die Ursache der meisten Umweltprobleme und Konflikte in einer allzu materiellen Denkhaltung der Menschen zu finden ist.
Wichtig ist, daß jeder Verbraucher einen ersten Schritt in Richtung *Vermeidung* von Fehlentwicklungen im Konsum versucht. Nur wenn man selbst sein Konsumverhalten ändert, kann man am eigenen Körper erfahren, erleben und lernen, ob es nun wirklich für einen eine unzumutbare Entbehrung darstellt, wenn man auf die Befriedigung eines fehlentwickelten Bedarfs verzichtet. Dieses »Learning by doing« ist wichtig, weil man so am eindrucksvollsten merken kann, ob bislang etwas falsch gemacht wurde. Das gilt speziell und generell, d. h. für die Umschichtung finanzieller, zeitlicher und körperlicher Ressourcen weg von einem Bedarf hin zu einem anderen (z. B. weg vom Autofetischismus hin zur Investition des nun eingesparten Geldes zur Befriedigung anderer Bedürfnisse), aber auch für den Abbau des Konsumpassivismus.
Nur wenn man bereit ist, sich von seinem bisherigen fehlentwickelten Kauf- und Konsumverhalten abzuwenden, gewinnt man nicht nur neue Erfahrungen, sondern auch den nötigen Abstand zu dem Verhalten, wie man bisher konsumiert und gelebt hat. Nur aber wenn man diesen Abstand gewonnen hat, kann man frei entscheiden, wie sein Kauf- und Konsumverhalten in der Zukunft auszusehen habe. Erst durch die Überwindung seines bisherigen Kauf- und Konsumverhaltens kann man erleben, was seiner Entwicklung und der Entwicklung seiner näheren und weiteren Umwelt nicht mehr »gemäß« ist. Solange man dagegen in seinem bisherigen Verhalten verharrt und »eingeschlossen« bleibt, erlebt man seine Konsumsituation als eine »Konstellation von gültigen Wahrheiten und zwingenden Imperativen«. Man spürt keinen Drang, eine solche Situation zu ändern, weil man sie als eine »gesellschaftliche Selbstverständlichkeit« ansieht, und fühlt sich zufrieden, obwohl man es u. U. gar nicht sein dürfte (vgl. insbesondere Scherhorn 1990, S. 1 f.).
Ob es die Verbraucher jemals schaffen werden, von sich aus den fehlgeleiteten Konsum abzubauen, sei hier dahingestellt. Aber die Zeit ist längst reif dafür, daß der Staat zur Bekämpfung der Umweltschäden und zur Verringerung der Wohlstandsunterschiede im eigenen Land und zur Überwindung der Armut in den Ländern der Dritten und Vierten Welt

Maßnahmen ergreift. Er muß zu ihrer Finanzierung die notwendigen Geldreserven mobilisieren, die letztlich auch die Verhinderung eines fehlgeleiteten Konsums zum Ziel haben müßten und die erst durch einen fehlentwicklungsfreien Konsum freigelegt werden können. Anders ausgedrückt: Die Verbraucher müssen über kurz oder lang ihr Verbraucherverhalten verändern und ihren Gürtel enger schnallen. Das wird für viele recht schmerzhaft sein. Jenen Verbrauchern, die in der Lage sind, ihren fehlentwickelten Bedarf zu unterdrücken, wird das sicherlich am leichtestenfallen.

Problemstellung

Die Verbraucher treffen tagtäglich eine Vielzahl von Kauf- und Konsumentscheidungen. Etwa dreiviertel des Netto-Einkommens eines Privathaushalts wird für die Beschaffung von auf Märkten angebotenen Sach- und Dienstleistungen ausgegeben. Fast täglich kaufen sie Verbrauchswaren (z. B. Lebens-, Genuß-, Pflege-, Arzneimittel), mehrmals monatlich treffen sie Barzahlungs-, Kredit- bzw. Leasingentscheidungen über die Anschaffung von Gebrauchswaren (z. B. Kleidung, Haushaltsklein- und -großgeräte, Möbel, Hobby-Geräte, Pkw, Bücher) bzw. Dienstleistungen (z. B. Frisör, Schuster, Restaurantbesuch, Kino, Theater, Verkehrsmittel, Pauschalreisen) und alljährlich legen sie sich durch die Inanspruchnahme von auf Dauer benötigten Marktleistungen fest (z. B. Mietwohnung, Versicherungsleistungen, Zeitschriftenabonnement). Die dabei von jedem einzelnen Verbraucher zu treffenden Entscheidungen beeinflussen in ihrer Gesamtheit wesentlich den Ablauf des Marktgeschehens. Das bleibt nicht ohne Wirkung auf unsere Volkswirtschaft. Aus *gesamtwirtschaftlicher Sicht* prägen die individuellen Entscheidungen die Funktionsfähigkeit unseres von der Idee der sozialen Marktwirtschaft dominierten Leistungswettbewerbs *und* aus *einzelwirtschaftlicher Sicht* wirken sie sich auf die Qualität und die Preise jedes einzelnen Sach- und Dienstleistungsangebotes aus. Beides zusammen liefert den erwerbswirtschaftlich tätigen Unternehmen, – gleichgültig ob sie der Konsumgüter- oder Investitionsgüterbranche angehören, ob sie Rohstoffe gewinnen oder verarbeiten bzw. ob sie sich die Abfallentsorgung zum Ziel gesetzt haben –, die nötigen Impulse für ihr Handeln.
Weiterhin bestimmen die Entscheidungen der Verbraucher aus *hauswirtschaftlicher Sicht* das Leben der Mitglieder jener Privathaushalte, für die diese Entscheidungen getroffen werden, *und* aus *ökologischer Sicht* den Zustand unserer näheren und weiteren Umwelt. Sie tragen zur unmittelbar beabsichtigten Befriedigung der Bedürfnisse, aber auch zur mehr oder weniger mittelbaren und unbeabsichtigten, teils negativen, teils positiven Beeinflussung der Umwelt bei. Beides zusammen wirkt sich kurzfristig, manchmal auch längerfristig, in ihrem gesamten Umfang erst für die nachwachsenden Generationen spürbar auf die Qualität der Umwelt und somit letztendlich auch auf die Qualität des Lebens im Prinzip aller Menschen aus.
Es sollte daher ein wichtiges Anliegen eines jeden Verbrauchers sein, beim Treffen seiner Kauf- und Konsumentscheidungen nicht nur kurzfri-

stig an sich persönlich zu denken. Vielmehr muß er bei seinen Entscheidungen stets auch die Auswirkungen auf die Umwelt berücksichtigen; denn die Schädigung der Umwelt durch den Konsum hat mittlerweile solch ein Ausmaß angenommen, daß die Qualität der Umwelt immer mehr zum bestimmenden Faktor für die *»Lebensqualität«* aller Menschen wird. Alle Verbraucher stellen insofern eine »Gefahrengemeinschaft« zur Sicherung jeweils ihrer eigenen »Lebensqualität« dar. Nur wenn der einzelne Verbraucher bei seinem Verhalten auch an die Sicherung der »Lebensqualität« nicht nur der Mitglieder seines eigenen Privathaushalts, sondern auch aller übrigen Privathaushalte denkt, gleichgültig welcher Volkswirtschaft sie angehören, nur dann hat er ein »moralisches« Anrecht darauf zu verlangen, daß die anderen Verbraucher sich ebenso verhalten, und nur dann hat die Umwelt noch eine Chance, vor irreversiblen Schädigungen bewahrt zu werden.

Im Prinzip setzt die Realisierung eines solchen Anliegens die Klärung dessen voraus, was unter »Lebensqualität« zu verstehen ist und wie Kauf- bzw. Konsumentscheidungen auszusehen haben, wenn sie zu einer Erhöhung der »Lebensqualität« aller beitragen sollen. Die Aufgabe dieser Arbeit kann es jedoch nicht sein, dieses Problem zu lösen; denn eine Einigung darüber zu finden, ist kaum möglich. Dies hieße, sich über die Zielrichtung der Entwicklung unserer Bedürfnisse und Bedarfe verständigen zu können und letztlich zu sagen, was unsere »wahren«, »echten«, »wirklichen«, »richtigen« oder »manipulationsfreien« Bedürfnisse sind. Eine Antwort hierzu zu finden, ist bislang nicht gelungen (vgl. Moser/Ropohl/Zimmerli 1978). Tenbruck (1978, S. 75 ff.) liefert hierfür eine interessante Erklärung: Menschliches Handeln wird nämlich vor allem geprägt durch

- *»Weltoffenheit«*: Der Verbraucher darf sich allen Reizen, die von der Umwelt auf ihn einwirken, öffnen und entsprechend reagieren, so wie er es nach seinem Urteil für wichtig erachtet; denn es wäre nicht tolerant, wenn andere ihm Vorschriften machten, wie solche Urteile auszusehen hätten;
- *»Umwelt- und Zukunfsbezogenheit«*: Der Verbraucher sollte zumindest alle gegenwärtigen und zukünftigen negativen Folgen seiner möglichen Handlungen, gleichgültig ob sich selbst oder seine Umwelt betreffend, in seine Entscheidungen für einzelne Handlungen einbeziehen und es tunlichst vermeiden, etwas zu tun, was nur der egoistischen »Augenblicksbefriedigung« dient; denn die Freiheit des einzelnen ist nicht grenzenlos: Sie hat dort ihre Grenzen, wo sie den eigenen Freiheitsbereich, aber auch den Freiheitsbereich anderer negativ beeinträchtigt;
- *»Instinktarmut«*: Auf einzelne vom Menschen wahrgenommene Reize gibt es nicht nur eine »richtige«, sondern viele mögliche Reaktionen; insofern stehen dem Verbraucher für jede Situation stets verschiedene

Handlungsmöglichkeiten offen, und es wäre nicht menschlich, wenn er nicht aus diesen Handlungsmöglichkeiten für sich eine frei auswählen dürfte.

Menschliches Verhalten, was das Kauf- und Konsumverhalten mit einschließt, ist folglich eine höchst komplexe und subjektive, vom einzelnen Individuum abhängige Angelegenheit. Es mag wohl sein, daß es für ein jedes Individuum eine »optimale« Lösung seiner zum Handeln drängenden Probleme gibt, die den »wahren« Bedürfnissen nicht nur kurz-, sondern letztlich auch langfristig entsprechen und nicht nur individuelle, sondern auch gesamtgesellschaftliche Gültigkeit besitzen. Mit der Verkümmerung menschlicher Instinkte ist uns jedoch das Instrument genommen worden, unsere »wahren« Bedürfnisse herauszuarbeiten.
Gelänge es uns aber trotz alledem zu sagen, was unsere »wahren« Bedürfnisse sind, würde uns das nicht viel weiterhelfen; denn diese »wahren« Bedürfnisse können eigentlich nur Bedürfnisse sein, die für alle Menschen und für größere Zeiträume gleichermaßen Gültigkeit besitzen. Sollten sie nur jeweils für das einzelne Individuum und auch nur für einen begrenzten Zeitraum und nur einen bestimmten Zeitpunkt ermittelbar sein, dann müßte man ihre Konkretisierung dem einzelnen Individuum überlassen. Es weiß am besten, was es »wirklich« will. Wenn aber die »wahren« Bedürfnisse überindividuelle, universal und allzeit gültige Bedeutung besitzen, können sie nur einen sehr »vagen« Rahmen für die Beweggründe des Handelns abstecken. Die »wahren« Bedürfnisse können dem einzelnen Individuum nicht den spezifischen Grund konkreten Handelns oder das exakte Ziel einer bestimmten Handlung liefern. Sie können lediglich eine pauschale Richtschnur für Handlungen vorgeben, quasi dem Individuum eine Orientierungshilfe sein. Es liegt letztlich am Individuum, aus den »wahren« Bedürfnissen individuelle Bedürfnisse abzuleiten. Was es auch tut. Heraus kommt ein *Konglomerat* von kaum noch überschaubaren, äußerst unterschiedlichen, höchst vielfältigen, ständig der Veränderung unterworfenen, mehr oder weniger selbst- bzw. fremdbestimmten, letztlich von Alter, Geschlecht, Rollensituation, Schichtzugehörigkeit, Erziehung und Kultur abhängigen Bedürfnissen.
Insofern können die physiologischen (= primären) Bedürfnisse, wie Hunger, Durst, Wärme, Sexualität, bzw. ganze Bedürfniskategorien (vgl. Maslow 1981), wie die nach Sicherheit, Geborgenheit, Anerkennung und Selbstverwirklichung, aber auch solche Bedürfnisse nach Wettstreit, Ordnung, Schönheit, nach Unterhaltung, Neugier und Verstehen usw. als »wahre« Bedürfnisse bezeichnet werden. Handelt es sich doch um Bedürfnisse, die allesamt das menschliche Dasein prägen und den Menschen als solchen auszeichnen. Damit gelingt es, eine Erklärung für

menschliches Handeln zu finden, aber leider keinen Beitrag zur Lösung jener Probleme, die durch menschliche Handlungen hervorgerufen werden, zu leisten. Denn einerseits ist ein derartiger Erklärungsansatz zu unbestimmt, als daß hieraus gewisse Konsequenzen für zukünftiges Handeln abgeleitet werden können. Andererseits stellen nicht diese »wahren« Bedürfnisse das eigentliche Problem dar, sondern das Problem liegt darin, was der einzelne Mensch aus diesen »wahren« Bedürfnissen macht, wie er sie interpretiert, welches Handeln er aus ihnen ableitet, letztlich: welche Konkretisierung sie durch das Individuum erfahren.

Das trifft insbesondere für jene Bedürfnisse zu, die das Konsumverhalten prägen. Nicht die »wahren« Bedürfnisse sind als kritisch einzustufen, sondern das, was der Verbraucher auf Grund der Impulse, die er durch diese Bedürfnisse erfährt, ganz konkret tut, d. h. *was er auf dem Markt an Sach- und Dienstleistungen nachfragt* (= Bedarf) und *konsumiert*. Jedes Bedürfnis, das einen solchen Bedarf anregt, ist grundsätzlich als unproblematisch einzustufen. Es könnte im Prinzip auch zu einem unproblematischen Bedarf führen, wenn der Verbraucher sich nur anders entschieden und einen anderen Weg zu einer anderen Marktleistung eingeschlagen hätte.

Folglich wäre es konsequenter und wichtiger, danach zu fragen, ob es einen »wahren« Bedarf gibt. Aber wann kann man einen Bedarf als »wahr« bezeichnen? Ist dies der Fall, wenn der einzelne Verbraucher bestimmt, was zu kaufen und zu konsumieren ist, und nicht einzelne Unternehmen, Medien bzw. Politiker? Und: Muß die Gesellschaft mit einem solchen Bedarf einverstanden sein? Oder: Reicht es aus, wenn zumindest die übrigen Mitglieder des Privathaushaltes, dem ein jeder Verbraucher angehört, seinen Bedarf akzeptieren? Schließlich ist zu fragen: Muß der Bedarf *»gesundheitsverträglich«* sein? Soll er zumindest nicht die Gesundheit des Verbrauchers gefährden? Muß er auch *»umweltverträglich«* sein? Dann darf er nicht zusätzlich die Umwelt (hier: andere Menschen, die Tier- und Pflanzenwelt; der für künftige Generatioinen wichtige Rohstoffbestand) gefährden. Hat ein Bedarf auch *»sozialverträglich«* zu sein? Dann sollte er nicht das »soziale« Zusammenleben der Menschen, sprich Verbraucher gefährden – und zwar nicht nur heute, sondern auch morgen und für alle Zeit.

Hier eine Klärung darüber herbeizuführen, was nun solche »wahren« Bedarfe sind, wird – wenn überhaupt möglich – nicht einfach sein. Hingegen ist es eher möglich, einen Konsens über die möglichen *»Fehlentwicklungen«* bei der Bedarfsformung einzelner Verbraucher zu finden (vgl. Scherhorn 1975, S. 16). Im folgenden soll daher versucht werden, gezielt solche Kauf- und Konsumentscheidungen herauszuarbeiten, die summa summarum zu einer Verminderung der »Lebensqualität« beim einzelnen Verbraucher selbst oder bei anderen führen können. So können wir den einzelnen Verbraucher auf derartige, quasi »fehlentwickelte« Kauf- und

Konsumentscheidungen aufmerksam machen und ihn über die Problematik solcher Entscheidungen für ihn selbst bzw. seine Umwelt aufklären. Im Endergebnis könnte auf diese Weise für alle Verbraucher eine Erhöhung der »Lebensqualität« erreicht werden, die sich wegen der stagnierenden Realeinkommen anderweitig kaum noch erzielen läßt.
Das Ergebnis dieses Buches wird es sicherlich nicht sein, eindeutige, für jedermann gültige »Fehlentwicklungen« herausgearbeitet zu haben. Es besteht vielmehr die Absicht, über *mögliche* »Fehlentwicklungen« zu diskutieren. Mehr kann man derzeit nicht erwarten; denn auf Grund der Subjektivität, der Pluralität und der Plastizität der den Kauf- und Konsumentscheidungen zugrundeliegenden Bedürfnissen können für alle Verbraucher und alle Zeit gleichermaßen maßgebende Gesetzmäßigkeiten nicht erarbeitet werden. Es lassen sich nur Vermutungen zwischen »Lebensqualitäts«-Einbußen und Kauf- bzw. Konsumentscheidungen aufzeigen, die als *»negative« Handlungsempfehlungen* herausgestellt werden. Es bleibt jedem einzelnen Verbraucher überlassen, ob er sich beim Kauf bzw. Konsum von Sach- bzw. Dienstleistungen (im folgenden kurz »Waren« genannt) an solchen Empfehlungen orientiert und die herausgestellten »potentiellen Fehlentwicklungen« als für sich relevante »Fehlentwicklungen« akzeptiert. Das gilt um so mehr, desto weniger sich seine Kauf- und Konsumentscheidungen (im folgenden kurz »Kaufentscheidungen« genannt) auf andere Verbraucher bzw. auf die Umwelt auswirken.
Bevor in *Teil 3* insgesamt 51 spezifische »Fehlentwicklungen« herausgearbeitet, kritisch diskutiert und beispielhaft erläutert werden, sollen in *Teil 1* einige grundlegende Aspekte und Kriterien, Ursachen und Auswirkungen von »Fehlentwicklungen« aufgezeigt werden. Die hierbei besprochenen Ursachen liefern die Basis für insgesamt 6 Grundtypen von »Fehlentwicklungen« *(Teil 2)*. Jede einzelne der 51 spezifischen »Fehlentwicklungen« läßt sich mindestens einem Grundtyp zuordnen. In *Teil 4* werden einige empirisch erhobene Daten vorgestellt, die etwas darüber aussagen, wie stark verbreitet die hier vorgestellten »Fehlentwicklungen« sind. Diese Daten sind wohl anläßlich anderer Untersuchungsvorhaben gewonnen worden, aber deshalb nicht weniger aussagefähig. Im *Schlußteil* des Buches wird u. a. eine kurze Übersicht über alle spezifischen »Fehlentwicklungen« gebracht (S. 169–176) soll dem Leser den Überblick über die sehr vielfältigen und variantenreichen »Fehlentwicklungen« erleichtern und den »eiligen« Leser zum Studium motivieren.

1. Ursachen und Auswirkungen von Fehlentwicklungen

Beeinflussungsgrößen: Um die Ursachen für fehlentwickeltes Verbraucherverhalten verstehen zu können, sollen zunächst die Beeinflussungsgrößen des Kauf- und Konsumverhaltens herausgearbeitet werden. Es handelt sich um eine Vielzahl von Größen, die einerseits durch individuelle Bestrebungen (hier: Bedürfnisse) und andererseits durch staatliche Verhaltensvorschriften (hier: Gesetze und Verordnungen) eingerahmt werden (vgl. Leitherer 1971).
Die wichtigste Einflußgröße für die Einleitung eines Kaufentscheidungsprozesses sind die *Bedürfnisse* des einzelnen Verbrauchers. Ohne die Bedürfnisse ist ein Kauf undenkbar. Sie wurden definiert als »das Gefühl eines Mangels mit dem Bestreben, ihn zu beseitigen« (Herrmann) und werden auch heute bezeichnet als »Zustände des Brauchens, die als Signale angesehen werden können, welche anzeigen, daß der tatsächliche Zustand eines Menschen von seinem erwünschten abweicht« (vgl. Friedman 1980, S. 151). Die Bedürfnisse eines Verbrauchers sind zurückzuführen auf seinen Körper (z. B. die physiologischen Bedürfnisse Hunger, Durst, Schlaf, Sexualität u. ä.), auf seine natürliche Umwelt (z. B. die Bedürfnisse nach Wärme, Sicherheit, Gesundheit und Ruhe), auf seine soziale Umwelt (z. B. die Bedürfnisse nach Geborgenheit, Anerkennung u. ä.) bzw. auf seine »Seele« (z. B. die Bedürfnisse nach »Selbstverwirklichung«, Anregungen und Ästhetik).
Ein *Bedarf*, der sich in der Nachfrage nach spezifischen Marktleistungen offenbart, wird nicht von einem einzigen, sondern von vielen verschiedenartigen Bedürfnissen geprägt. Dies trifft z. B. für die Nachfrage nach Kleidung zu, die von den Bedürfnissen nach Wärme, Sicherheit, Gesundheit, Anerkennung, Ästhetik und »Selbstverwirklichung« bestimmt werden kann. Demgegenüber können die zum Konsum gekauften Waren meistens nicht vollständig zur gewünschten Bedürfnisbefriedigung beitragen. Augenscheinlich wird dies bei den vielen fertigverpackten Lebensmittelprodukten. Sie können wohl kurzfristig unser Bedürfnis Hunger, aber nicht immer langfristig auch unser Bedürfnis nach Gesundheit, was auch das Streben nach einer »intakten« Umwelt beinhaltet, zufriedenstellen. So enthält ein gekauftes Orangengetränk u. U. zu wenig von den relevanten Nährstoffen (Vitamine, Mineralstoffe), aber zu viel von dem unerwünschten Nährstoff Zucker. Hinzu kommen Schadstoffrückstände (Schwermetalle, Pestizide, Herbizide, Lösungsmittel) und Zusatzstoffe (Farbstoffe, Konservierungsmittel, künstliche

Aromastoffe). Weiterhin kann das Getränk in einem Behälter verpackt sein, der sich schädigend auf seinen Inhalt bzw. die Umwelt auswirkt.
Käufe lassen sich mit Bedürfnissen begründen. Was aber tatsächlich gekauft wird, für welche Warenmarke von welchem Hersteller der Verbraucher sich entscheidet, das hängt von anderen Faktoren ab. Da wäre das *Konsummilieu* zu nennen, also der gesellschaftliche Rahmen, in dem ein Verbraucher lebt. Das Konsum- und folglich auch das Kaufverhalten wird wesentlich von dem mitbestimmt, was andere Verbraucher in der näheren Umgebung (Bekannte, Kollegen, Nachbarn, Freunde, Verwandte, Ehepartner), aber auch in der weiteren Umgebung (gesellschaftliche Gruppen, Schicht bzw. Kulturkreis) konsumieren. Je stärker sich der Verbraucher mit einer anderen Person identifiziert, sich einem bestimmten Interessenkreis (Verein, Bürgerinitiative) oder Bevölkerungskreis (nordfriesischer Landwirt, Universitätsstudent der Geisteswissenschaften) oder der Kultur seiner Umwelt (Mitteleuropäer) zugehörig fühlt, desto intensiver wird sein Konsumverhalten von außen beeinflußt.
Die *Kaufkraft* des Verbrauchers wirkt sich ebenfalls auf seine Kaufentscheidungen aus. Kurz- und mittelfristig können mit Krediten finanzielle Engpässe beseitigt werden. Langfristig aber wird die Kaufkraft allein von den Einkünften (Arbeitseinkommen, staatliche Unterstützungen, Geldgeschenke) der in einem Privathaushalt lebenden Verbraucher bestimmt. Die Kaufkraft entscheidet einerseits über den Zeitpunkt des Kaufs und andererseits über die Quantität und Qualität der zu kaufenden Waren. Je höher sie ist, desto größer sind die Finanzmittel, über die ein Verbraucher frei verfügen kann, und – vorausgesetzt es liegen entsprechende Bedürfnisse vor – desto variantenreicher können seine Kaufentscheidungen ausfallen.
Weiterhin ist die *Entscheidungsfähigkeit* des Verbrauchers zu berücksichtigen. Nicht jeder Verbraucher ist gleichermaßen befähigt, sich die wichtigsten Informationen (Prospekte, Kataloge, Zeitschriftenartikel, Testberichte, Beratungstips u. ä.) zu beschaffen, aus den besorgten Informationen die richtigen Fakten herauszuarbeiten und sie bezogen auf die Bedürfnisse seines Privathaushalts konsequent auszuwerten. Je schlechter dem Verbraucher diese Informationsverarbeitung gelingt, desto weniger wird er in der Lage sein, einerseits die ihm zur Verfügung stehenden finanziellen Mittel effizient zu nutzen – was Rückwirkungen auf die Höhe seiner Kaufkraft hat –, und andererseits aus der Vielfalt des Warenangebots die für ihn geeignetsten Waren zu finden. In der Realität ist die Entscheidungsfähigkeit des Verbrauchers starken Beschränkungen unterworfen.
Daraufhin deuten mehrere empirische Erhebungen: So sind die Verbraucher gewöhnlich nur in der Lage, bis zu max. 8 verschiedene Informationsmerkmale in eine Kaufentscheidung mit einzubeziehen, obwohl die

Zahl der insgesamt verfügbaren Informationsmerkmale wesentlich größer ist (vgl. Kroeber-Riel 1984, S. 274ff.). Zum anderen kann man diese Beschränkungen leicht selbst erfahren, wenn man sich z. B. für den Kauf eines HiFi-Receivers die Prospekte von nur 10 Herstellern besorgt und anschließend versucht, die dort angegebenen technischen Daten vollständig miteinander zu vergleichen.
Was nützt aber dem Verbraucher seine Entscheidungsfähigkeit, wenn das vorhandene *Informationsangebot* nicht miteinander vergleichbare, veraltete, einseitige, übertriebene, doppeldeutige oder gar unwahre Aussagen enthält? Fast jede Informationsquelle hat ihre Schwachstellen. Das gilt insbesondere für die werblichen Informationen (vgl. Beier 1980, 1981), aber vielfach auch für die der Medien. Manchmal bleiben davon noch nicht einmal die neutralen Informationen der Verbraucherberatungsstellen und der Stiftung Warentest verschont. So können Warentestberichte nur einen Ausschnitt aus dem laufenden Angebot bringen (z. B. bei Waschmaschinen: Geräte mit einer Drehzahl von 1000 U/min.). Oft sind die veröffentlichten Testergebnisse schon vielfach überholt, bevor ein neuer Testbericht erschienen ist (vgl. Beier 1979*b*). Kaufentscheidungsprozesse, die auf solch unvollkommenen oder irreführenden Informationen basieren, führen zwangsläufig zu nicht befriedigenden Ergebnissen und folglich zu weniger geeigneten Warenmarken.
Ohne *Kaufmöglichkeiten* ist keine Kaufentscheidung denkbar. Art und Umfang der Kaufmöglichkeiten vor Ort wirken sich so auf die Qualität und Quantität der Käufe aus. Wie umfangreich die Kaufmöglichkeiten sind, hängt vom Standort des Privathaushalts sowie von der Struktur und der Angebotsvielfalt des Einkaufsortes ab. Je weniger Einzelhandelsgeschäfte und Dienstleistungsunternehmen am Wohnort vertreten sind und je geringer ihr Angebot an Marktleistungen unterschiedlichster Hersteller ist, desto schlechter ist für den Verbraucher die Auswahl. Der Versandhandel kann wohl etwas ausgleichend wirken. In Katalogen abgebildete Waren wirken aber nicht so überzeugend und anregend wie das in Verkaufsräumen selbst erlebbare Warenangebot. Haustürvertreter können nur für wenig Veränderung sorgen. Bieten sie doch zum Verkauf lediglich einige wenige Warenmarken eines einzigen Herstellers an.
Ebenso bestimmt die Infrastruktur eines Wohnortes den Umfang der Kaufmöglichkeiten. Derjenige Verbraucher, der keinen oder nur einen erschwerten Zugang zu öffentlichen Nahverkehrsmitteln hat und über keinen eigenen Pkw verfügt, wird häufig andere Kaufentscheidungen treffen müssen, als jene Verbraucher, die nicht solchen Verkehrsbeschränkungen unterliegen. Das kann sich so auswirken, daß man nicht so häufig einkaufen gehen, keine Lebensmittelgroßeinkäufe tätigen kann

bzw. auf bestimmte Warenarten (z. B. Getränkeeinkauf in Kisten, Kauf von Selbstabhol-Möbel) oder das Aufsuchen bestimmter Einkaufsläden (z. B.»ALDI«) ganz verzichten muß.
Ebenfalls beschränkend wirken sich auch fehlende *Konsummöglichkeiten* auf das Kaufverhalten aus; denn wo kein Wasser ist, gibt es auch keinen Bedarf für Segel-, Motor-, Paddelboote, Surfbretter und das unweigerlich dazu benötigte Zubehör; wo es keine kalten, verschneiten Winter gibt, entsteht auch kein Bedarf für Wintersportartikel; wo es keinen elektrischen Strom gibt, wünscht man sich auch keine elektrischen Geräte; wer keinen Gefrierschrank hat, kauft auch keine Tiefkühlprodukte; wer über keine Nähmaschine verfügt, wird sich auch nichts selber nähen und entsprechende Änderungen an seiner Kleidung vornehmen können; und wo ein TV-Gerät fehlt, benötigt man auch keinen Videorecorder, keine Videobänder, keine Video-Kameraausrüstung.
Und was ist, wenn ein Verbraucher nicht über genügend *Freizeit* verfügt? Ohne Freizeit sind keine vernünftigen Kaufentscheidungen zu treffen. Man benötigt Zeit, um sich Informationen über das Warenangebot zu beschaffen und zu verarbeiten; um die gewünschte Warenmarke zu kaufen und anschließend auch zu ver- bzw. gebrauchen. Dabei ist es auch wichtig, Zeit zur passenden Zeit zu haben. Wenn man erst von der Arbeit kommt, wenn alle Läden geschlossen haben, so wird es einem schwererfallen, die Angebotsvielfalt zu nutzen, als jenem, der im Rahmen der gleitenden Arbeitszeit schon am frühen Nachmittag einkaufen gehen kann. Und solchen Verbrauchern, die am Wochenende über 2½ Tage frei verfügen können, bieten sich andere Freizeitmöglichkeiten und somit auch Konsummöglichkeiten an, als denjenigen, die erst Samstagmittag ins Wochenende gehen können.
Der Verbraucher muß die Fähigkeit besitzen, die gekauften Waren konsumieren zu können (*Konsumfähigkeit*). Wer nicht kochen kann, kauft sich meist nur Fertiggerichte oder geht häufiger essen. Die Ausrüstung seiner Küche beschränkt sich auf ein Minimum. Kann einer nicht nähen, basteln, Ski fahren oder musizieren, benötigt er keine Nähmaschine, keine Heimwerkergeräte, keine Skiausrüstung und keine Musikinstrumente. Ähnlich verhält es sich mit der *Konsumverträglichkeit*. Reagiert ein Verbraucher allergisch auf bestimmte Lebensmittelzusatzstoffe, kommt für ihn eine Reihe von Lebensmitteln zum Kauf nicht in Frage. Wird einer leicht seekrank, kauft oder mietet er sich kein Segelboot. Hat er Kniebeschwerden, wird zwangsläufig auf die Ausübung einer Vielzahl von Freizeitsportarten verzichtet werden müssen. Die für solche Sportarten benötigten Sportartikel haben bei ihm keine Chance, gekauft zu werden.
Schließlich gibt es kollektive Ge-/Verbote, Empfehlungen bzw. Ablehnungen bezüglich des Konsums spezifischer Waren. Sie bestimmen letzt-

lich, ob ein Bedürfnis tatsächlich so befriedigt werden kann, wie es sich der einzelne Verbraucher am liebsten wünscht (*Marktwirksamkeit*). Gewisse Medikamente, so dringend man sie auch haben möchte, erhält man nur auf Grund eines ärztlichen Rezepts. Der Verkauf »harter« Drogen ist in der Bundesrepublik verboten, während er in den Niederlanden erlaubt ist bzw. toleriert wird. Zum Fahren eines Pkw benötigt man einen Führerschein, zum Benutzen eines Motorbootes bedarf es entsprechend freigegebener Gewässer und zum Bauen eines Hauses eine Baugenehmigung, die zusätzlich regelt, wieviel Stockwerke das Haus haben darf und welche Dachformen zulässig sind. In bestimmten Gegenden ist es üblich, zu bestimmten Zeiten bestimmte Lebens-/Genußmittel zu konsumieren bzw. nicht zu konsumieren (z. B. Fisch, Schweinefleisch, Alkohol, Milchprodukte) und zu besonderen Anlässen eine bestimmte Garderobe zu tragen.

Ursachen: Was das Kauf- und Konsumverhalten beeinflußt, kann, braucht aber nicht die Gründe für die Fehlentwicklungen im Konsum zu liefern. Spezifischere Ursachen sind dafür verantwortlich. Die wichtigsten von ihnen sollen hier aufgeführt werden.
Zunächst einmal sind diese Ursachen beim Verbraucher selbst zu suchen, z. B. in seinen *Persönlichkeitsstrukturen*. So lassen sich idealtypisch zwei polare Verhaltenstendenzen unterscheiden, und zwar den »autonom« bzw. den »heteronom« sich verhaltenden Menschen (vgl. Scherhorn u. a. 1988, S. 5ff.). Der Autonom-Orientierte ist der sich »selbstverwirklichende« Mensch, der »selbstbestimmt« handelt und versucht, einzig seine »innewohnenden Kräfte« zu entfalten. Äußere »Stimulierungen« und »Belohnungen« sind ihm gleichgültig. Der Heteronomie-Orientierte dagegen ist der »fremdbestimmte« Mensch. Sein Handeln wird durch die soziale Umwelt geprägt. Für ihn ist es allein wichtig, was die anderen wollen, nicht aber was er will. Bei seinen Handlungen achtet er darauf, wie sie auf andere wirken. Abweichungen von deren Vorstellungen meidet er, fürchtet er doch, von den anderen nicht mehr akzeptiert zu werden. Gerade die eher heteronomie-orientieren Menschen können Verbraucher sein, die besonders anfällig für fehlentwickeltes Konsumverhalten sind.
Auf die Persönlichkeitsstrukturen ist auch zurückzuführen, ob sich der einzelne Mensch eher »egoistisch« oder mehr »altruistisch« verhält, ob er bei seinen Entscheidungen selbstsüchtig nur an sein eigenes Wohl denkt und nur seine persönlichen Interessen in den Vordergrund stellt, oder ob er selbstlos, uneigennützig und vielleicht aufopfernd auch an das Wohl anderer denkt und auf deren Interessen Rücksicht nimmt. »Die egoistische Bedürfnisbefriedigung abstrahiert von dem Wohl der Allgemeinheit, sie zieht sich auf den insulären und isolierten Genußstandpunkt zu-

rück, ohne nach dem Ergehen der anderen, nach der Verteilung der Befriedigungsmittel und nach der Berechtigung und Qualität seiner Bedürfnisse zu fragen.« (Bartelt 1978, S. 113f.) Gerade die zum Egoismus neigenden Verbraucher sind für Fehlentwicklungen im Konsum besonders anfällig, sei es, daß sie bei ihren Kaufentscheidungen die Bedürfnisse ihrer im selben Haushalt lebenden Mitglieder nur wenig oder gar nicht berücksichtigen, sei es, daß sie die negativen Auswirkungen ihres Konsums auf die nähere und weitere Umwelt nach dem Motto »Was kümmert mich die Umwelt, ich lebe nur einmal!« verharmlosen, herunterspielen, verdrängen oder als irrelevant erachten.

Eine weitere Ursache kann in der *Sozialisation* des Menschen zum Verbraucher gesehen werden. Der junge Mensch wird in unserer heutigen Zeit geradezu dazu erzogen, daß man mit dem Kauf von Waren sich selbst, aber auch anderen Freude bereiten und daß man durch den Konsum von Waren Anerkennung bei anderen erfahren kann. Dem Verbraucher, für den Freude und Anerkennung wichtige Lebensziele darstellen, und der in seiner Kindheit nicht gelernt hat, daß diese Ziele auch auf weniger materielle Art und Weise erreicht werden können, scheint der Weg in den »totalen« Konsum vorprogrammiert zu sein. Seine Persönlichkeitsentwicklung wird eng mit der Entwicklung seines eigenen Konsumstils verflochten sein. Das bleibt nicht ohne Rückwirkungen auf die Entstehung der Bedürfnisse und ihre Konkretisierung hin zum Bedarf.

Das macht sich schon bei den menschlichen *Antriebskräften* bemerkbar. So werden in den entwickelten Ländern die Verbraucher immer weniger aus dem Gefühl eines Mangels heraus tätig; denn echte, existentielle Mangelsituationen gibt es für diejenigen, die sich in der Industriegesellschaft voll integrieren konnten und über einen Arbeitsplatz und eine Wohnung verfügen, kaum noch, und wenn doch, können sie relativ schnell und problemlos beseitigt werden. Nicht mehr die durch solche Mängel hervorgerufenen Gefühle von »Unbehagen« stehen im Mittelpunkt konsumtiven Interesses, vielmehr treten immer häufiger die Suche nach Anregungen, um »Langeweile« zu vertreiben, und das Bestreben, »Lustgefühle«, die im Rahmen der Bedürfnisbefriedigung auftreten, zu verstärken, in den Vordergrund ihrer Kaufentscheidungen (vgl. Scitovsky 1977, S. 56ff.). Dies gilt für unser Eßverhalten, das nur noch nebenbei dazu dient, unseren Hunger zu stillen. Es trifft insbesondere für unsere Freizeitaktivitäten zu; denn in der Freizeit dominiert nicht mehr so sehr die Suche nach Ruhe und Erholung, um die Antriebskräfte zu regenerieren. Vielmehr sollen sie immer häufiger kurzweilig sein. Dazu haben sie einem Spaß zu machen. Und was einen heute noch begeistert, kann morgen schon wieder öde sein.

Fehlentwicklungen können aber auch darauf zurückgeführt werden, daß die *Bedürfnisse* der Verbraucher nicht nur zu stark »ich-bezogen« und zu wenig »zukunfts-bezogen«, sondern auch scheinbar »unersättlich« sind. Manche Verbraucher kümmert es wenig, wie sich ihr Konsum auf die nähere und weitere Umwelt, auf Menschen, Tiere, Pflanzen, auf Boden, Luft und Wasser auswirken könnte. Sie denken nur an ihre kurzfristig anzustrebende Bedürfnisbefriedigung. Daß entsprechende Waren von Unternehmen angeboten und nicht vom Staat verboten werden, und daß andere Verbraucher sich auch nicht viel anders verhalten, ist für sie Rechtfertigung genug, sich auch weiterhin ebenso kurzsichtig zu verhalten. Dabei scheint das Reservoir ihrer Konsumwünsche unerschöpflich zu sein. Die Steigerung von Sinneslust, Genuß und Glück heute und jetzt wird zu einer zentralen Antriebskraft ihrer Bedürfnisse und zum nahezu allein herrschenden Ziel ihres Lebens. Bescheidenheit und Verzicht ist ihnen fremd; denn der »Hedonismus«, nicht aber die »Askese« prägt ihr Denken und somit auch ihr ganzes Kauf- und Konsumverhalten (vgl. hierzu Bartelt 1978, S. 115ff.).

Eine weitere Schwachstelle der Bedürfnisse liegt darin, daß diese mannigfaltig formbar sind. Die Konkretisierung eines Bedürfnisses hin zu einem ganz bestimmten Bedarf nach einer besonderen Warenmarke wird wesentlich vom Warenangebot der Unternehmen, von den Berichten der Medien und vom Konsumverhalten Dritter geprägt. Der einzelne Verbraucher hat meist weder die Idee zu den von ihm gekauften Warenmarken gehabt, noch stammt von ihm selbst die Anregung zu ihrem Kauf. Er entscheidet bloß noch über ihren Kauf oder Nicht-Kauf. Für alles übrige sind Produzenten und Händler zuständig.

Was den marktwirksamen *Bedarf* betrifft, so ist hier insbesondere die zunehmende »Wegwerfmentalität« der Verbraucher herauszustellen. Die Bereitschaft, noch gebrauchsfähige oder noch nicht völlig verbrauchte Waren durch neue Waren zu ersetzen, macht den Verbraucher erst recht anfällig für das vielfältige Warenangebot der Unternehmen. Sie stimuliert zum einen die Nachfrage nach Waren, über die er eigentlich noch verfügt. Zum anderen ermöglicht sie erst die allein an Umsatzzahlen orientierte Absatzpolitik von Handel und Produktion. Somit kann sie als Wegbereiter für die Massenproduktion und den Massenabsatz angesehen werden. Die »Wegwerfmentalität« beginnt da, wo eine fehlerhafte Ware auf dem Müll landet, obwohl sie mit vertretbarem Aufwand reparierbar ist, und endet dort, wo man sich von einer noch intakten Ware trennt, nur weil eine andere Ware angeboten wird, die einem eine größere Bedürfnisbefriedigung verspricht. Vergessen sind für einen derart sich verhaltenden Verbraucher die gemeinsamen Erlebnisse und Erfahrungen, die er im Rahmen des Konsums mit einer Ware gemacht hat. Verdrängt werden die ökologischen Folgen und ökonomischen und sozialen Kosten, die mit einem entsprechenden Ersatzkauf verbunden sind. Allein das Mehr an Leistung zählt, das die neue Ware angeblich bieten soll. Ein solches Verhalten kann als Ausdruck für die Beziehungslosigkeit und Versachlichung des Verhältnisses zwischen dem Verbraucher als »befriedigungssuchendem« Subjekt und der von ihm ausgewählten Ware als »befriedigungsstiftendem« Objekt angesehen werden. Es ist letztlich die Ursache für einen großen Teil jener Umweltprobleme, die mit dem Massenkonsum und der Massenproduktion in Verbindung gebracht werden.

Natürlich ist dieses marktorientierte Konsumverhalten nur möglich, weil die *Konsummärkte* ein entsprechendes Warenangebot präsentieren und die Verbraucher über ein genügend hohes *Einkommen* verfügen. Das Angebot der Konsummärkte prägt wesentlich den Konsum im Haushalt und ist somit auch für die dabei zu beobachtenden Fehlentwicklungen mitverantwortlich. Früher mag das einmal anders gewesen sein. Spätestens seit den fünfziger Jahren ist aber in den Industrieländern ein Trend weg von der »Bedarfsdeckungswirtschaft« und hin zur »Bedarfswekkungswirtschaft« (vgl. Wiswede 1972, S. 49) festzustellen. Das damit einhergehende äußerst vielfältige Warenangebot und die sehr verlockende Präsentation dieses Angebots in der Öffentlichkeit, z. B. durch den Handel (hier: Kundenberatung, Schaufenster-, Laden-, Sortimentsgestaltung; Verkaufsförderungsaktionen), dominieren so jede Phase der beim Verbraucher ablaufenden Kaufentscheidungsprozesse (vgl. Beier 1975, S. 144ff.). Über die Konsummärkte erhält der Verbraucher den Stimulus zur Einleitung von Kaufüberlegungen. Auf den Märkten findet er die Informationen, um sich zumindest etwas Markttransparenz zu verschaffen. Sie liefern ihm die Waren, die seinen Bedarf befriedigen können. Und ist er mit einer Ware nicht zufrieden, so geben die Märkte ihm die Möglichkeit, seine Kaufentscheidungen zu korrigieren und auf andere Waren zurückzugreifen.

Der Verbraucher benötigt dazu »lediglich« Geld, um solche Käufe auch finanzieren zu können. Für jene Verbraucher, die nicht arbeitslos sind, stellt dies kein Problem dar. Sie verfügen immer häufiger über ein Einkommen mit hohen frei verfügbaren Kaufkraftreserven. So können sie sich den Kauf von Waren leisten, die kaum noch einen Beitrag zur Befriedigung des lebens- und sozialnotwendigen Bedarfs liefern. Ebenso sind sie nicht mehr darauf angewiesen, jede Kaufentscheidung mit allen ihren Haushaltsmitgliedern langfristig abzusprechen. Ihre Kaufentscheidungen erfolgen daher spontaner und unüberlegter. Der Preis, den sie dafür zu bezahlen haben, sind Kaufentscheidungen, die sich für unsere Gesellschaft als typische Fehlentwicklungen herauskristallisieren.

Der Einfluß der Konsummärkte auf den privaten Konsum wird dabei gefördert durch das Angebot an Informationen, die von den *Medien* verbreitet werden. Es gibt keine Zeitungen, keine Zeitschriften, keine

Rundfunksendungen und keine Fernsehberichte, bei denen nicht an irgendeiner Stelle über das Angebot von Waren und Dienstleistungen informiert wird. Meist handelt es sich um subjektive Erlebnisschilderungen, Überblicksinformationen, Trendberichte, Kurzmeldungen oder um die mehr oder weniger überarbeitete Wiedergabe von Presseinformationen der Unternehmen. Selten sind es sachkundig erstellte, nach objektiven Kriterien ausgewertete und aus neutraler Sicht dargestellte Marktübersichten, die für den Verbraucher eine echte Entscheidungshilfe bieten.
Spätestens seit den 60er Jahren haben sich die Medien stark ausgeweitet. Derzeit werden z. B. in der BRD insgesamt 8106 Zeitschriften verlegt (Stand: 1990) (vgl. Stat. Bundesamt 1992, S. 443), und allein in Hamburg können über Kabel insgesamt 27 Fernsehprogramme empfangen werden (Stand: 1992). Klages (1988, S. 52) spricht daher nicht zu Unrecht von einer »Medienrevolution«, »die den geistigen Horizont der Bevölkerung entscheidend ausweitete«. Das aber ist nicht die alleinige Wirkung der Medien. Als Massenmedien haben sie einen wesentlichen Beitrag zur Verbreitung des Massenkonsums geleistet und leisten ihn immer noch. Die Vielfalt der von den Medien tagtäglich verbreiteten Informationen vermittelt dem einzelnen Verbraucher den Eindruck, daß der Konsum von Waren eine »Selbstverständlichkeit« darstellt. Sie nehmen ihm dadurch die »Scheu« vor dem Kauf von Waren und tragen gleichzeitig zur Stimulierung der Verbraucher, Kaufentscheidungsprozesse einzuleiten, bei. Die Medien bieten dem Verbraucher eine angenehme Atmosphäre problemlosen Konsums und liefern konkrete Anregungen zum Kauf. Der Verbraucher sehnt sich nach einer solchen Atmosphäre und greift begierig die dort gebotenen Stimuli auf.
Die Inanspruchnahme solcher Medien hat dabei regelrecht den Charakter eines eigenständigen Konsums angenommen, der im Rahmen der Freizeit ausgeübt wird. Deutlich wird dieser Zusammenhang bei den vielen fachlich orientierten Publikumszeitschriften, wie die diversen Mode- und Hobbyzeitschriften. Das gilt insbesondere auch, wenn eine neue Warenart auf dem Markt kommt (z. B. Surfbretter, Mountainbikes, Personalcomputer). Kaum daß eine Nachfrage nach einer solchen Ware sich entwickelt hat, kaum daß mehrere Unternehmen diesen Bedarf erkannt und ihn bei der Produktion berücksichtigt haben, taucht auf dem Medienmarkt zunächst eine Zeitschrift auf, die sich gezielt mit den Problemstellungen dieses neuen Bedarfs auseinandersetzt, und dann folgen in immer kürzeren Abständen immer mehr konkurrierende Zeitschriften. So gibt es im Personalcomputerbereich zur Zeit u. a. folgende Zeitschriften:

- Amiga Joker
- BIT-Market
- Chip
- Computer live
- Computer persönlich
- ct-Magazin
- Disc-EDV-Report
- DOS – Das Magazin für aktive PC-Anwender
- DOS extra
- Doos-PC-Special
- Doos-Test Magazin
- IX
- PC plus Technik
- PC-Praxis
- PC-Welt
- Pointer
- Personalcomputer
- SPS-Ratgeber Amiga
- Software Direkt
- ST-Computer
- ST-Magazin
- Tool – Für den aktiven PC-Anwender
- toolbox – Computermagazin für die Praxis
- Tos-Magazin plus Software.

Diese Zeitschriften »buhlen« alle um die Gunst des Verbrauchers. Sie müssen den Verbraucher interessieren, anregen, informieren. Auswirkungen auf den Konsum sind dabei unvermeidbar. Das alles geschieht im Interesse und mit Unterstützung der betroffenen Unternehmen. Ihre Hilfe ist dabei nicht nur fachlicher, sondern auch finanzieller Natur. Wenn nämlich eine solche Zeitschrift keine Werbeaufträge von den Unternehmen erhält, ist sie nicht finanzierbar. So wurden 1990 in der BRD insgesamt 1526 Publikumszeitschriften mit überregionaler Bedeutung angeboten, bei denen der Vertriebsumsatz sich auf 4,03 Mrd. DM und der Anzeigenumsatz sich auf 2,93 Mrd. DM (= 42,1 % des Gesamtumsatzes) belief (vgl. Stat. Bundesamt 1992, S. 443).
Weitere Ursachen für Fehlentwicklungen sind im Haushalt selbst zu suchen, z. B. im *Wandel der Haushaltsform*. So ist derzeit bei den Privathaushalten ein Trend weg von der alten »Großfamilie« hin zum Ein-Personen-Haushalt zu beobachten. Kaum noch ein Verbraucher lebt mit seinen Geschwistern, Eltern, Großeltern, mit Onkel, Tanten, Vetter, Base, Schwager, Schwägerin, mit Mägden, Knecht, Köchin, Erzieherin und sonstigem Dienstpersonal innerhalb eines großen Gebäudekomplexes in einer Gemeinschaft. So gibt es in der Bundesrepublik von insgesamt 34,8 Mio. Haushalten (Stand: 4/90) 10,5 Mio. (= 30,2 %) Haushalte, in denen lediglich zwei Personen zusammen wohnen, und 11,7 Mio. (33,7 %) Haushalte, in denen sogar nur jeweils eine Person lebt (vgl. Stat. Bundesamt 1992, S. 69). In einer Großstadt wie Hamburg liegt die Zahl der Ein-Personen-Haushalte sogar bei 46,7 % (Stand: 1987).
Demgegenüber geht die Zahl der Drei-Generationen-Haushalte ständig zurück. 1972 lag sie noch bei 768 000 Haushalten, 1986 aber nur noch bei 429 000 (vgl. Rapin 1990, S. 50 ff.). Je weniger Mitglieder aber ein Haushalt hat, desto weniger Möglichkeiten zur Orientierung können dem

einzelnen Mitglied einer solchen Gemeinschaft gegeben werden. Die Folge ist, daß die Verbraucher dazu neigen, diese fehlenden inneren Orientierungen draußen zu suchen und – was den Konsum betrifft – auch im Konsumverhalten anderer Haushalte finden. Je stärker der Einfluß außenstehender Verbraucher ist und je weniger dieser Einfluß kritisch hinterfragt wird, desto größer ist die Gefahr, daß Fehlentwicklungen Dritter zum Maßstab des eigenen Kaufentscheidungsverhaltens werden.

Die Auswirkungen des »Wandels der Haushaltsform« werden dabei durch den *Wandel in der Gesellschaft* verstärkt. Während der vorindustriellen Zeit der Agrargesellschaft wurde das Leben sehr stark durch die Tradition der einzelnen Gesellschaftsschichten geprägt. Gesellschaftliche Gewohnheiten, Verpflichtungen, Riten, Zwänge und Normen, deren Einhaltung von Kirche, Staat, Berufsverbänden (z. B. Zünfte, Kammern), Nachbarn und Verwandten kontrolliert wurden, bestimmten das Leben aller in einer Gesellschaft integrierten Menschen und somit auch den Konsum des einzelnen Verbrauchers.

Mit der fortschreitenden Entwicklung hin zur durch die maschinelle Produktion geprägten Industriegesellschaft gerieten aber immer mehr Traditionen und Normen in Vergessenheit. Allmählich verloren derartige gesellchaftliche Gepflogenheiten an konkreter Aussagekraft und Verbindlichkeit. Entsprechend weitete sich statt essen der Handlungsspielraum der einzelnen Menschen aus (vgl. Haudenschild 1989, S. 258 ff.). Keine Essens-, Kleidungs-, Wohn-, Bildungsvorschriften in der Freizeit brauchten mehr beachtet zu werden. Vielmehr konnte der Verbraucher immer häufiger ganz allein bestimmen, was er ißt, wie er sich kleidet, wie er wohnt und wo er sich bildet bzw. in seiner Freizeit verhält. Nicht mehr die traditionellen Normen regelten den Alltag, sondern das Individuum bestimmt ihn.

Daß dieser Wandel in der Gesellschaft eingeleitet wurde, geht jedoch nicht allein auf das Freiheitsstreben der einzelnen Menschen zurück, sondern wurde von der anbietenden Wirtschaft gefördert. Die sich abzeichnende Massenproduktion konnte sich nur dann rentieren, wenn ihr ein entsprechender Massenkonsum gegenüberstand; denn ein Konsum, der den traditionellen Zwängen verhaftet war, bei dem das »Immer-Dagewesene« und nicht das »Ständig-Neue« die Richtschnur für das Leben vorgab, kann sich nicht zu einem solchen Massenkonsum entwickeln. So halfen zunächst unbewußt, dann aber gezielter die Unternehmen mit, der Tradition ihren Zwangscharakter zu nehmen. Hierdurch entstand ein Normenvakuum, das theoretisch der einzelne Verbraucher selbst nach seinen individuellen Wünschen ausfüllen konnte. Praktisch aber wurde dieses Vakuum mit dem Warenangebot der Unternehmen gefüllt.

Die Folge war, daß der einzelne Verbraucher, der sich weiterhin als Mitglied seiner Gesellschaft fühlen wollte, sich nun verpflichtet sah, bei der Befriedigung seiner Bedürfnisse so weit wie möglich auf dieses Warenangebot zurückzugreifen. Eine solche Gesellschaft könnte man daher im Gegensatz zur »Traditionsgesellschaft«, in der die Tradition das gesellschaftliche Leben prägt, als *»Konsumgesellschaft«* bezeichnen. Das ist eine Gesellschaft, die nicht nur das Recht, sondern auch die Pflicht auf Wohlleben propagiert. Sie tendiert somit dazu, dem einzelnen Verbraucher das »Recht auf Verzicht auf Wohlleben« unmöglich zu machen (vgl. Gehlen 1957, S. 80; Raffée 1969, S. 65f.). Konsum ist »in«. Wer nicht freiwillig mit konsumiert, hat Schwierigkeiten, gesellschaftlich anerkannt zu werden. Der einzige Zwang der Konsumgesellschaft besteht im Zwang zu konsumieren. Dieser »soziale Konsumzwang« kann so weit gehen, daß sogar derjenige, dem die finanziellen Mittel zum Konsum fehlen, allmählich Schwierigkeiten bekommt, sich selbst noch anzuerkennen.

Der *innerhäusliche Arbeitsbereich* kann sich ebenfalls negativ auf das Konsumverhalten der Haushaltsmitglieder auswirken. Immer weniger Verbraucher sind noch in der Lage, selbst unmittelbar für den eigenen Haushalt produktiv tätig zu sein, z. B. zu kochen, zu nähen, zu schreinern, zu gärtnern, Tierhaltung zu betreiben, Geräte zu reparieren, sich selbst zu unterhalten. Die Gründe hierfür liegen wohl darin, daß im einzelnen die Fertigkeiten (z. B. zum Kochen), die Geräte (z. B. zum Schreinern), die Ressourcen (z. B. der Boden zum Gärtnern) fehlen. Es mangelt an der nötigen Einsicht, selbst aktiv gestaltend im eigenen Haushalt tätig zu werden. Im Extremfall degenerieren so die hauswirtschaftlichen Aktivitäten. Sie erschöpfen sich darin, bloß noch zu schauen, welche Leistungen die Konsummärkte zum Kauf anbieten.

Was den *außerhäuslichen Arbeitsbereich* betrifft, so kann auch er Ursache für Fehlentwicklungen im Konsum sein. Eine Ursache liegt in der vielfach monotonen und fremdbestimmten sowie kräftezehrenden Arbeit, die dem einzelnen Menschen wenig Möglichkeiten und Energie zur eigenen schöpferischen Entfaltung bieten und lassen. Die Folgen für das Konsumverhalten sind je nach Temperament unterschiedlich. Einerseits könnte der Verbraucher dazu neigen, außerhalb der Arbeitszeit verstärkt nach Abwechslung und Zerstreuung zu suchen und sich dabei bevorzugt jener Waren zu bedienen, von denen die Unternehmen sagen, daß sie vom alltäglichen Arbeitstrott ablenken. Andererseits könnte der Verbraucher es verlernt haben, außerhalb der Arbeitszeit selbständig aktiv zu sein. Fehlt ihm die Kraft zur eigenen Initiative, ist er der ideale Ansprechpartner für Dienstleistungen, deren Inanspruchnahme kaum noch einer eigenverantwortlich gesteuerten Aktivität bedarf.

Der *Freizeitbereich* kann Probleme für den Konsum aufwerfen. Zu denken ist an die ständig ansteigende Freizeit und die damit möglich gewordene Ausweitung der »Konsumzeit«. Die Verbraucher haben in unseren

Industrienationen neben der Arbeitszeit (inkl. Wegezeit) und der zur lebensnotwendigen Regeneration erforderlichen Zeit (hier: für Essen, Pflege und Schlafen) immer mehr Zeit zur freien Verfügung. Diese Freizeit kann von den Verbrauchern unterschiedlich genutzt werden. Je ausschließlicher sie sich dabei auf den Konsum von Marktleistungen konzentrieren, desto mehr wird sich ihre Freizeit zu einer bloßen »Konsumzeit« hin entwickeln. Verfügen die Verbraucher dann über ein genügend hohes, freiverfügbares *Einkommen*, sind Fehlentwicklungen kaum noch zu vermeiden.

Verstärkt wird dies durch das *Informationsdefizit* der Verbraucher. So besitzen die Verbraucher vielfach nur eine mangelhafte Kenntnis der eigenen Bedürfnisse und der ihrer Haushaltsmitglieder. Sie wissen wohl, daß sie heute ein besonderes Fahrrad (z. B. Mountainbike) oder ein bestimmtes Lebensmittel (z. B. Tiramisu-Nachtisch) kaufen möchten. Sind sie sich aber wirklich sicher, ob ihre Familienangehörigen diese beiden Waren auch haben möchten, und ob sie morgen oder nächsten Monat nicht lieber statt dessen eine Kamera kaufen würden? Weiterhin verfügen die Verbraucher nur über beschränkte Kenntnisse, was die Qualität und Preise der angebotenen Waren betrifft. Auch kennen sie nur bruchstückhaft die Auswirkungen des Konsums der Waren auf sich selbst und auf die Umwelt.

Schließlich können Fehlentwicklungen im *Wesen des Sozialstaats* begründet liegen. Die weite Absicherung der Verbraucher im Krankheitsfall, im Falle von Arbeitslosigkeit bzw. im Alter läßt ein Sparen für diese Zeiten, d. h. einen Konsumverzicht jetzt, um für Notzeiten vorzusorgen, überflüssig erscheinen. Der Verbraucher kann sein netto ausgezahltes Einkommen kurzfristig verplanen. Das einzige Risiko für ihn besteht darin, daß das gesamte Geld schon vor dem nächsten Zahltag ausgegeben ist. Auch hier hilft der Rückgriff auf Kredite, um solche finanziellen Engpässe zu überwinden. Für manche Verbraucher ist diese Inanspruchnahme von Krediten zur Routine, für einige jedoch schon zur unkontrollierten Routine geworden. Die allzu freizügige Gewährung von Krediten und Handhabung von Schecks oder Kreditkarten erleichtert ein derartiges, mit Geldausgaben verbundenes Konsumverhalten sehr stark.

Auswirkungen: Um die Notwendigkeit zur Aufklärung über Bedürfnisse und Bedarfe richtig begreifen zu können, bedarf es der Kenntnis der negativen Auswirkungen des Konsums. An erster Stelle steht das Bewußtsein der immer problematischer werdenden Nebenwirkungen des Konsums auf die *Umwelt* und das Überleben der Menschen. Es gibt fast keine auf den Märkten angebotene Sach- oder Dienstleistung, die nicht nur »Freude«, sondern auch »Leid« hervorruft. Man kann sich nicht des Eindrucks erwehren, daß die durch den Konsum erzeugte

»Freude« nur deshalb größer erscheint, weil die »Freude« unmittelbar nach dem Konsum auftritt, während das »Leid« eher mittel- bzw. langfristig anfällt. Zu denken ist an solche Waren, die der Umwelt nicht nur unmittelbar, sondern kurz-, mittel- und langfristig schaden. Hierzu zählen alle jene Lärm- und Schadstoffprobleme, sowie die Folgen, die mit der Ressourcenvernichtung einhergehen, welche bei der Produktion, beim Konsum und bei der Müllbeseitigung entstehen. Gegen diese Nebenwirkungen muß etwas unternommen werden. Die wichtigsten Lösungen der mit dem Konsum verbundenen Umweltprobleme sind wohl im Konsum selbst, d. h. im Verhalten der in den Privathaushalten lebenden Verbraucher zu finden.
Weitere Nebenwirkungen des Konsums betreffen den *Rohstoffbestand*. Zu denken ist an den Konsum, aber auch an das Angebot von Waren, die besonders knappe Rohstoffe und Bodenflächen benötigen. Für die zur Zeit lebende Menschheit ist dies nur partiell problematisch. Es sei denn, daß einigen Verbrauchern durch Land-, Forst-, Wasserwirtschaft, Berg-, Straßenbau der Boden zum Leben und Wohnen genommen und so die Qualität des Lebens und des Wohnens nachhaltig beeinträchtigt wird. Steigen durch die zunehmende Knappheit einzelner Rohstoffe deren Preise an, sind immer mehr Verbraucher nicht imstande, sich den Konsum solcher Waren, die aus diesen knappen Rohstoffen bestehen, zu leisten. Für die uns nachfolgenden Generationen wird dieses Problem der Rohstoffknappheit noch umfassender werden. Mit der Ölknappheit könnte es beginnen und dem Mangel an gesunder Luft wird es irgendwann seinen Abschluß finden. Anzeichen einzelner Knappheiten sind schon jetzt bei fast jedem Rohstoff zu beobachten, wenn nicht bei uns, so doch bei unseren Nachbarn, in der Großstadt, in den industriellen Ballungsgebieten, aber auch im Osten, nicht zuletzt in allen Ländern der Dritten Welt. Derzeit wird wohl das Problem der schlechten Atemluft mehr unter dem Aspekt der gefährdeten Umwelt als aus dem Blickwinkel knapper Rohstoffe gesehen. Der Übergang mag hier fließend sein. Die Ursache und die Folgen sind jedoch gleich. Sie liegen in unserem Konsumverhalten und wirken auf uns zurück.
Die zunehmende Gefährdung der *Gesundheit* der Verbraucher stellt ebenfalls eine Nebenwirkung des Konsums dar. Es gibt kaum noch eine Ware, die nicht unseren Gesundheitszustand beeinträchtigen kann. Lebens- und Pflegemittel enthalten Substanzen zur Erleichtung der Produktion, des Verkaufs und des Konsums, können aber zugleich unseren Gesundheitszustand beeinflussen. Gebrauchsgegenstände weisen Mängel auf, die auf die Konstruktion und Produktion zurückzuführen sind und zu einer Gefährdung unserer Sicherheit und somit auch unserer Gesundheit beitragen können. Der Nachweis einer solchen Gesundheitsgefährdung ist nicht immer zweifelsfrei zu erbringen. Ist aber nicht die Geschichte

gefährlicher Waren gerade dadurch gekennzeichnet, daß man die Gefährlichkeit der Waren für den Menschen immer erst Jahre später erkennt und manchmal erst Jahrzehnte später anerkennt (z. B. Asbest)?

Auch die *Zeitverwendung* bleibt vom Konsum nicht verschont. Die Bedürfnisbefriedigung nimmt immer Zeit in Anspruch, was mehr oder weniger vom Verbraucher bezweckt und gewünscht wird. Aber die Vorbereitung eines Konsum- und Kaufaktes ist genauso zeitintensiv und beansprucht Zeit, die dem Verbraucher zur eigentlichen Bedürfnisbefriedigung fehlt. So sind vor einem Kauf Informationen zu besorgen, durchzulesen und auszuwerten, um eine zufriedenstellende Produktauswahl treffen zu können. Weiterhin ist die gewünschte Ware im Handel zu beschaffen, wofür oft längere Anfahrtswege und somit längere Fahrzeiten in »Kauf« zu nehmen sind. Der Verbrauch einer Ware kann ebenfalls besonders zeitintensiv sein, da vielleicht extra Vorbereitungs-, Zubereitungs- und Produktionsvorgänge erforderlich sind. Andererseits sind durch das »unkontrollierte« Konsumverhalten Gesundheitsgefährdung und Umweltzerstörung in ein Stadium eingetreten, das nur noch durch entsprechend zeitaufwendige Aktivitäten (z. B. Körperertüchtigung bzw. weite Anfahrtswege zu Erholungsgebieten) zu kompensieren ist.

Ebenso beansprucht der direkte Gebrauch einer Ware Zeit, was zwangsläufig dazu führen kann, daß allein wegen zeitlicher Engpässe, die sich aus dem Kauf mehrerer Gebrauchswaren ergeben (Heimwerkergeräte, Fotoausrüstung, Surfbrett, Wochenendhaus), die Nutzung anderer Gebrauchswaren und somit die Ausübung anderer, ebenfalls Befriedigung stiftender Tätigkeiten praktisch unmöglich wird. Der Verbraucher und die Mitglieder seines Privathaushalts werden so mit ansteigendem Besitz von Gebrauchswaren zwangsläufig zu »Sklaven« der von ihnen angeschafften und auf Benutzung wartenden Gebrauchswaren.

Letztlich verursacht der Kauf von Waren noch einen *indirekten* Zeitbedarf; denn um Waren kaufen zu können, benötigt man Geld, das oft nur durch eine Erhöhung der Arbeitszeit (z. B. Überstunden; Wochenend-, Feiertagsarbeit; zusätzliche Berufstätigkeit des Ehepartners, vorgezogene Berufstätigkeit der Kinder) verdient werden kann. Eine solche Ausweitung der Arbeitszeit geschieht aber zumeist auf Kosten der Freizeit, so daß dem Verbraucher praktisch weniger Zeit zur Befriedigung seiner Freizeitbedürfnisse zur Verfügung steht.

Schließlich wirkt sich der Konsum auf die *Kaufkraft* des Verbrauchers aus. Die Bedürfnisbefriedigung ist in unserer von der Industrie und der Marktwirtschaft geprägten Gesellschaft fast immer mit Geldausgaben verbunden. So kostet der Kauf einer Ware Geld. Entscheidet sich der Verbraucher dazu, eine Sach- oder Dienstleistung eines Unternehmens in Anspruch zu nehmen, so entscheidet er sich zwangsläufig auch zur Geldausgabe. Dies geschieht bewußt und freiwillig, auch wenn manche

Verbraucher dabei etwas die Übersicht verlieren, was zu einer mehr oder weniger lang andauernden Verschuldung führen kann. Andere Geldausgaben werden ihm aber eher aufgezwungen und erfolgen nicht mehr so freiwillig, z. B. die Zahlung von Versicherungsprämien, von Abfallgebühren, der E-Strom-Rechnung, von Reparaturkosten, von Isolierfenstern zur Schalldämmung seiner Wohnung, von Transportkosten zu nur noch entfernt gelegenen Erholungsgebieten, von Eintrittsgeldern in Schwimmbäder (die man früher, als die Flüsse und Seen noch sauber waren, gar nicht brauchte) bzw. zu Stränden (hier: Kurtaxe), von Krankheitskosten wegen ungesunden Ernährungs- und Freizeitverhaltens usw. Die dafür getätigten Geldausgaben binden Kaufkraft, die somit zur Befriedigung anderer Bedürfnisse fehlt.

Betroffene: Die aufgeführten Auswirkungen führen zur Frage, *wie* und *wann* sie auftreten und *wen* sie betreffen. Sie treten meist nicht unmittelbar mit einer Kauf- bzw. Konsumentscheidung auf, sondern oft erst mittel- und häufig sogar erst langfristig. Außerdem betreffen sie nicht immer denjenigen, der sie mit seinen Entscheidungen auslöst, sondern vielfach auch andere. Kurzfristig wirken sie sich auf die Kaufkraft und die Zeitverwendung aus. Sie machen sich beim Verbraucher und bei den mit ihm zusammen lebenden Menschen bemerkbar. Wenn der eine Ehepartner zu viel Geld für ein teures Auto aufwendet, wenn beide Ehepartner eine Wohnung mit zu hoher Miete beziehen, so wirkt sich das sehr schnell gegen Ende des Monats aus. Alle Familienmitglieder bekommen die Sparmaßnahmen sehr bald zu spüren, sei es, daß am Essen, an der Kleidung, an Bildung, Unterhaltung, Kommunikation oder am Urlaub gespart werden muß.
Langfristig dagegen werden die Auswirkungen in bezug auf die Umwelt, den Rohstoffbestand und die Gesundheit deutlich. Der Verbraucher ist sich dieses Zusammenhanges meist nur sehr vage bewußt. Die Leidtragenden sind jene, die in seiner näheren oder weiteren Umwelt leben, letztlich alle Menschen – einschließlich der ihm nachfolgenden Generationen. Der Autofahrer, der sich für den Kauf eines weißen oder knallgelben Autos entscheidet, ist sich sicherlich nicht im klaren darüber, welche Schadstoffe bei der Produktion der titan-weißen Farbe (hier: Dünnsäure) anfallen bzw. bei der Verschrottung des signal-gelben Autos (hier: Cadmium) freigesetzt werden. Erst recht weiß er nicht, wie sich das alles im Laufe von Jahrzehnten auf die Umwelt auswirkt.
Ein Drei-Wege-Katalysator reicht allein nicht aus, um mit dem Etikett »umweltfreundlich« Anspruch auf Steuervergünstigungen zu erheben. Nicht nur die Abgase des Automotors, sondern das ganze Auto, wie eigentlich die meisten Waren der Industriegesellschaft, stellen ein Problem für die Umwelt dar. Dieses Problem gilt es zu entschärfen. Ände-

rungen an den Produktionsvorgängen werden dabei unausweichlich. Das kann durch gezieltes umweltbewußtes Kauf- und Konsumverhalten erreicht werden. Hierzu bedarf es jedoch der konkreten Aufklärung und insbesondere der konkreten Information (z. B. deutliche Warenhinweise auf der Verpackung). Pauschale Appelle an die Vernunft der Verbraucher, deren Sinnhaftigkeit von den Unternehmen und den Medien in Frage gestellt werden, genügen allein nicht.

2. Arten möglicher Fehlentwicklungen

Die Fehlentwicklungen des Verbraucherverhaltens sind sehr vielfältig. Sie können sich auf einzelne Stufen der »Bedarfsformung« (Bedürfniskonkretisierung) beschränken oder den gesamten Prozeß der »Bedarfsformung« erfassen. Ausgangspunkt kann sein: der ein Bedürfnis auslösende Stimulus das einzelne Bedürfnis selber, der auf bestimmte Warenmarken ausgerichtete Bedarf, der eigentliche Kaufakt und die Konsumhandlung, durch die Waren ge- oder verbraucht werden.

Im folgenden werden einundfünfzig Typen möglicher Fehlentwicklungen herausgearbeitet. Diese Typen lassen sich dabei *sechs grundlegenden Arten* (Kategorien) zuordnen, die jeweils das Vorliegen von Fehlentwicklungen erklären!

- **Der Kauf als solcher als Ursache für Fehlentwicklungen:**

Daß etwas überhaupt bei einem Unternehmer (Händler bzw. Dienstleistungsanbieter) für den Konsum gekauft wird, kann u. U. schon als eine Fehlentwicklung angesehen werden. Dies gilt insbesondere dann, wenn vom Verbraucher nicht geprüft wird, ob ein Kauf sich durch Eigenleistungen überflüssig machen würde. Dies ist der Fall, wenn im voraus darauf verzichtet wird zu erwägen, inwiefern es nicht doch sinnvoller wäre, Eigenprodukte statt Fremdprodukte in Anspruch zu nehmen.

- **Die Bedürfnisse, ihre Entstehung bzw. Konkretisierung, als Ursache für Fehlentwicklungen:**

Wie einzelne Bedürfnisse entstehen, sich entfalten, sich zum Bedarf nach einer bestimmten Warenmarke eines bestimmten Unternehmers konkretisieren, und welche dominierende Rolle sie in der Gesamtheit aller Bedürfnisse bzw. Bedarfe einnehmen – das alles kann zu Fehlentwicklungen führen. Es ist nicht selbstverständlich, daß die Nachfrage nach den -zigtausend Warenmarken, die angeboten werden, immer berechtigt ist; denn diese vielfältigen Warenmarken sind nicht gleichermaßen geeignet, die Bedürfnisse eines jeden Verbrauchers zu befriedigen.

- **Eigenschaftsmerkmale von Waren als Ursache für Fehlentwicklungen:**

Hier geht es um die Entscheidung des Verbrauchers für konkrete Warenmarken mit spezifischen objektiven, subjektiven aber auch imaginären Eigenschaftsmerkmalen. Dabei steht der Wunsch des Verbrauchers im Vordergrund, für sein Geld etwas Besonderes zu erleben. Das kann dazu führen, daß der Kauf/Konsum zu einem ständigen Streben ausartet, höherwertige, andere, neue oder unbekannte Waren kennenzulernen und sie zu kaufen/konsumieren.

● **Die Außenwirkungen des Kaufs bzw. Konsums als Ursache für Fehlentwicklungen:**
Hier treten jene Aspekte des Kaufs und Konsums von Waren in den Mittelpunkt, welche darauf abzielen, auf andere Personen der näheren und weiteren Umwelt Eindruck zu machen. Die Folge sind Verhaltensweisen, die von einem starken Wunsch des Verbrauchers nach einer engen Verbundenheit mit seiner sozialen Umwelt geprägt sind. Er möchte durch den Kauf/Konsum von Waren seinen Bekannten gefallen und imponieren oder seinen Vorgesetzten imitieren oder einen Freund nicht enttäuschen oder sich mit Dritten identifizieren und solidarisieren. Was für den Verbraucher dabei wichtig ist, ihm am meisten »guttut«, ist dabei nur von nebensächlicher Bedeutung. Allein die anderen, was sie denken bzw. tun, sind für einen derart handelnden Verbraucher von Relevanz.

● **Der Prozeß der Kaufentscheidung als Ursache für Fehlentwicklungen:**
Diese Fehlentwicklungen sind auf den Wunsch zurückzuführen, den Prozeß der Kaufentscheidung zu verkürzen oder den eigentlichen Kaufentscheid zu rechtfertigen. Meist hat dies die Beschränkung des Informationsverarbeitungsprozesses zur Folge. Hintergrund solcher Fehlentwicklungen ist das Bestreben des Verbrauchers, möglichst schnell oder problemlos einen zufriedenstellenden Kauf zu tätigen.

● **Fehlende Transparenz als Ursache für Fehlentwicklungen:** Beim Treffen von Kaufentscheidungen muß der Verbraucher vollständige Kenntnis darüber besitzen, welche Bedürfnisse er und die Mitglieder seines Privathaushaltes haben, zu welcher Qualität und zu welchem Preis die zum Kauf in Frage kommenden Waren von welchen Händlern angeboten werden und welche finanziellen, zeitlichen, gesundheitlichen, ökologischen bzw. sozialen Folgen der Kauf/Konsum einer Ware hervorrufen kann. Fehlt ihm diese Übersicht (»Transparenz«), kann er seine Kaufentscheidungen nicht richtig treffen.

Wenn im folgenden die verschiedenen Typen möglicher Fehlentwicklungen herausgearbeitet und erläutert werden, so ist zu berücksichtigen, daß nicht jede Fehlentwicklung eindeutig und umfassend einer der hier aufgezeigten sechs grundlegenden Arten zugeordnet werden kann. Vielmehr können einzelne Fehlentwicklungen gleichzeitig verschiedenen Arten zugeschrieben werden. Sie lassen sich also aus unterschiedlichen Blickwinkeln erklären. Außerdem kann ein einzelner Typ teilweise starke Ähnlichkeiten mit anderen Typen aufweisen, gleichwohl aber sich in einigen Besonderheiten von diesen unterscheiden. Insofern läßt sich jeweils ein eigenständiger Typ von Fehlentwicklung definieren.

3. Eine Typologie von Fehlentwicklungen

I. Der Kauf als solcher als Ursache für Fehlentwicklungen

[1] Konsumpassivismus

Die grundlegendste Fehlentwicklung stellt wohl der »Konsumpassivismus« dar (vgl. Scherhorn 1975, S. 18; Gehlen 1957, S. 45; Raffée 1969, S. 64, der von der »Entgrenzung des Konsums« spricht). Er bildet die Basis für alle übrigen Fehlentwicklungen. »Konsumpassivismus« liegt vor, wenn der Verbraucher immer weniger die Fähigkeit und Bereitschaft besitzt, seine Konsumbedürfnisse durch »Eigenleistungen« zu befriedigen. Statt »aktiv« zu versuchen, eine Befriedigung seiner Bedürfnisse durch eigene Arbeitsleistungen zu erreichen, bleibt er lieber »passiv«, schaut auf den Märkten, was für zur Bedürfnisbefriedigung geeignete Leistungen von Unternehmen angeboten werden (sog. »Fremdleistungen«), und kauft sie.

Das Hauptproblem beim »Konsumpassivismus« liegt nicht mehr darin zu klären, welche Leistungen man zu Hause selbst erbringen kann, sondern für welche der vielen am Markt angebotenen Leistungen man sich entscheiden soll. Eigene hauswirtschaftliche Aktivitäten stehen dabei nicht mehr im Mittelpunkt. Sie »verkümmern« allmählich. Das gilt für immer mehr Bedarfsbereiche der Verbraucher. Die Unternehmen wissen das. Sie richten ihre Produkt- und Sortimentspolitik aus, indem sie ihr Warenangebot in die Tiefe (das betrifft die Intensität, mit der ein Bedarfsbereich mit Konsumwaren befriedigt werden kann) und in die Breite (das betrifft die Ausweitung des Konsumwarenangebots auf immer mehr, bislang noch nicht dem Markt erschlossene Bedarfsbereiche) ausdehnen.

Während früher die Bedürfnisse eines jeden Bedarfsbereichs nur dann befriedigt werden konnten, wenn die Mitglieder eines Privathaushalts intensiv produktiv tätig waren (im Extremfall läge hier ein *»Selbstversorgerhaushalt«* vor (vgl. v. Schweitzer 1976, S. 28f.), nähert sich heute der Privathaushalt immer mehr dem *»Fremdversorgerhaushalt«* an. v. Schweitzer spricht von »Vergabehaushalt«, – einem Haushalt des »totalen Konsums«, in dem alle Bedarfsbereiche dem Konsum von Marktleistungen zugänglich sind. Daß es soweit kommen konnte, liegt zum einen in den abnehmenden Fähigkeiten und Fertigkeiten der Mitglieder der Privathaushalte begründet, produktiv tätig zu sein. Dies geht einher mit der ebenfalls abnehmenden Ausstattung an produktiven Haushaltsgeräten, aber teilweise auch mit dem Mangel an zeitlichen Ressourcen z. B. jener Haushalte, in denen alle erwachsenen Haushaltsmitglieder ganztags außer Haus berufstätig sind. Ein Beleg hierfür ist die immer größer

werdende Zahl von Doppelverdiener-Haushalten, »unvollständigen« Familien (Ein-Eltern-Familien) und Ein-Personen-Haushalten. Hinzu kommt, daß der einzelne Verbraucher sich vielfach »am wohlsten fühlt, wenn er mit der Befriedigung von Konsumwünschen beschäftigt ist« (Hunziker 1972, S. 23), d. h. wenn er seine Bedürfnisse mit »Fremdleistungen« befriedigt. Der Weg zu einem solchen »totalen Konsum« wird geebnet durch das ständig ansteigende Warenangebot und die wachsende Bedeutung, die die Gesellschaft diesen Waren im Rahmen der Bedürfnisbefriedigung beimißt.
Der Trend zum »Konsumpassivismus« wird insbesondere im *Ernährungsbereich* deutlich. So sind immer weniger Haushalte bereit, Lebensmittel selber zu produzieren. Es fing damit an, daß die Stadtbewohner, die im Mittelalter noch »Ackerbürger« waren, die Groß- sowie Kleintierhaltung betrieben und vor den Toren der Stadt über kleinere landwirtschaftliche Flächen verfügten, im Laufe der Jahrhunderte diese Lebensmittelproduktion immer mehr einschränkten. Zunächst verkümmerte die Tierhaltung zur Kleintierhaltung und der Ackerbau zum Gemüseanbau. So verfügten 1988 in der Bundesrepublik (West) nur noch 6,5 Mio. Privathaushalte (= 26,5 % aller Haushalte) über einen Nutzgarten und nur noch 5,1 Mio. (= 20,6 %) besaßen Obstbäume (Statistisches Bundesamt 1992, S. 570). Noch Anfang der 50er Jahre wurde im Rahmen des sozialen Wohnungsbaus jeder Wohnung ca. 6 qm Gartenfläche zur eigenen Bewirtschaftung zugewiesen. Heute ist dies nicht mehr üblich, und wenn, dann werden meistens Kräuter und Blumen statt Gemüse angepflanzt.
Die Aktivitäten des Haushalts sind auch bei der Verarbeitung von Lebensmitteln zurückgegangen. Immer mehr Verbraucher greifen auf konsumreifere Waren zurück. Es werden kaum noch Obst und Gemüse selbst eingemacht, Marmelade, Brot und Kuchen selbst hergestellt, Spinat und Grünkohl selbst zubereitet, Obstsäfte selbst ausgepreßt, Wein selbst gekeltert. Vielmehr werden die entsprechenden Halbfertig- oder Fertigfabrikate im Handel erworben. Dabei ist der Trend zu beobachten, daß viele Haushalte Waren bevorzugen, die immer weniger einer Verarbeitung durch den Haushalt bedürfen: fertig gewürztes Fleisch, fertige(r) Kartoffelbrei, -klöße, -puffer, fertige Backmischungen, Saucen, Fruchtgetränke, Kindertees, Nudeln, Pommes frites, Tütensuppen, Fertigschlagsahne, Joghurt (mit Früchten), Pudding, Frischkäse mit Kräutern, fertig zubereitete Salate, Fischstäbchen, Dosensuppen bzw. vollständige Mahlzeiten als Fertiggerichte, die nur noch im Wasserbad (ca. 15 min.) oder in der Mikrowelle (ca. 3 min.) aufzuwärmen sind. Gerade die servierbereiten Fertiggerichte erfordern als einzige produktive Leistung nur noch ein Erhitzen. Der nach der Mahlzeit fällige Abwasch beschränkt sich dabei lediglich auf das Besteck, da das einzelne Fertiggericht schon komplett mit Plastikteller angeboten wird.

Eine weitere Entwicklung des »Konsumpassivismus« im Ernährungsbereich stellt die Inanspruchnahme von Dienstleistungen dar. So werden nicht nur vermehrt Mittagsmahlzeiten außer Haus eingenommen (Kantine, Imbiß-Stand, Schnell-Restaurant, Gourmetlokal), sondern auch das Frühstück außer Haus gewinnt an Beliebtheit. Außerdem werden immer häufiger nicht nur typische Familienfeste (z. B. Taufe, Hochzeit, Beerdigung) zum Anlaß genommen, Restaurants aufzusuchen, den Partyservice oder »Pizza«-Dienste in Anspruch zu nehmen. Für den Fall, daß einem kein Grund hierfür einfällt, liefern die Gastronomiebetriebe entsprechende Anregungen, z. B. für die Kindergeburtstagsfeier (natürlich bei »McDonald's«, haben die doch für die »kleinen« Gäste viel Verständnis), die Silvesterfeier oder sogar die Weihnachtsfeier. – So lagen lt. Erhebungen des Statistischen Bundesamtes die monatlichen Ausgaben eines 4-Personenhaushalts (von Beamten und Angestellten mit höherem Einkommen) für den »Verzehr außer Haus« 1991 bei DM 228,89 (1970: DM 62,08), was einen Anteil von 20,8 % (12,7 %) an den Gesamtusgaben für die Bedarfsgruppe »Nahrungsmittel, Getränke u. Tabakwaren« ausmacht. Bei einem 4-Personenhaushalt (von Arbeitern und Angestellten mit mittlerem Einkommen) lag dieser Anteil bei 15,5 % (1970: 8,5 %) (vgl. Euler 1992, S. 206).
Treten gesundheitliche Probleme auf, die durch den »passiven« Lebensmittelkonsum verursacht wurden, werden jedoch nicht alle Verbraucher »aktiver«. Vielmehr greifen sie wiederum auf Waren zurück, die:

- die Mängel nur *korrigieren* (z. B. mit Hilfe der Einnahme von Multivitamin-/Mineralstoff-Tabletten bzw. Ballaststoffzusätzen), statt sie erst gar nicht durch eine vollwertigere Ernährung entstehen zu lassen;
- die Mängel nur *lindern* (z. B. durch den Kauf von »Light«-Produkten), statt die konventionelle Ware in geringerer Menge zu konsumieren;
- die Mängel nur *kaschieren* (z. B. mit Hilfe von Appetitzügler-Pillen bzw. Fertig-Diät-Gerichten), statt sie durch einen disziplinierteren Konsum zu verhindern.

Letztlich geraten durch den »Konsumpassivismus« immer mehr ernährungwirtschaftliche Fähigkeiten, Fertigkeiten und Kenntnisse der Haushalte in Vergessenheit. Sie werden schließlich gar nicht mehr an die nachfolgenden Generationen weitergegeben. Mit Ausnahme jener, für die die Ernährung zum Hobby geworden ist, müssen bei den Verbrauchern schon krisenhafte Erscheinungen auftreten (z. B. hauptsächlich Gesundheits- und Finanzprobleme, in Zukunft aber auch Müllprobleme), um sie zu einem Umdenken in der Art und Weise, wie sie Lebensmittel konsumieren, zu bewegen.
Der *Bekleidungsbereich* unterliegt ebenfalls den Einflüssen des »Konsumpassivismus«. Die Unternehmen der Textilbranche bieten ein so viel-

fältiges Angebot an unterschiedlichsten Bekleidungsstücken an, daß produktive Leistungen wie Schneidern, Stricken, Häkeln und Sticken immer häufiger als ausgefallenes Hobby der Verbraucher angesehen wird. Durch die unternehmerische Preisgestaltung, die Reparaturen als nicht mehr lohnend erscheinen lassen, durch die Qualitätsgestaltung, die Reparaturen nicht mehr zulassen, und durch die Modegestaltung, die Reparaturen als überflüssig erscheinen lassen, da ohnehin bald ein Modewechsel stattfindet und somit etwas Neues gekauft wird, erübrigt sich eine weitere produktive Tätigkeit des Haushalts: das Reparieren.
Die Folge ist, daß immer weniger Haushalte über eine Nähmaschine verfügen. 75,2 % der Vier-Personen-Arbeitnehmer-Haushalte mit mittlerem Einkommen besaßen 1991 eine Nähmaschine. Viele Verbraucher sind nicht mehr imstande, mit solch einem Haushaltsgerät umzugehen. Das bedingt wiederum, daß diese Verbraucher Änderungsarbeiten an gekaufter Bekleidung nicht mehr selber ausführen können. Als letzte produktive Leistung verbleibt dem Haushalt nur noch die Kleiderpflege, welche aber durch das vielfältige Angebot an Wäschereien und Reinigungen immer seltener ausgeübt wird. Gefördert wird dies zusätzlich dadurch, daß die Unternehmen bei der Produktion von Bekleidung immer öfter Fasern verwenden, deren Pflege eine Spezialbehandlung durch spezialisierte Unternehmen (hier: Chemische Reinigungen) erforderlich macht.
»Konsumpassivistische« Züge trägt auch jener Aspekt individuellen Bekleidungsverhaltens. Kaum noch ein Verbraucher bildet einen eigenen Geschmack oder Stil heraus. Die meisten von ihnen überlassen es den Unternehmen, wie die einzelne Bekleidung auszusehen habe, d. h. was letztlich »Mode« wird. Die Leistung des Verbrauchers besteht lediglich darin, aus der Vielfalt des Warenangebots das geeignetste Bekleidungsstück auszuwählen und die geschmackvollste Kombination verschiedener Bekleidungsstücke zu bestimmen.
Ähnliche Einflüsse des »Konsumpassivismus« sind bei den folgenden Bedarfsbereichen zu beobachten:

- *Wohnbereich:* Bis auf wenige Ausnahmen werden Möbel nicht mehr selber geschreinert, sondern im Möbelgeschäft gekauft. Die Eigenleistungen des Haushalts beschränken sich höchstens auf »Selbstabholung« und »Selbstmontage« der gekauften Möbel. Lediglich im Bereich der Wohnungsrenovierung (hier: Tapezieren, Streichen) ist ein Trend hin zum »Do-it-your-self« zu beobachten, letztlich wohl deshalb, weil für viele Haushalte eine Fremdrenovierung zu teuer ist.
- *Körperpflege:* Fast alle Haushalte greifen auf die Leistungen der Friseure (inkl. Haarwäsche) und immer mehr auf das Angebot von Kosmetikerinnen zurück.
- *Krankenpflege:* Hier ersetzt vielfach die Apothekenmedizin das

gesundheitsbewußte Verhalten, der Zahnarztbesuch die tägliche Mundhygiene, der Termin bei der Krankengymnastin die täglichen Fitneßübungen.

- *Altenpflege:* Häufig werden ältere oder pflegebedürftige Familienmitglieder gegen Entgelt in entsprechende Heime »abgeschoben«, statt sie daheim im Kreise der Familie zu versorgen.
- *Kinderbetreuung:* Die Eltern kaufen vermehrt ihren Kindern Spiele, mit denen sich diese dann allein beschäftigen, statt daß sie selber – u. U. mit einem selbst ausgedachten Spiel – zusammen mit ihnen spielen; sie erzählen ihren Kindern keine »selbst-erlebten« Geschichten, sondern lesen ihnen etwas aus gekauften Büchern (die man sich natürlich auch aus einer Bibliothek ausleihen könnte) vor. Sie schenken ihnen Schallplatten oder Kassetten oder Videos, die die Kinder sich auch alleine anhören und ansehen können; schließlich werden die Kinder nicht mehr selber oder zusammen mit anderen Müttern betreut (wie es in sog. »Kinderläden« üblich ist), sondern man schickt sie gegen Entgelt in den Kindergarten.

Letztlich erstreckt sich der »Konsumpassivismus« auch auf die weiten Bereiche der *Freizeitgestaltung*: Z. B. schaut man sich gegen Entgelt Sport-, Theater- und Musikveranstaltungen an, statt selbst Sport zu treiben, Theater zu spielen oder Musik zu machen; man trimmt sich nicht im Freien, sondern zu Hause auf einem »Home-Trainer«, und wenn man schon Sport treiben will, dann reicht nicht der »Waldlauf« aus, sondern man sucht sich eine »modische«, d. h. eine ausrüstungsintensivere und somit teurere Sportart aus. Begnügt man sich dennoch mit dem »Waldlauf«, so sollten zumindest die Schuhe und die Kleidung »stimmen«. Der konsumpassive Verbraucher ist nicht mehr Mitglied in einem Sportverein, sondern geht in ein privates Sportstudio, um gegen entsprechende finanzielle Beiträge sein Bewegungsdefizit abzubauen. Er besteigt nicht mehr zu Fuß einen Berggipfel, sondern fährt mit der Seilbahn hinauf; er bastelt nicht mehr selbst, sondern besucht Bastelkurse, kauft gleich die Bastelarbeiten halbfertig oder fertig im Handel; er plant seinen Urlaub nicht mehr selber, sondern läßt andere bis ins Detail für sich planen (z. B. Reisebüros, Touristikunternehmen und Urlaubsclubs incl. festangestelltem Animateur, aber auch Freizeitparks); er geht weniger zu Fuß und fährt weniger per Rad, statt dessen benutzt er auch dort das Auto, wo dies nicht unbedingt erforderlich ist; er »heimwerkert« wohl, die handwerkliche Leistung wird dabei aber immer mehr durch maschinelle Leistungen mit technischen Geräten ersetzt; er bereitet anderen Personen Freude, aber nicht dergestalt, daß er für diese etwas Persönliches erarbeitet, sondern daß er etwas mehr oder weniger Unpersönliches in einem »Geschenkeladen« aussucht, kauft und nicht einmal selber einpackt, sondern gegen

Preisaufschlag exklusiv verpacken läßt; er versucht etwa beim Autofahren das Unfallrisiko nicht dadurch zu vermindern, daß er defensiver fährt, sondern dadurch, daß er seinen Wagen mit einem ABS-Antiblockierbremssystem und einer ASC-Antriebsschlupf-Regulierung ausrüstet.
Konsumpassivistisch verhält sich auch derjenige, welcher versucht, nicht durch die Weiterentwicklung seiner persönlichen Fähigkeiten, sondern durch den Kauf und Konsum von Waren anderen zu gefallen und diese so zu beeindrucken. Statt sich Anerkennung durch zwischenmenschliche Kontakte zu erarbeiten, wird sie sich erkauft. Zum »Konsumpassivismus« zählt schließlich jener Tatbestand, daß man sich immer weniger mit anderen Menschen unterhält und statt dessen sich von den Medien (Fernsehen, Kino, Illustrierten) unterhalten läßt; und falls gerade nichts Interessantes angeboten wird, greift man zur Platte, zur Compakt-Disc oder zur Videokassette. Oder: Man macht sich keine eigenen Gedanken, bildet sich keine eigene Meinung mehr, sondern läßt sich Gedanken und Meinungen von den Medien liefern (vgl. hierzu die Aussagen von W. Röbke in: Gehlen 1957, S. 45). Man hilft nicht mehr persönlich und unmittelbar anderen Menschen in nah und fern, sondern man bezahlt dafür, d. h. man spendet einen Beitrag für eine entsprechend tätige Organisation, um auf diese Weise sein Bedürfnis »Hilfsbereitschaft« zu befriedigen.
Letztlich kann sogar das Streben nach Askese konsumpassivistische Züge annehmen, und zwar dann, wenn der einzelne Verbraucher Bücher kauft, Vorträge oder Wochenendseminare besucht, die gegen Entgelt Aufklärung über dieses Thema versprechen. Auf solche Weise ist klammheimlich auch der Wunsch nach Askese vermarktet und markt- und konsumfähig gemacht worden (vgl. Becker 1992, S. 383).
Gerade der *Freizeitbereich*, der aufgrund des immer größer werdenden frei verfügbaren Zeitpotentials zum Mittelpunkt der produktiven Leistungen der Haushaltsmitglieder werden könnte, unterliegt hier einem bedenklichen Trend zur Passivität. Es ist kaum noch vorstellbar, daß Freizeithandlungen nicht auch gleichzeitig Konsumhandlungen sind. Der gesamte Freizeitbereich degeneriert allmählich dazu, bloß noch den Kauf und Konsum von Waren vorzubereiten und zu realisieren. Das Gespräch, was demnächst zum Kauf ansteht, das Schaufensterbummeln (»shopping«), um sich zum Kauf anregen zu lassen, artet zu einer immer beliebter werdenden Freizeitbeschäftigung aus. Die allmonatlich stattfindenden verkaufsoffenen Sonnabende werden regelrecht zu »Freizeitveranstaltungen«, an denen man mit derselben Selbstverständlichkeit teilnimmt wie an den allwöchentlich angebotenen Sport- und Kulturveranstaltungen. Was für den Fußballspieler das »Auswärtsspiel« ist, das ist für den Verbraucher im Urlaub das »shopping« in fremden Städten und Ländern. Es ist unmöglich für einen Touristen, der Hamburg zum ersten Mal besucht, alle Kirchen und Museen zu besichtigen, den Hafen und das Rathaus, alle Theater und

die umliegenden Naturschutzgebiete, die Hafenstraße und die Reeperbahn; dennoch wird er es nicht versäumen, wenigstens auch einmal über die »Mönckebergstraße« und durch einzelne der in der Nähe liegenden überdachten Einkaufspassagen zu bummeln.
Wie problematisch der »Konsumpassivismus« als Fehlentwicklung für den Haushalt ist, kann letztlich nur jeder einzelne Haushalt für sich selbst entscheiden. Sicherlich wird es dem Verbraucher nicht gelingen, den »Konsumpassivismus« vollständig zu verdrängen. Es reicht schon, wenn er im Rahmen seiner Möglichkeiten versucht, zunächst ein einziges oder einige wenige Bedürfnisse »aktiver« zu befriedigen. Vielleicht findet er daran Gefallen. Vielleicht merkt er auch, daß der allein mit Geld finanzierte Konsum eine viel oberflächlichere Befriedigung bringt, als jener Konsum, der erst durch Eigeninitiative, Eigenleistungen, Anstrengungen und Mühe ermöglicht wurde. Mit Hilfe eines von den Unternehmen angebotenen »Konsums frei Haus« kann wohl der Verbraucher einzelne Bedürfnisse befriedigen, aber ob er langfristig auch damit wirklich zufrieden ist, sei dahingestellt; denn einem solchen Konsum fehlt nicht nur das mit jeder Eigenleistung verbundene »Erfolgserlebnis«, sondern auch das mit jeder Eigenleistung einhergehende »Produktionserlebnis«. »Diesen prozeßhaften, dynamischen und spannungsvollen Charakter droht der heutige... Konsum zu verlieren.« (Opaschowski 1989, S. 69, der jedoch nur von »Freizeitkonsum« spricht.)
Vielleicht trifft der Verbraucher bei seiner Suche nach aktiveren Formen des Konsums auf Gleichgesinnte, die ihn unterstützen. Impulse auf die gesamte Bedarfsformung seines Privathaushalts und somit auch auf die zukünftige Bedarfsformung der heranwachsenden Haushaltsmitglieder blieben nicht aus. Der Verbraucher muß wieder lernen, seine Bedürfnisse so zu entwickeln, daß ihre »Befriedigung nicht nur durch materielle Objekte, sondern ebenso durch ›symbolische‹ Akte erlebt werden kann, durch Gratifikationen, die in nichtmaterieller, in ›geistiger‹, symbolischer Form gewährt werden und aus der Kommunikation mit anderen Menschen erwachsen« (Bartelt 1978, S. 110). Der Weg bis dahin wird ein weiter Weg sein; denn dafür ist das Marktleistungsangebot schon zu allgegenwärtig geworden. Zumindest in den entwickelten Volkswirtschaften sind Gesellschaft, Haushalte und Märkte nahezu unlösbar miteinander verquickt.
Gleichgültig, mit was sich die Menschen beschäftigen, für was sie sich interessieren, es hat fast immer etwas auch mit Kaufen und Konsumieren zu tun. Ihr »Erscheinungsbild und Lebensstil« wird durch die Warenwelt mitbestimmt (vgl. Scherhorn/Reisch/Raab 1990, S. 76). Die Kinder kommen schon sehr früh mit den Sach- und Dienstleistungen der Unternehmen in Kontakt. Sie erkennen sehr bald deren Gebrauchs-, Symbol- und Geldwert. Ihre Umwelt erzieht sie dahin, möglichst schnell möglichst

viel zu lernen, um später als Erwachsene möglichst viel leisten zu können; denn nur wer etwas in der durch die Marktwirtschaft geprägten Gesellschaft leistet, kann sich selbst im Leben später auch etwas leisten. Nur der verdient die nötigen Geldscheine, die nichts anderes als »Berechtigungsscheine« zum Kauf von Marktleistungen, »Eintrittsscheine« zum Betreten der Märkte sind.
Von derart zu Arbeitnehmern und Geldausgebern sozialisierten Menschen nun zu verlangen, sie sollten den Wert ihres verdienten Geldes weniger nutzen, grenzt fast an eine Zumutung. Außer man denkt an die immer drohenderen, letztlich durch den Konsum verursachten Umweltprobleme, wie die fortschreitende Vergiftung von Luft, Wasser und Boden und die zunehmende Gefährdung pflanzlichen, tierischen und menschlichen Lebens.

[2] Erreichbarkeitstäuschung

Ein Bedarf hat nur eine Chance, befriedigt zu werden, wenn die zu kaufende Ware auch tatsächlich für den Verbraucher erreichbar ist. Mit »erreichbar« ist nicht bloß gemeint, daß eine Ware *räumlich* erreichbar ist, d. h. der Verbraucher in der Lage ist, sie anzufassen und mitzunehmen. Vielmehr muß die Ware für ihn auch *finanziell* erreichbar sein, d. h. er muß imstande sein, sich den Preis der Ware finanziell leisten zu können. Dies setzt voraus, daß er sie bezahlen kann. Es spielt keine Rolle, ob die Bezahlung bar oder per Kredit erfolgt. Hauptsache ist, daß der Preis für den Haushalt des Verbrauchers finanziell tragbar ist.
Während sich kleine Kinder, aber auch Ladendiebe meist mit dem Vorliegen der räumlichen Erreichbarkeit begnügen, um die Befriedigung eines entsprechenden Bedarfs einzuleiten, prüfen andere Verbraucher noch, ob die begehrte Ware auch momentan bezahlbar ist. Immer häufiger vernachlässigen sie aber, ob sie sich diese Ware leisten können. Sie prüfen vor dem Kauf nicht, inwieweit die Ware so bezahlt und finanziert werden kann, daß für die Befriedigung anderer dringlicherer Bedarfe kurz-, mittel- und langfristig Geld übrig bleibt.
Der Verbraucher hat nicht gelernt, die Befriedigung eines Bedarfs im Zusammenhang mit allen gegenwärtigen und zukünftigen Bedarfen seines Privathaushalts zu sehen. Der Wunsch nach sofortiger Befriedigung ist so groß, daß der Verbraucher die Berücksichtigung der Befriedigung von anderen relevanten, aber nomentan nicht dringlichen Bedarfen vernachlässigt. Aber auch dann, wenn der Verbraucher seinen zukünftigen Bedarf in die Kaufentscheidung miteinbezieht, kann eine solche »Erreichbarkeitstäuschung« vorliegen. Das gilt etwa dann, wenn er unrealistische Konsum- bzw. Einkommenserwartungen hat, z. B.

- wenn er andere Haushalte zu seinem Vorbild nimmt und meint, sich all das leisten zu können, was diese Haushalte sich auch kaufen. Dabei wird nicht berücksichtigt, daß diese Haushalte über mehr Geld verfügen oder aber sich ein solches Kaufverhalten ebenfalls nicht leisten dürften;

- wenn er davon ausgeht, daß er bald ein höheres Gehalt erwarten darf, ohne daß diese Erwartungen abgesichert sind. Dies traf sicherlich anfangs, aber nicht nur für viele ehemalige DDR-Bürger zu, die einen sehr großen Nachholbedarf hatten, der jedoch kurzfristig nicht finanzierbar war;
- wenn er ignoriert, daß in Zukunft Einkommenskürzungen in Aussicht stehen, z. B. wegen drohender Arbeitslosigkeit in jener Branche, in der er beschäftigt ist; oder wegen Krankheit, Familienzuwachs, Unterstützung bedürftiger Familienangehöriger und Verwandter.

Der Verbraucher, der nicht der »Erreichbarkeitstäuschung« unterliegen will, muß lernen, seine Kaufentscheidungen an dem gegenwärtigen und zukünftigen Bedarf und Einkommen seines Haushalts auszurichten. Die fixen Kosten (Miete, Grundernährung und -kleidung, Versicherungsprämien, Fahrtkosten, Ausbildungskosten), mögliche Reparaturen (für Haushaltsgeräte und Auto) und etwaige Einkommensrückgänge sind zu berücksichtigen. Das bewußte Aufschieben eines Kaufes für eine bestimmte Zeit oder Gespräche mit den übrigen Haushaltsmitgliedern über einzelne Kaufwünsche bewirken manche Klärung über die wirkliche Dringlichkeit eines Bedarfs. Kreditaufnahme trägt wohl zur Förderung der Volkswirtschaft, aber unter Umständen auch zur baldigen Zahlungsunfähigkeit des Privathaushalts bei. Der Verbraucher muß begreifen, daß er weniger dringende Bedarfe zurückstellen muß, damit wichtigere Bedarfe finanzierbar bleiben. Das bedeutet jedoch nicht, den totalen Verzicht zu üben; denn warum muß man die Befriedigung bestimmter Bedarfe unbedingt auf einmal statt Schritt für Schritt erreichen?
Der junge Verbraucher realisiert sehr schnell, welche seiner Konsumwünsche finanzierbar sind. Ist die Enttäuschung, plötzlich sich eine Zeitlang überhaupt nichts mehr kaufen zu können, sehr groß, werden seine Konsum- und Einkommenserwartungen »enttäuschungsfester« und somit auch realistischer (vgl. auch Wiswede 1987, S. 50). Je langsamer er dies erlernt, desto länger wird er gegenüber der »Erreichbarkeitstäuschung« anfällig sein. Das verführerische Warenangebot und die scheinbar günstigen Zahlungsbedingungen des Handels einerseits und das protzige Konsumverhalten mancher Mitmenschen andererseits tragen dabei nicht zur Förderung dieses Lernprozesses bei.
Nicht nur die finanzielle, sondern auch die *räumliche* Erreichbarkeit kann Probleme aufwerfen. So ist im Zeitalter interkontinentaler Verkehrsverbindungen im 24-Stunden-Takt praktisch jedes Lebensmittel erreichbar, z. B. frisches Obst und Gemüse aus Südafrika, Argentinien, Neuseeland. Daß hierbei ein enormes Verkehrsaufkommen erforderlich

ist und daß dies Umweltprobleme entstehen läßt (durch den zum Transport erforderlichen Flug- und LKW-Verkehr), wird von den Verbrauchern vielfach übersehen. Hinzu kommt das soziale Problem, daß durch diese Konkurrenz die einheimischen Produkte wegen ihrer geringfügig weniger guten (meist weniger frischen) Qualität geringere Absatzchancen haben. Dadurch wird den betroffenen Landwirten allmählich ihre Lebensgrundlage entzogen. Diese »interkontinentalen« Lebensmittel sind wohl räumlich erreichbar, doch Aufwand und die Folgen dieser Erreichbarkeit stehen meist in keinem Verhältnis zum Nutzen, den diese Erreichbarkeit mit sich bringt.
Ähnlich problematisch verhält es sich mit dem Aspekt der *zeitlichen* Erreichbarkeit: Der Konsum von Lebensmitteln außerhalb ihrer »natürlichen« Saison. Zu denken ist an den Konsum von Tomaten, Salat, Radieschen zur Winterzeit, die nur über einen verstärkten Einsatz von Energie (zwecks Aufrechterhaltung eines entsprechenden Gewächshausklimas) künstlich in eine Erntezeit umgewandelt wird. Durch diesen Energieverbrauch entstehen Umweltprobleme, solche Gewächshausprodukte ziehen eine stärkere Nitratbelastung mit sich und schaffen so Gesundheitsprobleme. Die Verbraucher müssen wieder lernen, mit der Saison zu leben, und davon Abstand nehmen, Lebensmittel zu konsumieren, deren saisonale Abhängigkeit künstlich aufgehoben wurde.

II. Die Bedürfnisse, ihre Entstehung bzw. Konkretisierung als Ursache für Fehlentwicklungen

[3] Kauflustbefriedigung

Der ursprüngliche Sinn eines Kaufvorganges besteht darin, Waren zur eigenen Bedürfnisbefriedigung zu erwerben, die der Haushalt selbst nicht durch eigene Leistungen erzeugen oder bereitstellen kann, weil ihm dazu die Möglichkeiten, wie Geräte, Räumlichkeiten, Fertigkeiten oder Zeit, fehlen. Der Kauf trägt so mittelbar über die Warenbeschaffung zur Bedürfnisbefriedigung bei. Im Zeitalter der Massenproduktion hat sich mit steigendem Freizeitvolumen und steigendem Realeinkommen in der Beziehung »Kauf-/Bedürfnisbefriedigung« ein Wandel weg von dieser »Mittelbarkeit« hin zu einer Art *»Unmittelbarkeit«* vollzogen, bei der der Kaufakt selbst zum Mittelpunkt des Handels – zum eigentlichen Bedürfnis – wird.

Der Verbraucher hat im Laufe vieler durchgeführter Kaufentscheidungsprozesse gelernt, daß nicht nur der Konsum, sondern allein schon der Kaufvorgang als solcher als angenehm empfunden werden kann. Das Ambiente des Einkaufens, wie das Anschauen der Schaufenster, das Schlendern durch die Geschäfte, die Bedienung und Beratung durch das Verkaufspersonal, das Besichtigen und Aus-/Anprobieren der Waren, das Aushandeln der Preise, aber auch der eigentliche Kaufakt selbst läßt »Lustgefühle« aufkommen, weckt Vergnügen, vermindert die Langeweile, lenkt von Alltagssorgen ab, fördert die Kommunikation mit anderen und trägt zur Selbstdarstellung bei. In der Form des »Einkaufsbummels« (shopping) werden Käufe für nicht alltäglich benötigte Waren vorbereitet und durchgeführt. Dabei nimmt das Einkaufen den Charakter einer eigenständigen, bei manchen Verbrauchern zu fest vorgegebenen Zeiten eingeplanten Freizeitbeschäftigung an. »Das Warenerlebnis wird in dieser Weise vom Kauferlebnis überschattet.« (Wiswede 1973, S. 125).

Der Handel ist sich dieses Sachverhaltes bewußt und versucht in und mit seinen Geschäften ein Umfeld zu schaffen, das zu längerem Verweilen einlädt und dem Einkauf mehr Erlebnisqualität verleiht. Sie begünstigen daher gezielt die Entstehung von Stimmungen, die beim Verbraucher die »Lust« zum Kaufen fördern, z. B. durch:

- eine Ausweitung der Selbstbedienung und die damit verbundene Förderung der »Inbesitznahme« einer Ware vor dem Kaufabschluß, wobei die Größe des Einkaufskorbs/-wagens sich zusätzlich positiv auf die Anzahl der zu kaufenden Waren auswirken kann,

- eine verlockende Regalgestaltung,
- eine angenehme Schaufenster- bzw. Ladengestaltung, inkl. »Musikberieselung« (vgl. Bost 1987),
- den Bau von Warenhäusern, die sich durch eine unüberschaubare Produktvielfalt, d. h. eine möglichst viele Bedarfe umfassende Sortimentsgestaltung auszeichnen,
- die Errichtung von Einkaufszentren, in denen möglichst viele Geschäfte integriert sind,
- die Förderung von Fußgängerzonen im Einzelhandelsbereich,
- den Bau von witterungsgeschützten Einkaufspassagen/-galerien, in denen nicht nur Einzelhandelsbetriebe, sondern auch gastronomische Betriebe und sonstige zur Unterhaltung dienende Einrichtungen (z. B. Kinos, Ausstellungen) untergebracht sind,
- aber auch durch limitiert erscheinende Sonderangebotsaktionen oder durch die Einräumung von langfristigen Zahlungszielen (z. B. »Jetzt kaufen, erst nach Ostern bezahlen!«).

Solange diese Art der Bedürfnisbefriedigung sich mit »Schaufensterbummeln« oder »Geschäfte anschauen« begnügt, ist sie als relativ unproblematisch anzusehen. Sie erfordert wohl Zeit, die vielleicht für etwas sinnvollere Freizeitbeschäftigungen eingesetzt werden könnte, sie kostet ein wenig Geld für die Inanspruchnahme von Verkehrsmitteln, aber das hält sich in Grenzen. Geht dieses »shopping« jedoch so weit, daß es allein im »Kaufabschluß«, also im Kauf einer oder mehrerer Waren seinen krönenden Abschluß sieht, dann ist dies als kritisch zu beurteilen. Es besteht die Gefahr, daß der Verbraucher nur noch kauft um des Kaufaktes willen, nicht aber, weil er die gekaufte Ware in seinem Haushalt auch tatsächlich benötigt. Das Bedürfnis nach einer Ware wird – was in Anbetracht der Vielfältigkeit menschlicher Bedürfnisse und der Unüberschaubarkeit des Warenangebots nicht schwer fallen dürfte – vom einzelnen Verbraucher nur noch vorgeschoben, um seine *»Kauflust«* befriedigen zu können. Trifft dies zu, liegt eine Fehlentwicklung vor, die als »Kauflustbefriedigung« bezeichnet werden kann.
Wer aber ist wirklich so unvernünftig und kauft etwas nur um des Kaufens willen? Es sind solche Verbraucher (vgl. Faber/O'Guinn 1988, S. 102ff.):
- denen das Einkaufen besonderen Spaß bereitet; die sich dabei glücklich, wenn nicht sogar »high« fühlen;
- die sich unwohl fühlen, wenn sie nicht einkaufen gehen können;
- die während des Einkaufs nicht mehr aufhören können, Waren zu kaufen. Sie verfallen regelrecht einem »Kaufrausch«, wobei es ihnen gleichgültig ist, was sie kaufen.
- die nach einem Kauf sich unwohl oder schuldig fühlen. Sie sind sich gar nicht mehr sicher, warum sie etwas Bestimmtes gekauft haben;

- die nach einem Kauf sich z. B. gegenüber ihrem Ehepartner wegen der gekauften Waren schämen und diese vielleicht vor ihm zu verstecken versuchen;
- oder die die gekaufte Ware später gar nicht oder nur selten nutzen (vgl. auch die *»Kaufsucht«* als eine Variante der *»Konsumsucht«* [6]).

Wie kann sich ein Verbraucher, der sich dabei ertappt, wie er nur aus einer »Kauflaune« heraus Käufe tätigt, gegen ein solches Verhalten wehren? Je weniger Geld er in seinem Geldbeutel, je weniger Schecks er in seiner Brieftasche hat und auf die Mitnahme von Kreditkarten verzichtet, desto größer ist die Chance, daß seine »Kauflust« sich mit dem Schaufensterbummel begnügt. Natürlich könnte er auf Kredit einkaufen. Entsprechende Kaufabschlüsse machen aber die Einhaltung gewisser Formalitäten erforderlich, welche bei ihm die »Lust« zum Einkaufen dämpfen.

[4] Gewohnheitskonsum (»Funktionelle Autonomie«)
Jahrelang ist ein Verbraucher ohne den Konsum einer bestimmten Ware ausgekommen. Aus welchen Gründen auch immer wird er eines Tages auf eine Waren aufmerksam, verspürt einen Mangel, kauft, konsumiert und genießt sie, tätigt einen Wiederholungskauf, da die Ware aufgebraucht oder verschlissen ist, und gewöhnt sich so von Wiederholungskauf zu Wiederholungskauf allmählich an diesen Konsum. Dabei kommt es vor, daß der Grund des Erstkaufs gar nicht mehr besteht – d. h. daß das ursprüngliche Bedürfnis längst befriedigt ist und durch einen anderen Grund ersetzt wurde. Beruht dieser neue Grund allein darauf, daß sich der Verbraucher an den Konsum der betreffenden Ware gewöhnt hat, so liegt eine Fehlentwicklung vor, die als *»Gewohnheitskonsum«* bezeichnet werden soll.
Durch den andauernden Konsum der Ware hat sich der Bedarf nach ihr allmählich verselbständigt. Der Grund für die automatisch getätigten Wiederholungskäufe bezieht sich nicht mehr auf bestimmte Eigenschaftsmerkmale der Ware selbst, sondern auf die Ware als Ganzes. Der Verbraucher konzentriert sich nicht mehr auf den Nutzen, der beim Konsum der Ware gewonnen wird, sondern auf die Ware, die – nicht weiter hinterfragt – gekauft und konsumiert wird. Da die Ware im Laufe der Zeit im Rahmen der Bedürfnisbefriedigung eine eigenständige Funktion zugeordnet bekommt, bezeichnet Allport (1949) diesen Sachverhalt auch als *»funktionelle Autonomie«*.
Welche Käufe auf das Bedürfnis »Gewohnheitskonsum« zurückzuführen sind, kann nur der einzelne Verbraucher feststellen. Alle Bedarfsbereiche eines Privathaushalts können betroffen sein, sofern für einzelne Waren dieser Bereiche Wiederholungskäufe getätigt werden.

Der »Gewohnheitskonsum« ist insbesondere beim Lebensmittelkonsum zu beobachten. Er zeigt sich hier z. B.:

- bei der Zusammensetzung der Mahlzeiten, etwa beim Frühstück (z. B. Marmelade, Frühstücksei), beim Mittagessen (z. B. viel Fleisch, wenig Gemüse);
- im Umfang der Mahlzeiten, etwa beim Mittagessen (z. B. mit Vor- und süßer Nachspeise einschließlich alkoholischer bzw. süßer Getränke), beim nachmittäglichen Kaffeetrinken (z. B. zuviel Kaffee mit Zucker einschließlich Kuchen mit Sahne);
- in der Zubereitung der Mahlzeiten, z. B. zuviel Salz beim Würzen oder Nachwürzen, zuviel Sahne zum Verfeinern;
- in der Anzahl der verschiedenen »Mahlzeiten«, z. B. zweites Frühstück, die Tasse Kaffee zwischendurch (am Vor- und Nachmittag), »TV-Picknick«, »Gute-Nacht-Trunk« sowie diverse Naschereien zwischendurch;
- in der Art der Mahlzeiten, z. B. der Sonntagsbraten, das weihnachtliche Festtagsmenü (etwa: Gänsebraten), die Geburtstagstorte.

Der »Gewohnheitskonsum« ist jedoch auch bei den folgenden Bedarfsbereichen anzutreffen:

- *Haushaltspflegebereich:* Das gilt insbesondere, wenn der Verbraucher bei gewissen Pflegemaßnahmen automatisch auf bestimmte Pflege- und Reinigungsmittel zurückgreift, ohne zu hinterfragen, ob dies notwendig ist. Der »Gewohnheitskonsum« kann die Art der zur Anwendung kommenden Mittel, aber auch die Häufigkeit des Einsatzes dieser Mittel betreffen;
- *Körperpflegebereich:* Gedacht ist hier an diverse Kosmetika, die täglich verwendet werden, aber auch an das tägliche (Warmwasser-)Duschbad;
- *Freizeitbereich:* z. B. der jährliche Winter-Urlaub; der alle vier Jahre getätigte Kauf eines Autos einer bestimmten Marke und mit einer bestimmten Ausstattungsvariante;
- *Bildungs- und Informationsbereich:* z. B. das Zeitungs-, Zeitschriften-, Theater- und Opernabonnement, möglicherweise auch der Musikunterricht und die Nachhilfestunden für die noch schulpflichtigen Kinder;
- *Bekleidungsbereich:* z. B. der alljährliche Neukauf bestimmter Kleider (zu bestimmten Anlässen);
- *Gesundheitsbereich:* z. B. die regelmäßige Einnahme von Medikamenten, wie Schlaftabletten, Abführmittel, Kopfschmerztabletten, Beruhigungsmittel;
- *Wohnbereich:* z. B. die Ausstattung einzelner Räume mit bestimmten Einrichtungsgegenständen, wie Gardinen, Kissen, Bilder, Blumen usw.;

das Renovieren von Räumen oder der Austausch von Möbeln in festen Zeitabständen.

Als problematisch ist dieser »Gewohnheitskonsum« nicht erst dann anzusehen, wenn er für den Privathaushalt nicht mehr finanzierbar ist, sondern auch, weil er zu einer Beschränkung der eigenen »Handlungsfreiheit« führen kann. Im Laufe der Zeit fällt es dem Verbraucher immer schwerer, auf den einst unbekannten und nicht notwendigen, aber nun gewohnten Konsum zu verzichten. Der Konsum bestimmter Waren ist allmählich unentbehrlich geworden. Scitovsky (1977, S. 114) begründet dies damit, daß »gemeinsam mit dem Aufkommen irgendwelcher Gewohnheiten eine Abneigung gegen die Aufgabe dieser Gewohnheiten entsteht«, weil »alles, was wir ... zu verbrauchen ... gewohnt sind, (von uns) aufgrund der bloßen Handlung schon als unerläßlich und damit als Wohlgefühl (empfunden wird).«
Riemann (1985, S. 105ff.), dessen Aussagen sich jedoch nicht auf das Verbraucherverhalten beziehen, liefert eine andere, tiefenpsychologische Erklärung für den »Gewohnheitskonsum«, die im Streben des Menschen nach Dauerhaftigkeit und Beständigkeit liegt. Aus einer Art »Angst vor dem Risiko, vor Wandlung« kauft der Verbraucher »immer das gleiche, schon Bekannte und Vertraute«. Jede Veränderung, jeder Wechsel (von Warenart, Warenmarke oder Einzelhandelsgeschäft) wird als eine Störung angesehen, die ihn beunruhigt. Nur das Vergangene und Bestehende möchte er erhalten, das Gewohnte pflegen.
Die Folge ist, daß das Auffinden besserer, alternativer oder auch nur neuer Konsummöglichkeiten, die finanzielle Einsparungen, eine bessere Verteilung der finanziellen oder zeitlichen Ressourcen bzw. ein gesundheits-, umweltbewußteres und sozialverträglicheres Verhalten zum Ziel haben, oft vom Verbraucher selbst verhindert wird. Den Unternehmen verlangt daher der »Gewohnheitskonsum« kaum eine zusätzliche Marketingaktivität ab, um ihn zu ihren Gunsten auszunutzen. Ihr Warenangebot braucht lediglich allgegenwärtig und allzeit verfügbar zu sein. Es bedarf nur eines Stimulus, z. B. durch das Warenangebot im Handel, die Werbung, die Ansprache durch den Verkäufer oder Kellner. Kauf und Konsum einer Ware laufen dann in *Routine* automatisch ab.

[5] Konsumlustbefriedigung

Der »Gewohnheitskonsum« [4] bezieht sich auf bestimmte Waren, die von Unternehmen angeboten und vom Verbraucher wiederholt gekauft und konsumiert werden. Erstreckt er sich auf das gesamte, von den Unternehmen auf den Märkten präsentierte Warenangebot, liegt eine Annäherung an den »Konsumpassivismus« [1] vor. Ein solches Verbraucherverhalten läßt sich als »Konsumlustbefriedigung« bezeichnen.

Der einzelne Verbraucher konsumiert nur noch *um des Konsumierens willen*. Die jeweilige Ware mit ihren typischen Eigenschaftsmerkmalen und Reizen steht dabei im Hintergrund. Es wird konsumiert:

- »ganz einfach, weil die Möglichkeit dazu besteht« (Schmidbauer 1984, S. 74);
- weil der Verbraucher ein »Bedürfnis nach Konsumbedürfnissen« hat (vgl. Hondrich 1983, S. 44);
- weil der Konsum zu einem Mittel der Unterhaltung geworden ist, der für Abwechslung von der vielfach monotonen Arbeitswelt sorgt und die Langeweile in der immer größer werdenden Freizeit zu überwinden hilft;
- weil der Verbraucher kaum noch Lust empfindet, im Haushalt Eigenleistungen zu erbringen, wozu er auch aufgrund schwindender hauswirtschaftlicher Fähigkeiten und fehlender Geräte nur noch selten in der Lage ist. Statt dessen hat er immer mehr Lust, Fremdleistungen zu nutzen, welche aufgrund der Marketingmaßnahmen der Unternehmen, der Berichterstattung der Medien und des Verhaltens seiner Mitmenschen ständig an Attraktivität zugewinnen und quasi zum »Muß« für einen jeden »modernen« Verbraucher werden.

Die Problematik der »Konsumlustbefriedigung« entspricht der des »Gewohnheitskonsums« [4]. Da sie sich undifferenziert auf das gesamte Warenangebot erstreckt, dürfte sie eher zu ungeplanten Geldausgaben führen und dadurch den einzelnen Verbraucher leichter in finanzielle Schwierigkeiten bringen.

[6] Konsumsucht

In diesem Fall handelt es sich ebenfalls um eine, jedoch besonders extreme Art von »Gewohnheitskonsum« [4], die sich meist auf die Befriedigung eines einzigen Bedürfnisses, auf den Kauf und Konsum einer einzigen Warenart beschränkt. Der Bedarf ist dabei wohl aufgrund der Gewohnheit, also des wiederholten Kaufs und Konsums einer Ware entstanden. Letztlich wird dieser durch eine *Abhängigkeit* begründet, die sich im Laufe der Zeit zwischen Verbraucher und Ware aufgebaut hat und von der sich der Verbraucher nur schwer, manchmal nur noch mit Hilfe anderer, lösen kann. Seinen Höhepunkt hat diese Art Konsum erreicht, wenn er alle anderen »Bedürfnisse überlagert und die gesamte Bedürfnisstruktur eines Menschen... beherrscht.« (Scherhorn 1959, S. 57, der von »Bedürfnisdominanz« spricht.)
Für den Verbraucher gibt es kein anderes Interesse mehr als jenes, durch den Kauf und Konsum einer einzigen Ware dieses eine Bedürfnis zu befriedigen. Er träumt von diesem Bedürfnis, er denkt immer häufiger an dieses Bedürfnis, seine Gefühle beziehen sich nur auf dieses Bedürfnis, er

nimmt nur dieses Bedürfnis wahr, er verlangt nur noch nach seiner Befriedigung und schließlich wird der ganze Tagesablauf des Verbrauchers, möglicherweise sein ganzes Leben von diesem einen Bedürfnis beherrscht. Alle übrigen Bedürfnisse aber werden als weniger wichtig abgetan.

Die Entwicklung zu einem solchen Konsumverhalten nimmt folgenden Verlauf am: Am Anfang steht die »Suche nach Lust« (Wohlbehagen, das man beim Konsum einer Ware empfindet). Durch ständige Wiederholung des Konsums geht sein Reiz verloren, um schließlich in die »Vermeidung von Schmerz« (Unbehagen, das auftritt, sobald der Konsum der Ware abgesetzt wird) überzugehen (vgl. Scitovsky 1977, S. 112).

Der Extremfall einer solchen Fehlentwicklung des Verhaltens stellt der durch *»Sucht«* gekennzeichnete Konsum von bestimmten drogenhaltigen Verbrauchswaren dar, wie z. B. Rauschmittel, Medikamente, alkoholische Getränke, Tabakwaren (sog. *stoffabhängige* Sucht). Aus diesem Grund soll hier von »Konsumsucht« gesprochen werden. Sie liegt insbesondere dann vor, wenn folgende Verhaltenstatbestände zu beobachten sind (vgl. Scherhorn u. a. 1990, S. 4 ff.):

- *»Wiederholungszwang«*, d. h. der süchtige Verbraucher wird von einem unwiderstehlichen, als eigenes Bedürfnis erlebten Drang angetrieben, immer und immer wieder eine bestimmte Ware zu konsumieren bzw. eine bestimmte Aktivität auszuüben;
- *»Dosissteigerung«*, d. h. der Verbraucher erhöht von Wiederholung zu Wiederholung die konsumierende Menge;
- *»physische* bzw. *psychische Abhängigkeit«* (Interessensverengung), d. h. der Verbraucher ordnet sich selbst völlig der Sucht unter, er lebt nur noch für die Befriedigung seiner Sucht;
- *»Entzugserscheinungen«*, d. h. der Verbraucher konsumiert mit andauernder Sucht nicht mehr allein, um »Lust« zu empfinden, sondern in erster Linie um den »Schmerz«, der nach längerem Aussetzen des Konsums eintritt, abzubauen bzw. von vornherein zu verhindern.

Die Erscheinungen der »Konsumsucht« können aber auch bei anderen Verbrauchswaren beobachtet werden, obwohl die vier Verhaltenstatbestände der Sucht nicht immer so deutlich zutage treten und als solche nicht von jedermann anerkannt werden, wie der übermäßige Konsum von Kaffee, Tee, Schokolade (»Schokoholiker«), sonstigen Süßigkeiten (»Naschsucht«) und von allem, was eßbar ist (»Eßsucht«). Zur »Konsumsucht« kann weiterhin der Konsum von Verbrauchswaren zählen, der mit bestimmten Verhaltensweisen verbunden ist (sog. *stoffunabhängige* Sucht), wie die übertriebene Pflege des eigenen Körpers (»Waschsucht«), von Sachen (»Putzsucht«), was einen erhöhten Verbrauch an Kosmetika und Reinigungs-/Putzmitteln zur Folge hat. Schließlich erfaßt die »Konsumsucht« auch den Bereich der Gebrauchswaren. Das trifft zu für manch übertriebenes »Hobby«-Verhalten (wie Auto-, Bastel-, Sammel-, Sport-»Leidenschaft«), Bekleidungsverhalten (wie »Modesucht«) oder Unterhaltungsverhalten (wie Fernseh-, Video-, Musik-(»Lärm«)-Sucht; »Spielwut«).

Letztlich kann die Sucht auch das gesamte Kaufverhalten erfassen, sich *nur* auf den Kauf von Waren, aber nicht mehr auf deren Konsum beziehen. Man könnte von einer Art »Kaufrausch« (vgl. Faber/O'Guinn 1988, S. 99), »Kaufsucht« (vgl. Scherhorn u. a. 1990) bzw. »Habsucht« sprechen. Ähnlichkeiten zur »Kauflustbefriedigung« [3] bzw. zum noch zu beschreibenden »Haben-Wollen-Effekt« [9] können nicht geleugnet werden. Scherhorn u. a. (1990, S. 93) konnten jedoch feststellen, daß die meisten »Kaufsüchtigen« nicht wahllos irgendwelche Waren kaufen, sondern sich auf den Kauf bestimmter Waren spezialisieren, wie vor allem Kleidung, Schuhe, Bücher, Lebensmittel, Kunstgegenstände, Antiquitäten, Kosmetika, Schmuck, technische Geräte, Sportartikel.

Der Verbraucher erkennt nicht immer den Suchtcharakter seines Verhaltens. Er will ihn nicht wahrhaben. Meist versucht er ihn mit anderen Gründen zu rechtfertigen (vgl. »Scheinrechtfertigungs-Kauf« [41]). Die eigentlichen Gründe für die »Konsumsucht« können dabei so differenziert und vielfältig sein, wie es unterschiedliche Arten der »Konsumsucht« gibt. Insbesondere solche Verbraucher sind suchtgefährdet,

- »die Angst- und Schuldgefühle, Agressionen oder das Gefühl der Unzulänglichkeit zu bewältigen versuchen;
- die unter Depressionen, Einsamkeit und Sehnsucht leiden;
- die sexuelles Verlangen, körperliche Schmerzen, Psychosen, Neurosen oder Charakterstörungen zu kompensieren versuchen« (Krystal/Raskin 1983, S. 15f.);
- denen es am nötigen Selbstbewußtsein oder Selbstvertrauen, an genügender Kompetenz oder sozialer Anerkennung mangelt und die sich folglich nicht in die Gesellschaft integriert fühlen (vgl. hierzu und zu weiteren Erklärungsansätzen Scherhorn u. a. 1990, S. 19ff.).

Sie wollen mit Hilfe des Konsums und Kaufs Selbstbestätigung erlangen und von ihrer Selbstwertschwäche abgeschirmt werden. Sie suchen im Konsumieren und Kaufen ein beruhigendes, erregendes Erlebnis zu finden, um von ihren Sorgen und Problemen abgelenkt zu werden. Die Ware oder der Kaufakt müssen als eine Art »Medikament« zur Verdrängung individueller Probleme, als letzter »Strohhalm« zur Erlangung gesellschaftlicher Bestätigung herhalten (vgl. »Ersatzkonsum« [16]). Die Gefahr, daß so etwas zur Sucht führt, erhöht sich, wenn der Verbraucher »die Wirkung der Suchtmittel trotz der auftretenden (Nebenwirkungen) als lohnend und ichgerecht empfindet« (Krystal/Raskin 1983, S. 15f.).

Daß es zur »Konsumsucht« überhaupt kommt, dafür ist letztlich der einzelne Verbraucher selbst verantwortlich, wenn auch an ihrer Entstehung sein soziales und wirtschaftliches Umfeld (wie Elternhaus, Freundeskreis, Schule, Erwachsenenwelt, Warenangebot) maßgeblich beteiligt ist. Wenn der Verbraucher seiner »Konsumsucht« entrinnen will, muß er sein Suchtverhalten erkennen und eingestehen. Möchte die Gesellschaft, daß »Konsumsucht« gar nicht erst entsteht, hat sie vor allen Dingen Bedingungen zu fördern, die es dem einzelnen Individuum ermöglichen, zu einem *»autonomen«* Menschen heranzuwachsen. (vgl. Scherhorn u. a. 1990, S. 56ff. u. S. 118ff.)

[7] Über-Sättigungs-Konsum

Versucht ein Verbraucher seine Bedürfnisse nur mit auf den Märkten angebotenen Waren zu befriedigen, so spricht manches für eine Fehlentwicklung (vgl. »Konsumpassivismus« [1]). Um so eher ist jedoch jenes Kaufverhalten als problematisch einzustufen, das den Schwerpunkt auf die möglichst vollständige Befriedigung eines einzigen oder einiger weniger Bedürfnisse setzt. Dies führt dazu, daß ein großer Anteil der Kaufkraft des Verbrauchers und seines Haushalts dazu verwendet wird, um Waren zu kaufen, die der Befriedigung nur weniger Bedürfnisse dienen, so daß zur Befriedigung anderer Bedürfnisse kaum noch Kaufkraft zur Verfügung steht.

Ein solches Verhalten muß hinterfragt werden. Einige wenige Bedürfnisse werden bis *»zur Neige«* ausgekostet, es kommt zu einer bevorzugten Befriedigung einzelner Bedürfnisse bis hin zur »totalen« Sättigung wenn nicht bis zur »Übersättigung«. Dies geschieht nicht nur auf Kosten des eigenen Wohlbefindens – schmeckt doch das Essen »am besten, wenn man aufhört, noch ehe man richtig satt ist« (Kirschner 1980, S. 19) –, sondern auch zum Nachteil der Befriedigung aller anderen Bedürfnisse. Trotz der starken Unterschiede, mit der einzelne Verbraucher die Dringlichkeit und Notwendigkeit ihrer Bedürfnisse betrachten, steigt der Nutzen aus seiner Kaufkraft, wenn er sein Geld zum Kauf von Waren für die unterschiedlichsten Bedürfnisse anlegt. Demgegenüber führt jeder Konsum, der einseitig die Befriedigung weniger Bedürfnisse zum Ziel hat, zu geringeren Nutzensteigerungen, wenn nicht sogar – im Fall der Übersättigung – zu Nutzenminderungen (sog. »Grenznutzenhypothese«). »Ein rationales Ausgabeverhalten erfordert, daß kein Bedürfnis bis zum Sättigungspunkt befriedigt wird, solange der Konsument noch andere unbefriedigte Bedürfnisse und Wünsche hat.« (Scitovsky 1977, S. 133)

Ein solcher »Über-Sättigungs-Konsum« läßt sich zum einen mit dem Suchtverhalten (dann könnte diese Fehlentwicklung auch der »Konsumsucht« [6] zugeordnet werden) bzw. mit der »Lust des Fortfahrens mit einer befriedigenden Tätigkeit« (ebenda, vgl. auch derselbe, S. 59ff.) erklären. Zum anderen kann damit begründet werden, daß der Verbraucher den Schwerpunkt des Konsums gerade deshalb auf einige wenige Bedürfnisse beschränkt, weil diese ihm vertraut sind und mit der Fortsetzung des »Über-Sättigungs-Konsums« noch vertrauter werden.

Als Beispiel für den »Über-Sättigungs-Konsum« können die verschiedensten Bedürfnisse und Bedarfsbereiche herangezogen werden, z. B.:

- der *Freizeitbereich*: dies betrifft Hobbys, wie Autofahren, Fotografieren, Basteln und Sporttreiben;
- der *Wohnbereich*: dazu gehört das Streben – koste es, was es wolle – zu einem Eigenheim zu kommen oder seine Wohnung mit Möbeln auszustatten;
- der *Bekleidungsbereich*: das Streben, immer »passend« gekleidet zu sein);
- der *Regenerationsbereich* (das gilt dann, wenn übermäßig viel Geld für die Kleidung und das Spielzeug der eigenen Kinder ausgegeben wird).

Der einzelne Verbraucher ist auf die Problematik einer solchen Fehlentwicklung aufmerksam zu machen und über den Vorteil einer breiteren Streuung seiner Kaufkraft auf verschiedene Bedürfnisse und Bedarfsbereiche zu informieren. Nur wenn der Verbraucher im Interesse einer »Nutzensteigerung« für einige Zeit selbst versucht hat, Gefallen an der Befriedigung anderer Bedürfnisse zu Lasten der bislang bevorzugten Bedürfnisse zu finden, kann er erfahren, ob seine bislang gesetzten Prioritäten korrekturbedürftig sind und ob folglich sein bisheriges Kauf- und Konsumverhalten in diesem Punkt fehlentwickelt war.

[8] Unter-Sättigungs-Konsum

Eine Folgeerscheinung des »Über-Sättigungs-Konsums« stellt der »Unter-Sättigungs-Konsum« dar. Versucht der Verbraucher, einzelne Bedürfnisse zu Lasten anderer bevorzugt zu befriedigen, kauft er Waren, obwohl er in seinem Haushalt noch nicht ganz verbrauchte oder verschlissene Waren derselben Art besitzt. Der Verbraucher verzichtet auf den Beitrag, den schon vorhandene Waren zur Sättigung seiner Bedürfnisse noch leisten können. Je häufiger und schneller weiterhin nutzbare Waren vorzeitig ersetzt werden, desto eher läßt sich von einer Fehlentwicklung des Kauf- und Konsumverhaltens und nicht bloß von einem »Fehlkauf« sprechen.

Der »Unter-Sättigungs-Konsum« ist darauf zurückzuführen,

- daß der Verbraucher den Nutzenbeitrag, den noch vorhandene Waren leisten können, unterschätzt, während er den Nutzenbeitrag, den die neu gekauften Waren leisten, überschätzt. Sonst würde er nicht stets mit den Waren, die er sich vor kurzem noch gekauft hat, nach kurzer Zeit wieder unzufrieden werden;

- daß er bestrebt ist, seine Bedürfnisse stets optimal zu befriedigen. Sonst würde er geduldig entweder den Ersatzkauf aufschieben, bis die vorhandene Ware nicht mehr konsumierbar wäre, oder warten, bis die neu angebotenen Waren wesentlichere Verbesserungen aufwiesen;
- daß ihm »die innere Bindung zu den Konsumgütern, mit denen er umgeht, mehr und mehr entschwunden ist« (Egner 1974, S. 215). Anderenfalls würde er eine größere »Achtung vor Material und Verarbeitung« der in seinem Besitz befindlichen Waren haben und sich nicht so schnell von ihnen wieder trennen, d. h. sie wegwerfen.

Anzufreffen ist dieses Kauf- und Konsumverhalten gegenüber Waren, die eine zentrale Rolle im Leben des Verbrauchers spielen. Dazu gehören Waren des *»Freizeitbereichs«* (z. B. Heimwerker-, Sport-, Hifi-, Video-, Foto-/Film- und sonstige Hobby-Geräte). Es handelt sich um einen Bedarfsbereich, den die Unternehmen sehr wohl kennen und bei dem sie sich bewußt sind, daß hier die Schwäche des Verbrauchers zum »Unter-Sättigungs-Konsum« kaufbestimmend sein kann. In den betreffenden Branchen ist das Angebot an ähnlichen Waren, die die verschiedensten Eigenschaftsmerkmale aufweisen, nicht nur sehr groß, sondern es unterliegt zudem ständigen Veränderungen.
Verbraucher, die dieser Fehlentwicklung unterliegen, sind in erster Linie daran zu erkennen, daß sie stets über Waren verfügen, die noch recht neu sind und meist dem aktuellen technischen Stand entsprechen. Sie besitzen neben diesen neuen Waren mehrere ältere intakte oder nur leicht beschädigte Waren, die im Prinzip über dieselben grundlegenden Eigenschaftsmerkmale verfügen, z. B. diverse Spiegelreflexkameras verschiedenen Alters. Dabei spielt es keine Rolle, ob der Verbraucher solche »älteren« Waren an andere Mitglieder seines Haushalts weiterreicht oder selber sammelt. Beide Handlungsalternativen müssen mehr oder weniger unbewußt den Neukauf rechtfertigen.
Gibt der Verbraucher häufiger ältere Waren in Zahlung oder verkauft sie an Dritte weiter, kann ein »Unter-Sättigungs-Konsum« vorliegen, der um so problematischer ist, je kürzer die Zeitspanne zwischen den einzelnen Ersatzkäufen ist und je niedriger der Wiederverkaufswert liegt. Im allgemeinen zeichnen sich Verbraucher, die ein solches Konsumverhalten tätigen, durch eine überdurchschnittliche Produktkenntnis aus; denn durch die ständigen Ersatzkäufe und den laufenden Warenwechsel haben sie Informationen erhalten und Erfahrungen gesammelt, über die andere Verbraucher nicht verfügen.

[9] Haben-Wollen-Effekt

Im Zeitalter der Massenproduktion und des Massenkonsums gibt es kaum noch ein Bedürfnis des Verbrauchers, das nicht durch das Warenangebot stimuliert oder geformt wird. Die Vielfältigkeit, aber auch Formbarkeit der menschlichen Bedürfnisse kommen so deutlich zum Ausdruck. Problematisch wird ein Kaufverhalten, wenn der Verbraucher meint, daß er all die Waren, die auf den Märkten angeboten werden und die andere schon besitzen, auch selbst besitzen muß. Es kann dann von einer Fehlentwicklung gesprochen werden, weil der Verbraucher eine Ware nicht wegen ihres Nutzens, sondern allein wegen ihres Besitzes kaufen und besitzen will (»Haben-Wollen-Effekt«).

Bei Kindern ist dieser Effekt besonders gut zu beobachten, da sie am liebsten das, was sie in ihre Hände bekommen, nicht wieder hergeben möchten. Bei Erwachsenen fällt er nicht so offensichtlich auf, weil jeder Kauf mengenmäßig von der Kaufkraft des einzelnen bestimmt wird. Übermäßige Beschaffungsaktivitäten aber,

- die unkontrollierte Geldausgaben zur Folge haben,
- die stets zu einer vorzeitigen Ausgabe des z. B. wöchentlich verfügbaren Geldes führen,
- die nicht mehr überschaubare Kreditverpflichtungen nach sich ziehen,
- die zu schwer begründbaren Ladendiebstählen führen,

können Auswirkungen dieses »Haben-Wollen-Effektes« sein. Insbesondere ist der Kauf einer Ware diesem Effekt zuzurechnen, wenn:

- der Verbraucher überhaupt keinen Nutzen aus der gekauften Ware zieht. Dies kann Waren aller Bedarfsbereiche betreffen. So gilt das für manches gekaufte, aber ungelesen gebliebene Buch; für gekaufte Kosmetika, Putzmittel, Gewürze und Spielwaren, die kaum gebraucht werden; für Bekleidung, die selten getragen wird; für Schmuck, der die meiste Zeit in der Schublade liegen bleibt;
- der Verbraucher die Ware nur anfänglich nutzt, aber nicht allen Nutzen aus ihr zieht (vgl. »Unter-Sättigungs-Konsum« [8]);
- der Verbraucher die Ware nur sporadisch nutzt, man denke an die vielen Klein- und Großgeräte des Küchen-, Pflege-, Wohn- und Freizeitbereichs, die nur selten benötigt, aber trotzdem häufig für sich selber angeschafft werden, obwohl:

a) andere Personen des eigenen Haushalts einzelne Waren schon besitzen (z. B. Fotoapparate, Sportgeräte);
b) an anderer Stelle des Wohnhauses einzelne Waren für die Allgemeinheit schon verfügbar sind (z. B. Waschmaschinen, Wäscheschleuder und -trockner in Mietshäusern);
c) Organisationen die Waren anbieten (z. B. Sportgeräte durch Sportvereine);

d) öffentliche Institutionen die Waren anbieten (z. B. Bibliotheken, die Bücher und Spiele preisgünstig ausleihen; letztlich auch öffentliche Verkehrsbetriebe, die Transportmöglichkeiten als Alternative zum Pkw anbieten);
e) private Unternehmen, die Waren zur Miete anbieten (z. B. Videotheken; Auto-, Boots-, Caravan-Verleih; Miet-Pkw-Reparaturbühnen inkl. Werkzeugbenutzung; Mietferienwohnungen und -häuser);

- der Verbraucher eine ähnliche Ware schon anderweitig als Zweit- oder Drittgerät nutzt (z. B. Radios, TV-Apparate, Sportgeräte).

Den Unternehmen ist die große Bedeutung des »Haben-Wollen-Effektes« als »Initialzünder« für viele Kaufwünsche bewußt. Ihr gesamtes Marketing (insbesondere die Warenpräsentation durch Werbung, Handel und Medien) wird daraufhin abgestimmt. Wollte sich ein Verbraucher gegen den Einfluß des »Haben-Wollen-Effektes« wehren, so müßte er konsequent sein Haushaltsbudget langfristig planen, Einzelhandelsgeschäfte nur noch mit Einkaufszettel betreten und zusätzlich – wenn möglich – seine Kaufwünsche mit den übrigen Haushaltsmitgliedern abstimmen. Da es unwahrscheinlich ist, daß zu einem Zeitpunkt alle Haushaltsmitglieder dieselben Kaufwünsche haben, führen solche »Offenlegungen« zu Diskussionen über den Sinn der vorgetragenen Kaufabsichten und zu Absprachen darüber, welche der gewünschten Waren gekauft werden dürfen. Beides trägt automatisch zu einer »Disziplinierung« der Kaufwünsche eines jeden einzelnen Haushaltsmitglieds bei.

[10] Impuls-Effekt

Zwischen dem Wecken eines Bedürfnisses und seiner Befriedigung liegt je nach Warenart ein mehr oder weniger großer zeitlicher Abstand. Bei Gebrauchswaren, Waren mit hohem Preis oder Waren des aperiodischen Bedarfs wird dieser Zeitraum größer sein als bei Verbrauchswaren, Waren mit niedrigem Preis und des periodischen, d. h. meist täglichen Bedarfs. Es gibt nur wenige Bedürfnisse, die, sind sie erst einmal geweckt, so dringlich sind, daß sie *sofort* befriedigt werden müssen (z. B. bestimmte Grundbedürfnisse wie Hunger, Durst, Wärme).
Von diesen Ausnahmen abgesehen ist es nicht notwendig, daß der Verbraucher sofort entsprechende Kaufhandlungen einleiten muß, wenn ein durch Waren zu befriedigendes Bedürfnis geweckt ist. Vielmehr sollte er sich immer die Zeit nehmen zu überlegen, ob das Bedürfnis auch von Dauer und ein entsprechender Kauf überhaupt erforderlich ist und welche Ware aus dem vielfältigen Angebot ihm für seine Bedürfnisbefriedigung am geeignetsten erscheint.
Je weniger Zeit der Verbraucher sich nimmt, um derartige Überlegungen

anzustellen, desto problematischer ist sein entsprechendes Kaufverhalten anzusehen. Folgt auf die Bedürfnisweckung impulsiv (d. h. sofort im nächstmöglichen Geschäft) jeweils der Kauf, kann meist von einer Fehlentwicklung gesprochen werden, die als »Impuls-Effekt« bezeichnet werden soll.

Gibt ein Verbraucher dem »Impuls-Effekt« häufiger nach, kann dies dazu führen, daß

- er Waren kauft, die für die Bedürfnisbefriedigung weniger gut geeignet sind;
- ihm weniger Kaufkraft zur Befriedigung anderer Bedürfnisse zur Verfügung bleibt;
- er Waren kauft, deren Potential für die Bedürfnisbefriedigung er nicht vollständig nutzt (vgl. »Unter-Sättigungs-Konsum« [8]).

Will der einzelne Verbraucher dem »Impuls-Effekt« widerstehen, darf er dem impulsiv auftretenden Kaufwunsch nicht sofort nachgeben. Vielmehr sollte er immer erst eine bestimmte Zeitspanne (z. B. von mindestens 24 Stunden bzw. 1 Woche) bis zum eigentlichen Kauf verstreichen lassen und zwecks Verbesserung seiner Bedarfs- und Markttransparenz mehrere andere Geschäfte, die vergleichbare Waren im Angebot haben, aufsuchen. Wie beim »Haben-Wollen-Effekt« [9] kann eine Offenlegung des impulsiv geweckten Kaufwunsches im Kreise der übrigen Haushaltsmitglieder zu einer Klärung darüber beitragen, ob diesem Wunsch nachzugeben ist oder nicht.

[11] Angebotseffekt

Bedürfnisse stellen entsprechend einer klassischen Definition »das Gefühl eines Mangels dar, mit dem Bestreben, diesen Mangel zu beseitigen«. Ein solches Gefühl kann nur der einzelne Verbraucher spüren. Die Ursache für die Entstehung braucht nicht immer bei ihm selbst zu liegen, sondern kann auch auf die *Umwelt* zurückgeführt werden (vgl. Wiswede 1973, S. 106ff.); denn der Verbraucher kann sich nur in einem sehr engen Kontakt zu seiner Umwelt entfalten. Dabei ist ein immer größer werdender Einfluß der Umwelt auf die Bedürfnisgestaltung und -befriedigung festzustellen. Mit steigendem Angebot an Marktleistungen (sog. Fremdleistungen) ist auch die Anzahl der Bedürfnisse, die sich zum Bedarf nach entsprechenden Warenmarken konkretisieren, ebenfalls angestiegen. Scitovsky (1977, S. 129f.) führt das zurück auf den Wunsch der Verbraucher nach

- Anregung: die Vielfalt von Fremdleistungen übersteigt bei weitem die von Eigenleistungen;
- Wohlbehagen: Es ist viel bequemer, auf die leicht erreichbaren Fremdleistungen zurückzugreifen.

Eine Bedürfnisentwicklung wird problematisch, wenn die einzelnen Bedürfnisse eines Verbrauchers nicht mehr aus einem mehr oder weniger unbestimmten, nur individuell begründbaren Mangelgefühl heraus erwachsen, sondern bloß noch auf Grund eines konkreten und aktuellen Warenangebots geweckt und letztlich durch dieses Angebot befriedigt werden. Der einzige Einfluß des Verbrauchers auf seine Bedürfnisbefriedigung bestünde darin, daß er passiv zwischen den Warenangeboten der Unternehmen auswählen könnte (vgl. »Konsumpassivismus« [1]). Eine solche Bedarfsformung wäre entindividualisiert. Sie richtete sich nur noch an den Befriedigungsmöglichkeiten aus, die die Unternehmen anbieten. Sie wäre dadurch gekennzeichnet, daß verstärkt Bedürfnisse sich ändern oder neue Bedürfnisse entstehen, weil zuvor Unternehmen das laufende Warenangebot verändern und ein neues schaffen.
Werden die Bedürfnisse der Verbraucher derart stark von den Unternehmen beeinflußt – Galbraith (1973, S. 158ff.) spricht davon, daß »die Produktion... die Bedürfnisse (schafft), die sie befriedigen will«, und Wiswede (1972, S. 261) meint, daß »die Bedürfnisse ... der Gegenstandswelt nachzuwachsen (pflegen)« –, kann man von einer Fehlentwicklung sprechen, die hier als »Angebotseffekt« bezeichnet werden soll. Jeder Bedarfsbereich eines Verbrauchers kann von diesem Effekt betroffen sein. Je größer das Warenangebot der Unternehmen in einem Bedarfsbereich ist, desto größer ist die Wahrscheinlichkeit, daß der einzelne Verbraucher dem »Angebotseffekt« erliegt.

[12] Stimulus-Kauf

Beim »Stimulus-Kauf« kauft der Verbraucher genau jene Ware, von der der Stimulus für die Einleitung eines Kaufentscheidungsprozesses ausgegangen ist, ohne daß weitere ebenfalls zur Bedürfnisbefriedigung geeignete Waren geprüft werden. Zunächst liegt also beim einzelnen Verbraucher *kein geplanter Bedarf* nach einer spezifischen Warenmarke vor. Aufgrund irgendeiner unvorhergesehenen Situation erhält er eine bestimmte Information über eine Ware. Sie liefert den entscheidenden Stimulus nicht nur für die sofortige Einleitung eines Kaufentscheidungsprozesses (dies wäre noch als ein normaler Vorgang anzusehen), sondern auch für den möglichst raschen Kauf genau dieser Ware. Stimulus und Kaufakt brauchen zeitlich und räumlich nicht zusammenzufallen. Tun sie es dennoch, d. h. empfängt der Verbraucher den Stimulus in einem Geschäft und tätigt er daraufhin unmittelbar danach in diesem Geschäft den Kauf der entsprechend »stimulierenden« Ware, wird ein solcher Kauf auch als »Impuls-Kauf« bezeichnet (vgl. Weinberg 1981, S. 161ff., S. 177ff.).
Derartige Situationen, von denen solche Stimuli verstärkt ausgehen, können u. a. hervorgerufen werden durch:

- Einzelhandelsgeschäfte oder Dienstleistungsanbieter: z. B. Wurfzettel, Prospekte, Kataloge, Plakate; Schaufenster-, Laden- und Regalplatzgestaltung; Ansprache durch (Sonder-)Verkäufer (Angebot von Kostproben), Lautsprecherdurchsagen; branchenfremde Sortimente (z. B. »Tchibo«-Angebote);
- Massenmedien: z. B. Berichte über das Konsumwarenangebot oder Anzeigenwerbung in Publikumszeitschriften;
- andere Verbraucher: z. B. geführte Gespräche über einzelne Waren mit Freunden oder beobachtetes Kauf-/Konsumverhalten bei Kollegen (vgl. »Opinionleader-Effekt« [33]).

Die stimulusauslösenden Informationen können allgemein die Existenz einer bestimmten Waren*art* betreffen, d. h. der Verbraucher nimmt Kenntnis von einer Warenart (etwa: Schokolade, Getränke, Obst) oder einer Dienstleistung (etwa: Kino, Friseur, Urlaubsreise). Das weckt in ihm einen Bedarf nach dieser Warenart, ohne daß der Verbraucher sofort weiß, mit welcher Warenmarke er diesen Bedarf decken wird.
Dieser Stimulus kann sich aber auch auf bestimmte Besonderheiten einer spezifischen Waren*marke* beziehen. In diesem Fall beeinflußt die stimulusauslösende Information auch die Wahl der Warenmarke. Der Stimulus kann z. B. kommen von der Größe, Form oder Farbe einer bestimmten Ware oder ihrer Verpackung; von einzelnen Eigenschaftsmerkmalen einer Ware, die etwa in der Werbung oder auf der Verpackung besonders herausgestellt werden (z. B. Vitamin-, Ballaststoffzusätze; Anti-Rost-Beschichtung; Geräuschdämmung); von der Preisgestaltung (z. B. preisgünstige Sonderangebote in »limitierter« Stückzahl); von der Markierung einer Ware (zu denken ist an Markennamen, die bewußt anderen bekannten Markennamen ähneln sollen oder die durch bestimmte Zusätze – etwa »Bio-« – Assoziationen wecken können).
Der Grund für den »Stimulus-Kauf« liegt immer beim einzelnen Verbraucher. Er läßt sich von »Augenblickseindrücken« blenden und vom Wunsch nach »Augenblicksbefriedigung« zu »Augenblicksreaktionen« verleiten. Diese Verbraucher sind meist nicht imstande, die Vielfalt der aus der wirtschaftlichen Umwelt auf sie einwirkenden Stimuli *distanziert zu betrachten* und in ihrer Wirkung zu relativieren. Sie denken nur an das Hier und Jetzt, statt an eine dauerhafte, auch für die Zukunft gesicherte Befriedigung möglichst vieler Bedürfnisse. Bei Scherhorn (1977, S. 6) findet man eine Erklärung, die sich wohl auf Kinder als Verbraucher bezieht, aber für den »Stimulus-Käufer« jeglichen Alters charakteristisch ist: »Wer ein Gut aktuell begehrt, ist der Versuchung ausgesetzt, die konkurrierenden Bedarfe zu verdrängen oder doch jedenfalls abzuwerten, und auf der anderen Seite die situativen Faktoren des aktuellen Begehrens bis zur Verabsolutierung aufzuwerten.« Der Verbraucher erlebt

in einer solchen Situation seinen Bedarf als »selbstverständlich, unaufschiebbar, absolut« (Scherhorn). Mögliche Folgen des Kaufs werden einfach ignoriert, wie etwa:

- qualitative und finanzielle Folgen: So wird bei einem zu teuren Händler eine qualitativ minderwertige Warenmarke gekauft (vgl. »Marktintransparenz-Kauf« [49]);
- bedarfsbezogene Folgen: So kommen wegen knapper Kaufkraft langfristig dringlichere Bedürfnisse des Verbrauchers oder seines Haushalts nicht zur Befriedigung (vgl. »Konsumegoismus« [46]);
- gesundheitliche, ökologische bzw. soziale Folgen: So werden entsprechende Auswirkungen des Kaufs auf die eigene Gesundheit und die nähere bzw. weitere Umwelt außer acht gelassen (vgl. »Folgekostenkauf« [51]).

Für den »Stimulus-Kauf« kommen insbesondere Waren des periodischen Bedarfs, die per Selbstbedienung angeboten werden (z. B. Lebens-, Genuß-, Pflegemittel), in Frage. Mancher Verbraucher plant geradezu derartige Käufe. Er läßt sich beim Kauf von Lebensmitteln bewußt durch die Warenpräsentation und Sonderangebotsaktionen eines Geschäfts stimulieren, weshalb man hier von einem *»geplanten Impuls-Kauf«* sprechen könnte (vgl. Stern 1962, S. 60). Mit steigender Kaufkraft und mit sinkender Bereitschaft zur Informationsbeschaffung können aber auch Waren des aperiodischen Bedarfs (z. B. Bekleidung, Schmuck; teurere Gebrachswaren) im Mittelpunkt eines »Stimulus-Kaufs« stehen.
Muß ein Privathaushalt wegen seiner geringen Kaufkraft sparsamer wirtschaften, bieten sich zur Vermeidung von »Stimulus-Käufen« folgende Verhaltensregeln an:

- Käufe sollten grundsätzlich nur nach vorher (d. h. zu Hause) aufgestelltem und langfristig angelegtem Plan getätigt werden;
- Käufe sollten vorher mit allen Haushaltsmitgliedern abgesprochen werden;
- steht dennoch ein außerplanmäßiger Kauf an, so sollte trotzdem versucht werden, den Kaufentscheid nicht sofort zu treffen, sondern ihn um eine bestimmte Zeitspanne hinauszuschieben. Man gewinnt Zeit und klärt, ob der »stimulierte« Bedarf wirklich so dringlich ist *und* ob die gewünschte Warenmarke qualitativ wie preislich akzeptabel ist;
- Kauf-Stimuli sollten frei nach dem Motto »Was ich nicht weiß, macht mich nicht heiß!« gemieden werden. Schaufenster- und Ladenbummel, das Lesen von Werbung, Prospekten, Katalogen und Zeitschriftenberichten über das Konsumwarenangebot, aber konsequenterweise auch Gespräche mit anderen Verbrauchern über bestimmte Warenmarken – sofern dies nicht zur Erhöhung der Markttransparenz geschieht – sollten in diesem Fall mit Vorsicht getätigt werden.

[13] Lager-Konsum

Gehen wir davon aus, daß ein Verbraucher sich einen *Lagerbestand* an bestimmten Waren (Verbrauchswaren) angeschafft hat. Die Gründe hierfür können verschieden sein,

- preisgünstiger Einkauf,
- zeitliche oder transporttechnische Gelegenheit, mehr einzukaufen,
- Aufbau von Reserven, um nicht zu häufig einkaufen zu müssen, oder um gegenüber Gastbesuchen oder Notsituationen gewappnet zu sein.

Wenn allein auf Grund des erhöhten Lagerbestandes beim einzelnen Verbraucher oder seinem Haushalt eine Erhöhung des Konsums der gelagerten Waren eintritt, die Verbrauchsgeschwindigkeit dieser Waren also ansteigt, kann von einer Fehlentwicklung im Konsumverhalten gesprochen werden. Das Bedürfnis nach einer Ware ist nicht mehr allein durch das beim Verbraucher anzutreffende »Mangelgefühl« begründet. Dieser Lagerbestand wurde aber aus anderen Gründen eingerichtet, als nur kurzfristig den Konsum dieser Ware zu steigern.

Dieses als »Lager-Konsum« bezeichnete Konsumverhalten hat gewisse Ähnlichkeiten mit dem »Angebotseffekt« [11] und dem »Stimulus-Kauf« [12]. Während in diesen Fällen das Vorhandensein von Waren im Handel zum Kauf anregt, fördert beim »Lager-Konsum« der Lagerbestand im eigenen Haushalt den Verbrauch dieser Waren. Ist der Lagerbestand etwa eingerichtet worden, um den Preisvorteil eines Großeinkaufs oder eines Sonderangebots zu nutzen, kann der »Lager-Konsum« durch Erhöhung der Verbrauchsgeschwindigkeit diesen Preisvorteil wieder zunichte machen. Unter diesem Blickwinkel können folglich alle jene Aktionen von Unternehmen, die besonders günstige Kaufangebote für Verbrauchswaren herausstellen (z. B. Familien-, Großpackungen; Spar-, Tiefst-, Sonderpreise), als problematisch angesehen werden.

[14] »Erdnuß-Syndrom« (»Mini-Sucht«)

In Anlehnung an das Sprichwort: »Der Appetit kommt mit dem Essen!« setzt das »Erdnuß-Syndrom« (der Begriff stammt von D. O. Hebb, vgl. Scitovsky 1977, S. 59) zunächst den *»unmotivierten«* Konsum einer Ware voraus, welcher ein Bedürfnis nach dieser Ware entstehen läßt. Ein derart gewecktes Bedürfnis ist jedoch weniger durch das Streben gekennzeichnet, ein »Mangelgefühl« zu beseitigen, als vielmehr durch das Streben, einen *»Lustgewinn«* zu erzielen. Problematisch ist ein solches Verhalten für den Verbraucher, wenn er ungezügelt, mehr oder weniger zufällig oder bereitwillig Konsumhandlungen ausübt, ohne sich bewußt zu sein, daß dadurch ein Bedarf nach weiteren Konsumhandlungen dieser Art entstehen kann. Zu einer Fehlentwicklung wird das »Erdnuß-Syndrom«, wenn die »nachwachsenden« Konsumhandlungen zu einer nicht mehr vertretbaren Verknappung finanzieller, zeitlicher, aber auch »gesundheitlicher« Ressourcen führen.

Das »Erdnuß-Syndrom« kann auch als »Mini-Sucht« (Scitovsky) angesehen werden. Ähnelt es doch insofern der »Konsumsucht« [6], da die erste unmotivierte Konsumhandlung fast suchtmäßig das Bedürfnis nach weiteren Konsumhandlungen nach sich zieht. Während aber die »Konsumsucht« langfristig anhält, begründet das »Erdnuß-Syndrom« nur *kurzfristig* andauernde Konsumhandlungen.

Es ist besonders im *Ernährungsbereich* zu beobachten, wo der Bedarf nach Bier, Kuchen oder Erdnüssen erst dringlich erscheint, nachdem man den ersten Schluck Bier, den ersten Happen Kuchen, die erste Handvoll gesalzener Erdnüsse (daher: »Erdnuß«-Syndrom) zu sich genommen hat. Scitovsky (1977, S. 59) spricht deshalb davon, daß »es für uns... leichter (ist), überhaupt nicht zu essen, als mit dem Essen aufzuhören, wenn wir einmal angefangen haben«.

Im *Freizeitbereich* ist das »Erdnuß-Syndrom« ebenfalls anzutreffen: z. B. kann beim Telefonieren aus einer kurzen Mitteilung ein langes, »gebührenerhöhendes« Gespräch entstehen; bei der Beschäftigung mit Spielautomaten erwächst aus einem anfänglich höflichen Mitspielen ein eigenständiges, »geldkostendes« spielerisches Interesse; und beim Fernsehen kann das zufällige Wahrnehmen einer Sendung dazu führen, daß man sie bis zu Ende anschaut. Je umfangreicher dabei die Programmauswahl ist, desto größer wird die Wahrscheinlichkeit, daß man das TV-Gerät erst gegen Sendeschluß abschaltet. Empfängt man dabei den Beitrag eines »Pay-TV-Senders«, ist das zusätzlich neben einem zeitlichen auch mit einem finanziellen Aufwand verbunden.

Die Unternehmen versuchen vom »Erdnuß-Syndrom« zu profitieren, indem sie durch günstige »Einstiegs-Preise«, Gutscheinausgabe und durch das Angebot von Kostproben dem Verbraucher Anregungen zum Konsum liefern, wohlwissend, daß die Kosten einer solchen »Salespromotion«-Aktion durch den Folgekonsum mehr als kompensiert werden.

[15] »Wilhelm-Busch-Effekt«

Wenn Bedürfnisse einmal beim Verbraucher geweckt sind, erscheinen sie ihm vielfach als sehr dringlich (vgl. »Impuls-Effekt« [10]). Um sich gegen eine solche Fehlentwicklung zu schützen, sollte es sich der Verbraucher zum Prinzip machen, den plötzlich entstandenen Bedarf erst nach Ablauf einer bestimmten Zeitspanne (sog. »Abkühlungsphase«) durch den Kauf von entsprechenden Waren zu decken. Aber auch dann könnte es für den Verbraucher u. a. aus finanziellen Gründen problematisch sein, alle danach noch dringlich erscheinenden Bedürfnisse zu befriedigen. Das trifft z. B. zu, wenn dem Verbraucher nur noch ein einziges Bedürfnis als dringlich erscheint, wie etwa ein lang gehegter *»Wunschtraum«* nach einer meist »teuren« Ware, die der Haushalt des Verbrauchers sich anzuschaffen eigentlich gar nicht leisten kann.

Wird dieser »Wunschtraum« doch erfüllt und die teure Ware gekauft, so soll von einer Fehlentwicklung gesprochen werden. Der Verbraucher und die übrigen Mitglieder seines Haushalts können davon ausgehen, daß nach dem Kauf endlich »Ruhe« herrscht und keine weiteren (»Extra«-)Bedürfnisse als besonders dringlich herausgestellt werden. Denn es ist ein Phänomen menschlicher Bedürfnisse, daß, sobald ein Bedürfnis befriedigt wird, ein anderes mit derselben Dringlichkeit wie das gerade erst befriedigte auftritt (vgl. Maslow 1981, S. 51). Schon Wilhelm Busch hat diesen Sachverhalt recht plastisch mit folgendem Spruch beschrieben: »Erfüllte Wünsche kriegen Junge, viele wie die Säue.«

Die Ursache für diese als »Wilhelm-Busch-Effekt« zu bezeichnende Fehlentwicklung ist zu suchen:

- in der *»Tragödie«* menschlicher Bedürfnisbefriedigung: Maslow (1981, S. 12f.) weist darauf hin, daß »der Zustand der Befriedigung (von Bedürfnissen)... nicht notwendigerweise ein Zustand garantierten Glücks oder Zufriedenheit sein (muß)«, sondern auch »Langeweile« und »Ziellosigkeit« zur Folge haben kann;
- in der *Ruhelosigkeit* des menschlichen Wesens: So hebt Scitovsky (1977, S. 58) hervor, daß »nur wenige Menschen... sich mit dem Erreichten zufrieden (geben) und versuchen, diesen Zustand zunächst einmal ausgiebig zu genießen, sondern sie suchen sich meistens sofort ein neues Ziel – wahrscheinlich weil sie das zielstrebige Hinarbeiten auf ein Ziel dem passiven Zustand der Zielerfüllung vorziehen«;
- in der *Grenzenlosigkeit* der menschlichen Bedürfnisse: Birnbacher (1979, S. 48) spricht hier von der menschlichen Grundsituation, »daß wir stets mehr wollen, als wir haben, und daß wir in diesem Sinne niemals an einem endgültigen Sättigungspunkt unserer Bedürfnisse angelangt sein werden...« Diese Situation wird dabei gefördert durch den Reiz, der von dem ständig erweiterten und verfeinerten Marktangebot an Waren ausgeht (vgl. »Angebotseffekt« [11]), und durch den Wunsch des einzelnen Verbrauchers, das zu wollen, was andere Verbraucher schon haben bzw. noch nicht haben (vgl. »Aufwandskonkurrenz« [34]);
- und letztlich im ständigen Streben nach Sinneslust, Genuß und Glück: Bartelt (1978, S. 115ff.) weist auf diese hedonistische Einstellung vieler Verbraucher hin. Sie trägt dazu bei, in der fortlaufenden Beschaffung von auf den Märkten angebotenen Waren und nicht in der »Erfüllung des Lebens mit Sinn« Befriedigung zu suchen.

Das neu auftretende Bedürfnis kann zu dem gerade erst befriedigten Bedürfnis in autonomer oder komplementärer Beziehung stehen. Liegen *autonome* Beziehungen vor, sind die beiden Bedürfnisse voneinander unabhängig. Sie gehören u. U. unterschiedlichen Bedarfsbereichen an. Das eine Bedürfnis folgt dem anderen, weil es in der Bedürfnisrangfolge (Präferenzordnung) den obersten Platz einnimmt. Bei *komplementären* Beziehungen weckt das befriedigte Bedürfnis Folgebedürfnisse, die

- die Bedürfnisbefriedigung erst möglich machen (z. B. Benzin, Winterreifen, Versicherung beim Kauf eines Autos; Film, Fotoalben, Dialeinwand, -projektor und -archiv beim Kauf einer Fotokamera; Spritzdecke, Paddel, wasserfeste Bekleidung, Bootsplatzmiete, Dachgepäckträger und Vereinsmitgliedschaftsbeiträge bei Anschaffung eines Kanus);
- die Bedürfnisbefriedigung langfristig sicherstellen (z. B. anfallende Reparaturen und zu ersetzende Verschleißteile – etwa Auspuff, Reifen, Scheibenwischer, Bremsbeläge, Glühbirnen beim Auto);
- die Bedürfnisbefriedigung steigert (z. B. nachträgliches »Tuning« eines Autos; Anschaffung von Zubehör für Fotokameras wie verschiedene Wechselobjektive, Blitzlichtgerät, Stativ).

Die zuletzt angedeutete komplementäre Bedürfnis- und Warenbeziehung kann sich soweit verselbständigen, daß sie sich zu einer Art *»Komplettierungs-Streben«* fehlentwickelt. Die Hersteller folgender Waren können dies ausnützen: Hobbygerätehersteller (z. B. Heimwerkergeräte), Sportartikelhersteller (z. B. Segelbootausstattung inkl. Segelbekleidung), Haushaltsausstatter (z. B. x-teiliges Geschirrservice, Besteck, Haushaltskleingeräteprogramm), Bekleidungsausstatter (z. B. modisch und farblich abgestimmte Bekleidung für jeweils unterschiedliche Anlässe), Buchverlage (z. B. mehrbändige Lexika- bzw. Bücherausgaben, etwa: Märchen eines Herausgebers, eines Landes, eines Kontinentes, eines Themas), Spielwarenhersteller (z. B. Familienspiele-Programme bzw. -spielzeug-Programme).
Die Triebfeder des »Komplettierungs-Strebens« kann dabei zum einen eine Art *»Sammelleidenschaft«* sein (vgl. Wiswede 1973, S. 36 ff.). Das gilt z. B. für ein Kind, das seine Spielzeugfiguren von nur 6 cm großen zwergartigen »Schlümpfen« jeweils um die neu herausgegebenen Figuren ergänzen möchte. Zum anderen kann es in dem Wunsch zur *»Überwindung bzw. Vermeidung von Langeweile«* zu finden sein. Das kann bei Spielzeugeisenbahnen zutreffen, die durch immer weitere Zubehörteile komplettiert werden, weil die bisherige Ausstattung allmählich anfängt, langweilig zu werden. Irgendwann aber ist für die meisten Verbraucher der Punkt erreicht, wo die bisherige Ausstattung nicht mehr weiter ergänzt werden kann – sei es aus finanziellen oder räumlichen Gründen, sei es weil das Zubehörprogramm des Herstellers keine zusätzlichen Teile mehr enthält. Dann fängt der Verbraucher endgültig an, sein Interesse an seiner auch noch so großen Spielzeugeisenbahn oder an seinem Aquarium zu verlieren.

Das »Komplettierungs-Streben« kann so weit gehen, daß letztlich etwas nur dann »komplett« ist, wenn auch alles von einem einzigen Hersteller oder aus einer Epoche (z. B. bei Möbeln) stammt. Die Unternehmen verstehen es, durch das Angebot und die ständige Erweiterung eines Zubehörprogramms aus dieser Fehlentwicklung Nutzen zu ziehen.

[16] Ersatzkonsum

Einige besondere Varianten der Bedarfsformung können dem »Ersatzkonsum« zugerechnet werden. Einerseits wird er durch den »Konsumpassivismus« [1] geprägt, andererseits prägt er viele andere Fehlentwicklungen. Der »Ersatzkonsum« zeichnet sich dadurch aus, daß der Verbraucher auf das Leistungsangebot der Unternehmen (Fremdleistungen) zurückgreift, obwohl Eigenleistungen gefragt sind. Das Individuum sollte von sich aus die in der eigenen Person liegenden Fähigkeiten aktivieren, um ein Bedürfnis zu befriedigen und somit ein Problem zu lösen, statt auf am Markt angebotene Waren auszuweichen. Der »Ersatzkonsum« stellt insofern eine Art *Ersatzhandlung* dar, die in ihrer extremsten Form dergestalt charakterisiert werden kann, daß der Verbraucher sich etwas kauft, um etwas zu erreichen, das nicht käuflich ist. Meyer-Abich (1979, S. 65) spricht daher auch von einer *»kompensatorischen Nachfrage«*.
Der »Ersatzkonsum« kann verschiedene Ausprägungen annehmen, je nachdem ob er sich auf den Verbraucher selbst oder auf seine Umwelt bezieht und ob er zur Problemlösung bzw. nur zur Problemverdrängung beiträgt. Man kann entsprechend vier Arten des »Ersatzkonsums« unterscheiden:

- *Konsum als individueller Problemlöser:* Obwohl der Verbraucher ein individuelles Bedürfnis – was sich stets als persönliches Problem artikuliert – mit eigenen Mitteln selbst befriedigen könnte, greift er auf das Warenangebot der Unternehmen zurück (vgl. auch »Konsumlustbefriedigung« [5], »Angebotseffekt« [11]). Fast alle Bedarfsbereiche sind hiervon betroffen. Die Unternehmen haben dies seit langem erkannt und bieten ihre Leistungen als Problemlösungen an. Als besonders kritisch ist es anzusehen, wenn der einzelne Verbraucher auch sehr individuelle Bedürfnisse (z. B. nach Unterhaltung, Erholung, Gesundheitserhaltung, Ernährung) nur noch mit Hilfe von Marktleistungen befriedigt. Das trifft z. B. für das vielfältige Angebot der Fertiggerichte-Ernährungsindustrie und von »Fast Food«-Restaurants, aber auch der Tourismus-, Unterhaltungs- und Pharmaindustrie zu.
- *Konsum als sozialer Problemlöser:* Zur Aufrechterhaltung und Pflege zwischenmenschlicher Kontakte hat der einzelne Verbraucher eine Vielzahl individueller Handlungen auszuüben. Es ist zu beobachten, daß diese Handlungen immer häufiger durch Marktleistungen unterstützt oder gar substituiert werden. Durch den Kauf von Waren und ihre Wei-

tergabe an Dritte versucht der Verbraucher »Beziehungen« herzustellen, die nur über die Erbringung persönlicher Leistungen (seien sie nun materieller oder immaterieller Art) herstellbar sind. Zu denken ist an die zwischenmenschlichen Beziehungen, die auf Liebe, Freundschaft, Vertrauen, Zuwendung, Aufmerksamkeit, Dankbarkeit oder dem Abbau von Schuldgefühlen beruhen. Diese können immer stärker über Waren geprägt werden, die durch – wohl schwer verdientes – Geld recht leicht zu kaufen sind (z. B. materielle Geschenke bzw. finanziell aufwendige Einladungen zu bestimmten mehr oder weniger wichtigen Anlässen).

- *Konsum als individueller Problemverdränger:* Es gibt Probleme, welche aus den Bedürfnissen eines Verbrauchers heraus erwachsen, die *nur* durch Eigenleistungen meist immaterieller Art gelöst werden können. Versucht der Verbraucher diese Probleme mit Hilfe von Fremdleistungen zu lösen, so tritt für ihn keine echte Problemlösung, sondern nur eine Problemverdrängung ein. Der Konsum – manchmal allein schon der Kauf – stellt oft den Versuch mancher Verbraucher dar, über Einkaufsaktivitäten von Alltagssorgen abgelenkt zu werden oder Gesprächspartner zu finden, um auf diese Weise ihr Bedürfnis nach Kommunikation zu befriedigen (vgl. »Kauflustbefriedigung« [3]).

Dieser Konsum dient lediglich dazu, Probleme zu vergessen, zu überdekken und zu kompensieren. Es handelt sich im allgemeinen um sehr persönliche Probleme, die z. B. Langeweile, Mißbehagen, Unzufriedenheit, Streß, Enttäuschungen, Sorgen, Alleinsein, Angst, fehlende Anerkennung bzw. Geborgenheit, Minderwertigkeitsgefühle, Gefühle der Sinnlosigkeit oder der inneren Leere, aber auch Lebensunlust zum Ausdruck bringen. Der Lösungsversuch besteht darin, durch Konsum (z. B. Essen, Trinken, Naschen, Hobby, Unterhaltung und Spiele, aber auch Drogen) abgelenkt oder getröstet zu werden. Man könnte daher auch von »Trost-Konsum« sprechen (vgl. hierzu Faber/O'Guinn 1988, S. 105).

Das Typische dieser Variante des »Ersatzkonsums« ist es, daß das Bedürfnis, eine Ware zwecks individueller Problemverdrängung zu konsumieren, nur wenig oder gar nichts mit dem eigentlichen Gebrauchswert dieser Ware zu tun hat. Weder die objektiven noch die subjektiven, höchstens die imaginären Eigenschaftsmerkmale der gekauften Ware liefern einen Grund für ihren Konsum. Der Konsum der Ware – u. U. reicht schon allein ihr Kauf aus (man könnte dann von einer Art »Ersatzkauf«, statt »Ersatzkonsum« sprechen) – dient allein der Ersatzbefriedigung. Das eigentliche Bedürfnis, nämlich ein individuelles Problem zu lösen, wird durch den Konsum und Kauf einer Ware nur *verdrängt*. Der Verbraucher konsumiert und kauft die entsprechende Ware nur deshalb, um mit Hilfe der dem Kauf-»Akt« folgenden »lustvollen« Befriedigung »einen Ausgleich für die Frustration (zu finden), die durch das unbewältigte Problem hervorgerufen wurde« (Scherhorn u. a. 1990, S. 4).

Ein solches kompensatorisches Verdrängen des eigentlichen Problems kann jedoch nur zu einer kurzfristig anhaltenden »Beruhigung« führen. Solange der Lösung des eigentlichen Problems aus dem Weg gegangen wird, bedarf es einer mehr oder weniger steten Widerholung dieser Konsum- bzw. Kaufhandlungen. Insofern bildet diese Art der Fehlentwicklung die Basis für die »Konsumsucht« [6]. Sie kann aber auch die Ursache für jene Fehlentwicklungen sein, die durch »impulsive« Entscheidungen geprägt werden (z. B. »Impuls-Effekt« [10], »Stimulus-Kauf« [12]). Das gilt dann, wenn der Verbraucher meint, eine Ware sofort kaufen zu müssen, nicht weil er sie daheim sofort verbrauchen oder gebrauchen will, »sondern weil [sie] der Kompensation für ein Unlustgefühl dient, das hier und jetzt empfunden wird und nach sofortiger Abhilfe verlangt« (Scherhorn u. a. 1988, S. 63).

- *Konsum als sozialer Problemverdränger:* Eine andere Variante der Problemverdrängung stellt die »Vertuschung« individueller Schwächen durch Konsumhandlung dar. Der Verbraucher versucht Probleme gegenüber seiner Umwelt (z. B. was seine eigene finanzielle, berufliche, geistige bzw. körperliche Leistungs(un)fähigkeit betrifft) durch den Konsum zu kaschieren oder zu kompensieren. Das kann erreicht werden durch den Konsum besonders teurer Waren oder von Waren, denen ein Hauch von Extravaganz, Bildung bzw. Sportlichkeit anhaftet. Der noch zu beschreibende »Image-« [32] und »Prestige-Kauf« [33] beruht im wesentlichen auf dieser Art des »Ersatzkonsums«.

Der einzelne Verbraucher kann dem »Ersatzkonsum« vorbeugen, wenn er sich des Ersatzcharakters der Marktleistungen bewußt wird und bereit ist, daraus Konsequenzen zu ziehen. Das wir ihm jedoch nicht leichtfallen; denn diese kommerziellen Hilfen zur Problemlösung bzw. -verdrängung haben solch einen Umfang angenommen, daß individuelle Leistungen nicht nur immer mehr zurückgedrängt werden, sondern ihre Inanspruchnahme auch immer häufiger als »unnormal«, wenn nicht sogar als »spleenig« angesehen wird. Ein Verbraucher muß daher schon über genügend *Selbstbewußtsein* verfügen, um sich des »Ersatzkonsums« zu erwehren.

[17] »Teufelskreis des Konsums«

Habermas (1954) hat schon damals sehr deutlich »die fortlaufend wachsende Konsumbereitschaft ... die sich als Kompensation für die verlorene Arbeitsfreude im Produktionsprozeß durch das Streben nach Freizeit und Konsumgenuß einstellt« (Egner 1968, S. 524) erkannt und dies mit dem Begriff »Pauperismus des Konsums« umschrieben. Hier liegt eine Denkhaltung der Verbraucher zugrunde, die stark vom »Konsumpassivismus« [1] geprägt ist. Sie kann durch folgende Aussage von Schmidbauer (1984,

S. 140) charakterisiert werden: »Ich leiste schließlich etwas, deshalb kann ich mir auch dies und das leisten.«

Folgt einer vollbrachten Arbeitsleistung zum Ausgleich stets eine Konsumleistung, die die Inanspruchnahme von Marktleistungen erforderlich macht, so liegt an sich schon eine Fehlentwicklung vor, die einen an den »Ersatzkonsum« (hier: Konsum als individueller Problemverdränger) erinnert. Eine eigenständige Fehlentwicklung erwächst jedoch aus einem solchen Konsumverhalten, wenn die Fremdleistungen, mit denen etwa das »Leid« der meist fremdbestimmten Arbeitsleistungen kompensiert werden soll, finanziell so hoch angesetzt werden, daß sie mit der normalen Arbeitsleitung nicht mehr finanzierbar sind. Hieraus kann sich die Konsequenz ergeben, daß die Arbeitsleistung *zusätzlich* zu steigern ist (z. B. durch Überstunden, Nachtarbeit, Schichtarbeit, Schwarzarbeit, Mitarbeit des Ehepartners, Verkürzung der Ausbildungszeit der Kinder zwecks finanzieller Entlastung der Eltern), um die zur Kompensation gewünschten Fremdleistungen auch finanzieren zu können. In der weiteren Konsequenz führt dies dazu, daß aufgrund der zusätzlich gesteigerten Arbeitsleistung wiederum *auch* die gewünschten Fremdleistungen zur Kompensation angehoben werden usw. usf.. In diesem Fall kann man von einem »Teufelskreis des Konsums« sprechen, der im Extremfall zur totalen Erschöpfung des Verbrauchers und in den finanziellen Ruin führt.

Der Weg zu dieser Fehlentwicklung beginnt schon dort, wo am Ende eines Arbeitstages, einer Arbeitswoche oder eines Monats (früher geschah dies am »Zahltag«) der Verbraucher sich zur »Belohnung« etwas Besonderes gönnt (z. B. Genußmittel, Kleidungsstücke, eine Kurzreise, einen Restaurantbesuch), und er endet dort, wo der Verbraucher sich etwas kauft, das er sich finanziell nicht mehr leisten kann (z. B. Urlaubsreise, Auto, Hobby, Möbel, Schmuck, Eigenheim). Der Verbraucher kann sich aus diesem *»Teufelskreis«* nur befreien, wenn er erkennt, daß das »Leid« seiner Arbeit nicht nur durch Fremdleistungen, sondern auch durch Eigenleistungen kompensiert werden kann. Er könnte durch eine Verminderung »überhöhter« Arbeitsleistungen mehr Befriedigung erlangen, als wenn er versucht als Ausgleich für »überhöhte« Arbeitsleistungen den Konsum an Waren zu steigern, und zwar von Waren, die eher der Kategorie »überflüssig« als »lebensnotwendig« zuzuordnen sind.

III. Die Wareneigenschaftsmerkmale als Ursache für Fehlentwicklungen

[18] Bedarfsanreicherung (-sublimierung)

Solange ein Bedürfnis durch den Konsum von Waren gerade befriedigt wird oder noch gesättigt ist, tritt im allgemeinen beim Verbraucher keine weitere Nachfrage nach diesen Waren auf (sog. Ersatzbedarf). Für jene Unternehmen, die solche Waren zum Verkauf anbieten, hat das eine Beschränkung ihres Umsatzes zur Folge. Es ist daher verständlich, wenn sie versuchen, in den Prozeß der Bedürfnisbefriedigung und -sättigung einzugreifen, um diese »Tendenz zur Sättigung oder Stagnation des Bedarfs« (Scherhorn 1975, S. 17) aufzuhalten oder aufzuheben. Erreichen können sie dies dadurch, daß sie davon Abstand nehmen, über einen längeren Zeitraum hinweg ein und dieselbe Ware in identischer Qualität zu produzieren und anzubieten. Statt dessen müssen sie die Qualität ihrer Waren in immer kürzer werdenden Zeiträumen verändern oder verbessern, d. h. vergrößern, verfeinern, verstärken, verschönern und in immer größer werdender Anzahl von Varianten anbieten. Durch solche Veränderungen kann der einzelne Verbraucher so stimuliert werden, daß seine bislang gesättigten Bedürfnisse erneut geweckt werden und der Prozeß der Bedürfnisbefriedigung mit bestehenden Waren zugunsten der veränderten Waren abgebrochen wird.

Diese Strategie der Warengestaltung der Unternehmen ist insbesondere in jenen Branchen zu beobachten, die schon sehr lange auf dem Markt sind und ihren Kundenstamm kaum noch auszuweiten vermögen. Sie betrifft hauptsächlich Gebrauchswaren (z. B. Autos, Kameras, Haushalts-, Unterhaltungs- und Hobbygeräte, Möbel, Kleidung), aber teilweise auch Verbrauchswaren. Das gilt für die Herausarbeitung ständig neuer *Geschmacksrichtungen*, wie Likör mit Cocosgeschmack, Konfitüre mit Kiwi/Mango-Geschmack, Haar-Shampoo mit Apfelgeruch; neuer *Zutaten*, wie Joghurt mit 12 Vitaminen, Knäckebrot mit Ballaststoffen; konsumreiferer *Zubereitungsvarianten*, insbesondere bei Tiefkühlfertiggerichten; bei umweltfreundlicheren Pflegemittelrezepturen, wie Putz-/Waschmittel ohne Phosphat, FCKW, Füllstoffe u. ä..

Meist ist der Verbraucher beim Erstkonsum noch mit dem Kauf einer Ware in »relativ einfacher« Qualität bzw. Ausstattung zufrieden. Bei Kenntnisnahme einer veränderten oder neuen Gebrauchsware wird er aber plötzlich unzufrieden und bricht den Prozeß der Bedürfnisbefriedigung ab. Er legt die »alte« Variante zur Seite, um die »neue« Variante zu kaufen und zu gebrauchen. Bei veränderten oder neuen Verbrauchs-

waren dagegen wird der Verbraucher neugierig, wodurch sein eigentlich gesättigtes Bedürfnis neu geweckt wird, so daß er die »neue« Variante kauft, um sie auch mal zu konsumieren.
Dieser Vorgang schiebt die endgültige Sättigung eines Bedürfnisses auf Grund der laufenden Veränderungen oder Verbesserungen eines Warenangebots ständig hinaus und verfeinert immer mehr ein bislang einfaches Bedürfnis. Er kann in Anlehnung an Scherhorn (1975, S. 16ff.) als »Bedarfsanreicherung« verstanden werden. Sie stellt eine Fehlentwicklung dar, wenn der Verbraucher seine Kaufkraft so stark für diese »Bedarfsanreicherung« verwendet, daß für dic Befriedigung anderer Bedürfnisse immer weniger Geld zur Verfügung steht.
Wie ist ein solchermaßen von der Warengestaltung der Unternehmen beeinflußtes Bedürfnis-, Bedarfs- und letztlich Kaufverhalten der Verbraucher zu begründen? Folgende Erklärungsansätze bieten sich an:

- Der Verbraucher hat eine Lust auf die Fortsetzung einer befriedigenden Tätigkeit. Für den einzelnen Verbraucher ist es nicht nur bequemer, bislang befriedigte Bedürfnisse immer wieder und immer weiter bis hin zur (Über-)Sättigung (vgl. »Über-Sättigungs-Konsum« [7]) zu befriedigen. Erspart ihm doch dies die Mühe, nach für ihn neuen Bedürfnissen und Befriedigungsmöglichkeiten zu suchen. Es ist auch angenehmer, die als nützlich sich erwiesenen Konsumhandlungen fortzusetzen, statt abzubrechen und nach neuen Handlungen Ausschau zu halten.
- Der Verbraucher hat die Neigung, nach der Befriedigung eines Bedürfnisses die Anforderungen in jeder zukünftigen Befriedigungssituation von Mal zu Mal höher anzusetzen. Das liefert eine Erklärung dafür, daß der Verbraucher bei wiederholter Befriedigung von Bedürfnissen dazu tendiert, auf in Qualität und Ausstattung jeweils verbesserte Waren zurückzugreifen.
- Können vom Verbraucher mehrere Bedürfnisse befriedigt werden, zieht er nach Hondrich (1983, S. 58f.) jene Bedürfnisse vor,
  - die früher und häufiger schon befriedigt wurden und dadurch ihren Wert erwiesen haben;
  - deren Befriedigung vergleichbar leicht erreichbar erscheint;
  - die anderen, bereits bekannten und befriedigten Bedürfnissen ähnlich sind;
  - deren Befriedigung voraussichtlich wenig bereits bekannte Bedürfnisse in ihrer Befriedigung beeinträchtigen;
  - und die möglichst viele bereits geweckte Bedürfnisse mitbefriedigen.

Die »Bedarfsanreicherung« wird dadurch ermöglicht, daß sie auf einen dem Verbraucher vertrauten Bedarf aufbaut, welchen er kennen und schätzen gelernt hat. Dabei kann er sehr leicht beurteilen, welchen Vorteil für ihn auch die noch so kleinste Warenveränderung bzw. -verbesserung bringt. Förderlich auf die »Bedarfsanreicherung« wirkt sich ein Sachverhalt aus, den Wiswede (1973, S. 123) mit »Autonomisierung« und »Sublimierung« der Bedürfnisse bezeichnet. So treten beim Konsum einer Ware zum eigentlich kaufbestimmenden Bedürfnis weitere bislang dem Verbraucher nicht so wichtig erscheinende Bedürfnisse hinzu;

- die sich langsam verselbständigen und das ursprüngliche Bedürfnis verdrängen. Ein Beispiel für einen solchen Prozeß der Automatisierung liefert die Jogging-Kleidung, die zunächst aus einem Modebedürfnis heraus gekauft wird, die aber den Verbraucher möglicherweise verleitet, sich sportlich zu betätigen. Dies zieht den Kauf immer speziellerer Jogging-Kleidung nach sich und läßt allmählich das ursprüngliche Modebedürfnis vergessen;
- die zur allmählichen *»Sublimierung«* des Bedürfnisbefriedigungsprozesses beitragen. So kauft man sich z. B. ein Auto und begnügt sich zunächst mit einer einfacheren Variante, weil man nur das Transportbedürfnis befriedigen will; beim folgenden Ersatzkauf aber stellt man immer höhere Ansprüche an die Qualität bzw. Ausstattung, um sein Bedürfnis nach Sportlichkeit (z. B. hohe PS-Zahl, Breitreifen), nach Bequemlichkeit (z. B. ein größeres Auto mit 4 Türen) nach Luxus (z. B. Ledersitze, elektrische Fensterheber, Zentralverriegelung, elektrisches Schiebedach, Hifi-Anlage, Klimaanlage, Scheinwerferreinigung, getönte Fensterscheiben), nach Anerkennung (z. B. ein teures bzw. »getunetes« Auto), nach Sparsamkeit (z. B. verzinkte Karosserie, geringer Benzinverbrauch, Dieselmotor), nach Sicherheit (z. B. ABS-Bremssystem, 4-Rad-Antrieb, Air-Bag) oder nach Umweltschutz (z. B. mit Katalysator, keinen weißen Lack, asbestfreie Bremsbeläge, 5-Gang-Sparschaltung, kein Dieselmotor) zu befriedigen.

Die *»Dynamik der Bedürfnisse«* (vgl. Hondrich 1975, S. 33f.) wird durch die Strategie der Warengestaltung der Unternehmen, den Hang der Verbraucher zur »Bedarfsanreicherung« auszunutzen, außer Kraft gesetzt. An ihre Stelle tritt die *»Statik der Bedürfnisse«*, die darin kumuliert, daß der Verbraucher auf die Befriedigung bestimmter Bedürfnisse »fixiert« ist. Er ist nicht mehr imstande, von einmal erlernten Bedürfnissen zugunsten anderer, unvertrauterer, weniger elementarer Bedürfnisse Abstand zu nehmen. Bestehende Bedürfnisse werden dadurch sozusagen zu immer gültigen Bedürfnisgewohnheiten. Weniger vertraute Bedürfnisse haben keine Chance, sich zu entwickeln. Unterstützt wird eine solche Fehlentwicklung durch die im Verbraucher liegenden Verhaltensweisen, die im Rahmen des »Gewohnheitskonsums« [4] und des »Über-« bzw. »Unter-Sättigungs-Konsums« [7] u. [8] beschrieben wurden.

Wie kann dem Verbraucher geholfen werden, daß die »Bedarfsanreicherung« sich nicht allzu dominierend auf sein Konsumverhalten auswirkt? Wichtig ist zu wissen, daß der Verbraucher die Umwelt aus der Sicht seiner vorherrschenden Interessen beurteilt. Ändern sich seine Bedürfnisse, verschieben sich auch seine Interessen und »es treten andere Objekte der Umwelt in den Vordergrund« (Hunziker 1972, S. 9). Ändern sich aber nicht seine Bedürfnisse, dann bleiben seine Interessen die alten. Da die »Bedarfsanreicherung« eine sehr starke Bevorzugung schon lange bestehender und gepflegter Interessen bedeutet, sollte der Verbraucher versuchen, nach gewissen Zeitabständen immer wieder bislang weniger entwickelten Bedürfnissen mehr Beachtung zu schenken.
Vielleicht entwickeln sich daraus *andere Interessen* und ein *anderes Konsumverhalten*. Letztlich kann der Verbraucher nur so erfahren, ob es sich um Interessen handelt, die es wert sind, daß ihnen weiter nachgegangen wird. Stellt es sich heraus, daß diese neu verfolgten Interessen zu einem (Konsum-)Verhalten führen, welches dem einzelnen Verbraucher oder den Mitgliedern seines Haushalts mehr Befriedigung gewährt, dann kann die Verfolgung der »alten« Interessen und somit auch die bevorzugte Befriedigung der »alten« Bedürfnisse als eine Fehlentwicklung, zumindest aber als »überholt« angesehen werden. Der Verbraucher hat sich mit ihnen in eine »Sackgasse« begeben.

[19] Anspruchsdynamik

Der Verbraucher hat in Zeitabständen das Bedürfnis, etwas Bestimmtes zu kaufen. Käme hierfür nur eine einzige auf dem Markt angebotene Warenmarke in Frage, würde er sich damit zufriedengeben. Werden aber mehrere unterschiedliche Befriedigungsmöglichkeiten angeboten, muß er eine Entscheidung treffen. Je größer die *Zahl an alternativen Warenmarken* ist, desto mehr werden sich die Ansprüche des Verbrauchers erhöhen.
Ein solches von dem Warenangebot beeinflußbares Anspruchsverhalten soll als »Anspruchsdynamik« bezeichnet werden. Sie ist im Prinzip eine Selbstverständlichkeit, da dem Verbraucher zugestanden werden muß, seinen Bedarf entsprechend dem Warenangebot zu konkretisieren. Eine Fehlentwicklung liegt jedoch vor, wenn der Verbraucher immer häufiger bei seiner Bedarfsdeckung eine Anpassung *nach oben* vornimmt und sich nur noch Waren kaufen möchte, die höheren Ansprüchen genügen.
Während die »Bedarfsanreicherung« [18] nur Folge- bzw. Ersatzkäufe betrifft, beginnt die »Anspruchsdynamik« schon beim Erstkauf. Die Problematik für den Haushalt ist jedoch dieselbe: Es wird zur Deckung eines bestimmten Bedarfs mehr Geld als ursprünglich geplant oder als erforderlich ausgegeben.
Die »Anspruchsdynamik« ist in allen Bedarfsbereichen zu beobachten.

Einzelne Unternehmen stellen ihr Angebot entsprechend so zusammen, daß dem Verbraucher möglichst mehrere vergleichbare Alternativen zur Auswahl stehen. Das gilt z. B. für das Fotokameraprogramm, das sich in Technik und Ausstattung unterscheidet, wie Pocket-, Sucher-, Spiegelreflexkamera; mit motorischem Filmantrieb, Autofocus, diversen Belichtungsautomatiken, eingebautem Zoom-Objektiv und Blitzlicht. Es betrifft aber auch das Angebot von Speiseeis, welches vom einfachen Vanille-Eis bis hin zum Premium-Sauerkirsch-Eiscreme mit Rotweingeschmack reicht. Gefördert wird ein solcher Hang der Verbraucher zur Anspruchssteigerung noch dadurch, daß die Unternehmen aus Gründen der Minderung des Risikos und der Gewinnerhöhung bevorzugt in Märkte eintreten, auf denen schon andere Unternehmen mit »Erfolg« anbieten, statt neue Märkte zu erschließen. Das Angebot eines Marktes vervielfacht sich dadurch. Weil die Unternehmen bestrebt sind, nicht die Konkurrenz zu imitieren, sondern sich von ihr abzuheben, differenzieren sich auf diese Weise zusätzlich die Qualitäten der Waren. Eine weitere Erhöhung der Ansprüche der Verbraucher ist die Folge.

[20] Luxus-Streben

Eine extreme Form der »Anspruchsdynamik« liegt vor, wenn ein Verbraucher versucht, »Luxus«-Eigenschaftsmerkmale notwendiger Waren zu notwendigen Eigenschaftsmerkmalen umzudeuten und als selbstverständlich für sich selbst anzusehen (vgl. Scheuch 1975, S. 115). Die Neigung des Verbrauchers, sich etwas »Luxuriöses«, d. h. etwas Überflüssiges oder Verschwenderisches, »das über des Lebens Notdurft und Notwendigkeit demonstrativ hinausführt« (Krockow 1989, S. 8), zu gönnen, kann – sofern für den Haushalt des Verbrauchers finanzierbar – durchaus legitim sein. Problematisch wird es jedoch, wenn er dies immer häufiger und ohne Abwägung des zusätzlich gewonnenen Nutzens mit dem dafür zu bezahlenden Mehrpreis tut. Dann kann von einem »Luxus-Streben« gesprochen werden.

Einzelne Unternehmen richten ihre Waren- und Sortimentsgestaltung vollständig oder teilweise nach diesem »Luxus-Streben« aus. Die Werbung knüpft daran an, ohne jedoch das Wort »Luxus« explizit in die Werbebotschaft mit aufzunehmen. Statt dessen wird in der Werbebotschaft als bildliches Element ein *»luxuriöses«* Umfeld gezeigt. Es wird mit Formulierungen geworben, die offensichtlich das »Luxus-Streben« ansprechen, ohne es beim Namen zu nennen. Das kann z. B. für folgende Werbeaussagen in Betracht kommen: »Man gönnt sich ja sonst nichts« (Malteserkreuz Aquavit), »Für die wenigen, die mehr verlangen« (Fürst von Metternich-Sekt), »Die unvergleichliche Art des Glücks« (Martell-Cognac), »Setzt dem Geschmack die Krone auf« (Parmaschinken), »Was ist schon wie Lindt« (Pralinen), »The art of writing«

(Mont Blanc-Schreibgeräte), »Die Kunst des Lebens« (Lladró-Porzellanfiguren) »Schreibkultur in höchster Vollendung« (Parker-Schreibgerät), »Leisten sie sich das Besondere« (Artemide-Lampen).
Der Grund dafür, daß das Wort »Luxus« nur noch selten in Werbeaussagen zu lesen oder zu hören ist, mag darin liegen, daß »Luxus« schon lange einen negativen Beigeschmack hat, und zwar insbesondere dann, wenn er demonstrativ zur Schau gestellt wird. Insofern ist das »Luxus-Streben« eine altbekannte Fehlentwicklung, deren Verbreitung sogar schon der Staat vor Jahrhunderten durch »Konsumaufwandsverbote« versucht hatte zu bekämpfen (vgl. Sombart 1922, S. 137). Wenn dennoch hier und da das Wort »Luxus« im Marketing der Unternehmen Verwendung findet, z. B. in der Markenbezeichnung einer Ware, dann vielfach als Abkürzung in Form des Buchstabens »L«, etwa bei Automobilen, wie »Escort CL«, »Golf GL«, »Toyota Corolla XLi«, »Mazda 121 LX«. Bezeichnenderweise handelt es sich hier aber um eine Markierung, die nicht für echten »Luxus« verstanden werden kann, sondern lediglich – insbesondere den Käufern von Mittelklassewagen – den Anschein von »Luxus« vermitteln soll. Dem ist entgegenzuhalten, daß der Qualitätsstandard dieser mit dem »L«-Symbol angepriesenen Autos noch vor 30–40 Jahren als »luxuriös« eingestuft worden wäre. Ebenso hätte jeder heute fest zur Standardausstattung eines Haushalts zählende Pkw bis in die 30iger Jahre als »Luxus«-Gegenstand gegolten. Insofern verdeutlicht dieses Beispiel recht anschaulich den zu Beginn dieses Kapitels aufgezeigten Trend der Massenproduktion, aus »Luxus«-Eigenschaftsmerkmalen notwendige Eigenschaftsmerkmale zu machen und diese immer mehr als selbstverständlich erscheinen zu lassen.

[21] Perfektionsstreben

Eine weitere extreme Form des Fehlverhaltens stellt das »Perfektionsstreben« dar. Es betrifft meist nur die Befriedigung einiger, für den Verbraucher besonders wichtig erscheinender Bedürfnisse. Dabei ist der Verbraucher bestrebt, beim Kauf sich an der qualitativ hochwertigsten, »perfektesten« Ware auszurichten und sich für diese zu entscheiden. Der Verbraucher hat regelrecht ein »Bedürfnis« danach, daß seine Bedürfnisbefriedigung unter den bestmöglichen Bedingungen abläuft. Dieser Wunsch veranlaßt ihn, im Rahmen eines Kaufentscheidungsprozesses stets nach Waren zu suchen, die maximalen Nutzen stiften können.
Ein anderer Grund könnte darin liegen, daß der Verbraucher eine besondere Freude an einer funktional ausgestatteten Ware empfindet. Ein solcher Verbraucher zieht allein schon daraus Nutzen, daß er eine »perfekte« Ware besitzt (sog. *»Ausstattungsnutzen«*). Es ist dabei für ihn u. U. zweitrangig, daß er diese Ware auch gebrauchen kann, um aus der dadurch erst möglich gewordenen Handlung Nutzen zu erzielen (sog.

»*Handlungsnutzen*«, den z. B. das Surfen mit einem Surfbrett, das Fahren mit einem Fahrrad stiften). Ebenso interessiert ihn nicht, daß er die Ware im Rahmen eines »Produktionsprozesses« einsetzen kann, um ein Befriedigung vermittelndes Ergebnis zu erzielen (den sog. Ergebnisnutzen, den z. B. das Erstellen von Fotos mit Hilfe einer Spiegelreflexkamera stiftet; vgl. Scherhorn u. a. 1988, S. 35f.).

Das »Perfektionsstreben« stellt eine Fehlentwicklung dar, wenn der Verbraucher auf Grund seiner Anforderungen, die er an den Ge-/Verbrauch einer Ware stellt, gar nicht dieser »perfekten« Ware bedarf. Er würde ohne Einbußen bei der Bedürfnisbefriedigung zu erleiden oder es zu merken, auch mit weniger »perfekten« Waren auskommen. Es kann aber auch als eine Fehlentwicklung angesehen werden, wenn der Verbraucher beim Kauf einer Ware mehr an ihren Besitz (vgl. »Haben-Wollen-Effekt« [9]) und an die Ausstattung der Ware mit all ihren technischen Besonderheiten oder an das Zubehör denkt als an die mit der Ware möglich gewordenen Aktivität, die ihm »die Befriedigung produziert, auf die es (ihm) letztlich ankommt, die also den eigentlichen Gegenstand des Konsums bildet« (Scherhorn u. a. 1988, S. 34f.). Die Problematik einer solchen Verhaltensweise sollte der Verbraucher vor Augen haben, wenn er vor der Frage steht, sich beim Kauf für eine noch perfektere oder z. B. auch luxuriösere (vgl. »Luxus-Streben« [20]), bequemere (vgl. »Bequemlichkeitskonsum« [23]), aktuellere (vgl. »Aktualitätsstreben« [24]), sicherere (vgl. »Sicherheitsstreben« [25]), schönere (vgl. »Schönheitsstreben« [29]), modischere (vgl. »Modekonsum« [30]), kostspieligere (vgl. »Kostspieligkeitsbedarf« [31]) oder prestigeträchtigere Ware (vgl. »Prestige-Kauf« [33]) zu entscheiden.

Eine gekaufte Ware sollte nur als ein *Mittel* der Bedürfnisbefriedigung, nicht aber als ihr alleiniges oder dominierendes *Ziel* angesehen werden. Nicht auf die Ware kommt es an, sondern auf das, was der Verbraucher mit ihr machen will und daß er dies tatsächlich tut. Die Lust an dieser Tätigkeit und die Freude an einer selbst erstellten Sach- oder Dienstleistung hat im Vordergrund einer jeden Kaufentscheidung zu stehen, nicht aber die mögliche Befriedigung, die man bloß aus dem Besitz und dem Vorhandensein einer bestimmten Ausstattung einer Ware zieht.

Obwohl der einzelne Verbraucher nicht für alle Bedarfsbereiche das »Perfektionsstreben« kultiviert (z. B. meist nur für seine Hobbies), ist es in jedem Bedarfsbereich zu beobachten. Die Hobbies sind so vielfältig, wie es unterschiedliche Bedürfnisse gibt. Dies wird deutlich, wenn Testinstitutionen vergleichende Warentestergebnisse veröffentlichen. Waren, die schlechter als andere abschneiden, kommen für einen perfektionistisch veranlagten Verbraucher kaum noch in Frage, und zwar auch dann nicht, wenn die schlechter bewerteten Waren den qualitativen Anforderungen des Verbrauchers vollauf genügen.

Die Unternehmen tragen dem »Perfektionsstreben« Rechnung, indem sie in ihrem Warenangebot auch Waren mit immer mehr ausgefeilten und ausgetüftelten Eigenschaftsmerkmalen aufnehmen. Durch entsprechende Werbeaussagen versuchen sie zumindest, beim Verbraucher den Eindruck zu erwecken, daß solche Waren im Angebot sind. Das gilt für das Auto-Angebot mit seinen besonders umfangreichen Zusatzausstattungen (z. B. zusätzliche Bremsleuchten, Nebel- und Fernlichtscheinwerfer, Sportsitze, Color-Verglasung, Breitreifen, Aluminiumfelgen, Scheinwerferwaschanlage); für das immer »professioneller« erscheinende Programm der Heimwerkergeräte, für diverse Sportgeräte mit für den Verbraucher kaum noch begreifbaren technischen Besonderheiten (z. B. bei Alpin- und Langlaufski, Surfbrettern, Joggingschuhen, Mountainbike-Fahrrädern); für Kleidung in Ausstattungsvarianten, die manchmal nur theoretisch von Nutzen, praktisch aber eher von Nachteil sein können (z. B. »Goretex«-Futter bei Schuhen, vgl. test, Nr. 7/86); für Hifi-Geräte, deren technische Besonderheiten nicht mehr vom Ohr wahrnehmbar, sondern nur noch mit Meßinstrumenten feststellbar sind; für Genußmittel, deren »Extra-Klasse« nur auf dem Papier steht und vom Verbraucher gar nicht geschmeckt wird (z. B. bei manchen Weinmarken); für Sportgetränke, denen kaum noch nachvollziehbare Eigenschaften zur Erhöhung der persönlichen »Fitneß« zugeschrieben werden; für Putz- und Pflegemittel mit ihren ausgefallensten Wirkstoffen (z. B. bei Zahnpasta, Waschmitteln, Shampoos).

[22] Spezialisierungsstreben

Gefördert durch das »Perfektionsstreben« entsteht das »Spezialisierungsstreben«. Es besagt, daß der Verbraucher sich nicht mehr mit einer »einfachen« Variante einer Ware begnügen will. Er ist vielmehr bestrebt, eine Ware zu verwenden, die möglichst *»wie maßgeschneidert«* auf den Verwendungszweck ausgerichtet ist. Statt eine »Allround«-Ware zu kaufen, die einen breiten Verwendungsbereich hat, sucht er nach »Spezial«-Waren, die nur noch eine eingeschränkte Nutzungsmöglichkeit bieten.

Die Unternehmen gehen auf dieses Bestreben der Verbraucher bereitwillig ein, können sie doch durch die Einschränkung des Gebrauchswertes von Waren zusätzliche Nachfrage schaffen. Statt mit einer einzigen Ware einen breiten Bedarf zu decken, verwenden die Verbraucher mehrere unterschiedlich spezialisierte Waren. Hieraus resultiert die Nachfrage nach diversen Messern in der Küche des Privathaushalts (Käse-, Butter-, Tomaten-, Gemüse-, Kartoffel-, Fleisch-, Fisch-, Brot-, Kuchenmesser); nach verschiedenen Sportgeräten wie Windsurfbretter (geeignet zum Kreuzen, zur Akrobatik, für Starkwind oder Höchstgeschwindigkeitfahrten), Kajaks (geeignet für leichtes oder schweres Wildwasser, für Klein- oder Großgewässer bzw. das Meer) oder Turnschuhe

(etwa für den »Indoor«-Bereich: Tischtennis-, Tennis-, Squash-, Volleyball-, Basketball-, Handball- und natürlich auch normale Hallenturnschuhe); nach Bekleidung für die unterschiedlichsten Anlässe (z. B. für das private Heim – tagsüber, abends, Theater und Oper, Feste und Bälle, Empfänge, Hochzeit, Beerdigung, Beruf oder Freizeit).
Jede spezialisierte Ware – dies sei in diesem Rahmen angenommen – erfüllt ihren Zweck besser als die vergleichbare »Allround«-Ware. Es fragt sich jedoch,

- ob der einzelne Verbraucher die Besonderheiten, die eine solche Ware bietet, auch tatsächlich vollständig nutzt;
- wie häufig er sie nutzt;
- und ob nicht auch eine »Allround«-Ware seinen tatsächlichen Ansprüchen genügen könnte?

Je mehr Einschränkungen dieser Art ein Verbraucher zugestehen muß, je größer die Zahl der »Spezial«-Waren ist, die er für einen Verwendungsbereich besitzt, und je häufiger noch nicht ganz verschlissene »Allround«-Waren ungenutzt im Haushalt des Verbrauchers herumliegen, desto eher kann von einer Fehlentwicklung gesprochen werden.

[23] Bequemlichkeitskonsum

Das Bestreben der Verbraucher, immer konsumreifere Waren zu kaufen, wird hier als »Bequemlichkeitskonsum« bezeichnet (vgl. auch Gronemeyer 1988, S. 53 ff.; Bänsch 1986, S. 26 f.).
Im Bedarfsbereich *Kleidung* ist es nahezu zur Selbstverständlichkeit geworden, daß der einzelne Verbraucher »Waren von der Stange« kauft. Immer weniger Verbraucher kommen auf die Idee, sich den Stoff zu kaufen, ihn selber zuzuschneiden und zu einem Kleidungsstück zu verarbeiten, obwohl dies noch vor einigen Jahrzehnten zumindest für Kinder- und Damenbekleidung gang und gäbe war. Trotz steigender Freizeit ist der Verbraucher kaum noch bereit, entsprechende produktive Leistungen im eigenen Privathaushalt zu erbringen. Dies ist auch der Industrie bewußt, die darum bemüht ist, immer mehr Waren mit Dienstleistungen zu koppeln und somit immer »mundgerechter« bzw. »gebrauchsfertiger« zu gestalten (vgl. Wiswede 1971, S. 265).
Das gilt auch für den *Ernährungsbereich*. Erkennen kann man dies nicht nur an dem stetig größer werdenden Angebot an Fertiggerichten, die nur noch per Wasserbad oder Mikrowelle erhitzt zu werden brauchen, sondern auch an der großen Zahl halbfertig zubereiteter Fleisch-, Milch- und Gemüseprodukte, die vom Lebensmittelhandel in Kühlfächern oder Gefriertruhen zum Verkauf angeboten werden. Welcher Haushalt schlachtet heutzutage noch ein Schwein, kauft zur Weiterverarbeitung eine Schweinehälfte? Wer macht heute noch selber die Wurst, den Käse,

den Joghurt, kauft den Spinat noch so ein, wie er auf dem Feld wächst. Wer züchtet sein Obst und Gemüse noch selber und hält sich zur Selbstversorgung seine eigenen Haustiere (Hühner, Kaninchen, Schweine, Kühe)?
Andere Bedarfsbereiche werden ebenfalls immer stärker vom »Bequemlichkeitskonsum« geprägt:

- *Freizeitbereich:* Das trifft zu für Pauschalreisen mit komplett organisiertem Freizeitangebot;
- *Erziehungsbereich:* Man schafft sich für die eigenen Kinder nicht irgendein Familienspiel an, sondern besorgt sich Computerspiele, mit denen die Kinder alleine, d. h. ohne Spielpartner, spielen können;
- *Körperpflegebereich:* Man läßt die Haare beim Frisör schneiden, der auch weitere Pflegearbeiten (Waschen, Locken legen, Färben; Make-up; Maniküre) übernimmt;
- *Transportbereich:* Wo man das Auto kauft, läßt man es auch versichern, reparieren, vom TÜV abnehmen und wiederverkaufen;
- *Haushaltsgerätebereich:* Das gilt für den Eierkocher, die Kaffee-/Teemaschine und u. U. auch für die Geschirrspülmaschine; insbesondere für die TV- bzw. HiFi-Fernbedienung; letztlich für alle netzbetriebenen Elektrogeräte, die einem den Einsatz von handbetriebenen Geräten ersparen sollen; erst recht jedoch für alle netzunabhängigen, d. h. batteriebetriebenen Geräte, die die Suche nach dem Verlängerungskabel und der Steckdose überflüssig machen sollen (z. B. E-Zahnbürste, E-Fleischmesser, E-Schraubenzieher, E-Bohrmaschine, E-Handstaubsauger); weiterhin für die Weckuhr, welche per Wink oder Zuruf abgestellt werden kann; die Mülleimertüte aus Plastik, welche das Ausspülen des Mülleimers überflüssig machen soll; den Luftbefeuchter, der ein Raumklima erzeugen soll, welches durch entsprechende Heizungsregelung, Lüftung und Zimmerbepflanzung auf umweltfreundlichere und gesündere Weise erreicht werden kann (vgl. Michelsen/Kalberlah/Öko-Institut 1980, S. 409).

Der »Bequemlichkeitskonsum« erstreckt sich ebenfalls auf den Bereich der *Gästebetreuung*, von der neuerdings der Haushalt durch die Inanspruchnahme eines »Partydienstes«, Pizzaservices etc. oder durch die nur stundenweise Beschäftigung eines »Privatkochs« mehr oder weniger stark entlastet werden kann.
Im Prinzip sind die meisten der die Umwelt belastenden Kauf- und Konsumaktivitäten dem »Bequemlichkeitskonsum« zuzurechnen. Das gilt nicht nur für den Kauf von Nahrungsmitteln, die man lieber servierfertig in einem für die Umwelt problematischen Plastikbecher als lose in Papier verpackt einkauft; für den Kauf von Getränken in Einwegverpackungen (z. B. Einweg-Flaschen, Dosen, Kartons, Plastikflaschen) statt in Pfand-

flaschen, was einem das lästige Zurückbringen zum Händler ersparen soll; für die »5-Minuten-Terrine«, bei welcher der nur einmal benutzbare Plastik-Eßbehälter gleich mitgeliefert wird und dem Verbraucher auf diese Weise das Bereithalten, das Umfüllen und den Abwasch einer besonders zu verwendenden Suppentasse o. ä. ersparen soll; für Einweg-Spraydosen, die u. U. sogar mit FCKW-Treibgas gefüllt sind und dem Verbraucher die Handbetätigung eines Pumpzerstäubers ersparen sollen; für die Einkaufstüte aus Plastik, die das Mitnehmen einer eigenen mehrfach verwendbaren Einkaufstasche erübrigt; für den Zahnpastadosierspender aus Plastik, welcher die Zahnpastatube ersetzen und das mit ihr verbundene umständliche Ausquetschen überflüssig machen soll; für das Vollwaschmittel, welches bei 30 °, 60 ° und 95 °C universal einsetzbar ist und dem Verbraucher ersparen soll, eine zweite, jedoch umweltfreundlichere Waschmittelart, die nur bis 60 °C einsetzbar ist, zu lagern. Im Prinzip trifft das für alle diese konventionellen Waschmittelarten zu, die viel leichter zu handhaben sind als die ökologisch exakter dosierbaren Waschmittel mit drei Komponenten, welche ähnlich einem Baukastensystem sich aus einem Grundwaschmittel, einem Enthärter und einem Bleichmittel zusammensetzen. Die Benutzung des privaten Pkw statt umweltfreundlicherer Alternativen (z. B. Fahrgemeinschaften, öffentliche Verkehrsmittel, Fahrrad, zu Fuß) kann auch dem »Bequemlichkeitskonsum« zugeschrieben werden, wie die Benutzung des elektrischen Fahrstuhls statt der Treppen, des elektrischen Wäschetrockners statt der Wäscheleine, die Verwendung von Salz als winterliches Streumittel gegen Glätte statt eines Sandgranulates usw.
Weiterhin wird die Endphase eines jeden Konsums, nämlich die *Müllbeseitigung*, von der »Bequemlichkeit« der Verbraucher geprägt; denn nicht jeder bringt sein Altpapier, seine Einweg-Flaschen, seine abgetragene Kleidung, Farbreste, Chemikalien, Batterien, Medikamente zu den entsprechenden Recycling- oder Sondermüll-Sammelstellen. Das »Entsorgen« dieser gebrauchten Rohstoffe bzw. dieses Abfalls ist in der häuslichen Mülltonne mit viel weniger Umstand verbunden.
Der »Bequemlichkeitskonsum« ist nicht nur stark vom »Konsumpassivismus« [1] geprägt, sondern er kultiviert ihn regelrecht. Doch kehrt sich der Trend zum »Bequemlichkeitskonsum« auch schon teilweise um, und zwar dann, wenn es auf besondere Qualität (Geschmack, Gesundheit; Design, Paßgenauigkeit) ankommt. Hier werden unter der Bezeichnung *Hobby* wieder alte produktive Aufgaben neu übernommen, z. B. Einmachen von Obst, Brotbacken, Stricken, Basteln, Kosmetikartikel erstellen. Zum anderen kann man eine solche Kehrtwendung beobachten, wenn der Verbraucher finanzielle Einsparungen erzielen kann oder Unternehmen aufgrund von Personalabbau kostengünstiger anbieten können. Das gilt für die Selbstbedienung im Lebensmitteleinzelhandel, die Selbstabholung

und -montage von Möbeln, aber auch für den Heimwerkerbereich (vom Tapezieren bis zum Installieren und Reparieren) und für Ferienwohnungen (mit Selbstversorgung).
Der »Bequemlichkeitskonsum entlastet den Haushalt u. a. von produktiven hauswirtschaftlichen Leistungen. Dafür aber ist immer ein Mehrpreis zu bezahlen. Demgegenüber spart der Verbraucher Zeit ein, benötigt keine besonderen Haushaltsgeräte und braucht nicht bestimmte hauswirtschaftliche Kenntnisse zu erwerben und Fertigkeiten zu erlernen. Ob unter Abwägung dieser Aspekte inklusive möglicher qualitativer Einbußen bzw. zunehmender Umweltbelastungen die Mehrausgaben für den »Bequemlichkeitskonsum« zu vertreten sind, hat der einzelne Verbraucher selber zu entscheiden. Dort aber, wo ein Verbraucher über wenig Geld, mehr Freizeit, entsprechende hauswirtschaftliche Geräte, Kenntnisse und Fertigkeiten verfügt, deutet ein allzu häufiger »Bequemlichkeitskonsum« jedoch auf eine Fehlentwicklung hin.

[24] Aktualitätsstreben

Ist der Verbraucher besonders empfänglich für neu auf den Markt kommende Waren, liegt ein »Aktualitätsstreben« vor. Die Gründe für ein solches Kauf- und Konsumverhalten sind vielschichtig. Einige sollen erläutert werden:

- *Streben nach Veränderung:* Riemann (1985, S. 156) spricht diesbezüglich von der »Angst vor dem Endgültigen«, die dazu führen kann, daß mancher Verbraucher in seinem Kaufverhalten regelrecht vom »Zauber des Neuen«, vom »Reiz, Unbekanntes kennenzulernen«, und von der »Freude am Wagnis« bestimmt wird. Im Gegensatz hierzu steht das »Streben nach Dauer«, die »Angst vor Wandlung« (ebenda, S. 105ff.), wie sie im »Gewohnheitskonsum« [4] zum Ausdruck kommen kann.
- *Neugierde-Bedürfnis:* Nach Maslow (1981, S. 75ff.) hat der Mensch ein »Verlangen nach Wissen und Verstehen«. Hat ein Verbraucher seine Bedürfnisse befriedigt, lehnt er »sich nicht einfach in seinen Stuhl zurück und wartet, bis diese Bedürfnisse erneut auftreten; vielmehr wird er neugierig und beginnt, seine Umwelt zu erkunden« (Delhees 1975, S. 14). Die Neugier kann sich beim Verbraucher darin erschöpfen, daß er Konsumneuheiten kauft und ausprobiert.
- *Neuigkeitsvorliebe:* Schon Veblen (1981, S. 134) spricht von einer »Vorliebe aller Menschen für das jeweils Neue«. Und Scitovsky (1977, S. 36) führt aus, daß »alles Überraschende, das anders ist als das, was bisher war ... die Aufmerksamkeit auf sich zieht und daher stimulierend wirkt«. Schließlich weist Fromm (1980, S. 76) darauf hin, daß der Verbraucher ein »Bedürfnis nach *neuen* Reizen (hat), da die alten nach kurzer Zeit schal und uninteressant werden«.

- *Fortschrittgläubigkeit:* Hierunter ist jene Einstellung der Verbraucher zu verstehen, daß das Neue stets besser als das Alte sei (vgl. Hunziker 1972, S. 86). »Das Neue beansprucht den Vortritt, weil es... unterstellt, das Bessere zu sein. Nicht das Produktionsdatum als solches macht ein Gut zur Neuheit, sondern die Annahme, daß sich in ihm die neue Stufe des technischen Fortschritts verkörpert. Was später kommt, ist deshalb auch besser, denn Zeit und Fortschritt, sie streben im Gleichtakt voran« (Sachs 1990, S. 167).
- *Prestige:* Der Kauf von Neuheiten kann dem Verbraucher Anerkennung verschaffen, weil er nicht nur »up to date«, sondern »den anderen einen Schritt voraus« ist (Hunziker 1972, S. 86).
- *Streben nach einem neuen Lebensgefühl:* Man »erneuert... sich selbst, wenn man Neuheiten benützt: Der Kauf verspricht einem ein ›neues Lebensgefühl‹« (ebenda).
- *Beziehungsunfähigkeit gegenüber alten Dingen (Wegwerfmentalität):* Fromm (1980, S. 75) beschreibt diesen Aspekt wie folgt: »Früher hegte und pflegte man alles, was man besaß, und benützte es solange nur irgend möglich. Man kaufte, um zu behalten. Das Motto lautete: ›Alt ist schön!‹ Heute kauft man, um wegzuwerfen. Verbrauchen, nicht bewahren, lautet die Devise. ... Erwerben – vorübergehend besitzen und benützen – wegwerfen (oder... eintauschen) bzw. aufs neue erwerben: das ist der Kreislauf; sein Motto lautet: ›Neu ist schön!‹«

Dem »Aktualitätsstreben« tragen die Unternehmen bei ihrer Warengestaltung und Werbung Rechnung. Sie nehmen laufend mehr oder weniger wesentliche Produktveränderungen vor und präsentieren gegenüber den Verbrauchern diese Veränderungen als die Lebensqualität erhöhende Neuheiten. Die Unternehmen erhoffen sich, daß die Verbraucher zum erstmaligen Kauf der veränderten Warenmarken angeregt werden (»Erstkäufe«) oder sich dazu veranlaßt fühlen, ihre »Ersatzkäufe« vorzuverlegen. Einen Grund für letzteres finden die Verbraucher immer. Die Präsentation einer Neuheit kann vielfach zu einer »Abwertung des Bestehenden« führen, und aus der »Abwertung des Bestehenden« zieht eine Neuheit zusätzlichen »Glanz« (vgl. Sachs 1990, S. 168).
Beispiele für so verstandene *»Neuheiten«* finden sich in allen Bedarfsbereichen. Z. B. im Ernährungsbereich (»Neu! Cherry Coca-Cola... mit Kirschgeschmack«), im Genußmittelbereich (»NEU & STARK. Die L & M full flavour.« – Zigarette), im Pflegebereich (»Der neue Weiße Riese«), im Fotobereich (»Weltneuheit – Ab sofort sind einige Spitzenkameras veraltet«), im Bekleidungsbereich (»Neu mit Goretex-Membrane«), im Möbelbereich (»Neu, ohne Formaldehyd«), im HiFi-Bereich (»Neu von Onkyo: CD-Spieler mit OPTO-Coupling.«), im Autobereich (»Der neue Nissan Sunny... Die neue Sunny Technik-Garantie... Neu!

Schadstoffarm und steuerfrei... Neu! Sunny Limousine... Neu! Sunny Traveller... Neu! Sunny Coupé.«), im TV-Bereich (»Neu. Die Black Triniton-Technologie«), im Haushaltsgerätebereich (»Die neue Krups rotary Electronic«), im Filmbereich (»Das Farbwunder. Jetzt ist das Rot roter, das Gelb gelber... der neue Kodakcolor Gold«), aber auch im Pflanzenbereich (man denke nur an die steigende Zahl von Neuheiten, die seit den letzten Jahren bei Zimmerpflanzen angeboten werden, vgl. zu weiteren Beispielen Menge 1974, s. 21 ff.).

Die *Lebensmittelbranche* liefert vielfältige Beispiele. Hierzu zählt die verstärkte Einführung fremdländischer Obst- und Gemüsesorten; die Umzüchtung konventioneller Gemüsesorten (in Größe bzw. Farbe); die Reduktion industriell erstellter Lebensmittel auf nur einige wenige Eigenschaftsmerkmale (z. B. salz-, fett-, kalorien-, koffein-, alkohol-, cholesterinreduzierte Produkte). Ist bei den industriellen Lebensmitteln eine Veränderung ihrer Eigenschaftsmerkmale (z. B. durch andere Zutaten, Zusatzstoffe; Rezepte, Herstellungsverfahren) nicht möglich oder »rechnet« sie sich nicht, genügt es, wenn lediglich die Verpackung dieser Lebensmittel verändert oder das Lebensmittel mit einer Zugabe (z. B. Bilder, Rätsel, Spielzeug) versehen wird, um sie im Handel mit dem aufmerksamkeitsweckenden Prädikat »NEU« anzubieten.

Das »Aktualitätsstreben« stellt eine Fehlentwicklung dar, wenn eine Neuheit gekauft wird, die gar nicht das Prädikat »NEU« verdient. So werden manche Lebensmittel noch bis zu 1 ½ Jahren nach ihrer erstmaligen Markteinführung als »NEU» angeboten. Eine Fehlentwicklung liegt aber auch dann vor, wenn der Verbraucher unkritisch jede als Neuheit herausgestellte Ware kauft. Dies kann ihm bei preiswerten Verbrauchswaren (Obst, Süßigkeiten, Alkohol, Pflegemittel) besonders leichtfallen. Ebenfalls problematisch wird der Kauf »neuer« Waren u. a.,

- wenn es sich um eine wirkliche Neuheit handelt (sog. *Innovationen*), der Verbraucher aber nicht über genügend Kaufkraft verfügt;
- wenn der Mehrpreis einer Neuheit nicht durch eine entsprechende Nutzenerhöhung gerechtfertigt ist;
- wenn in der Folge eine andere noch intakte und konsumierbare Ware, welche einen vergleichbaren Nutzen stiftet, weggeworfen oder zu einem zu niedrigen Preis in Zahlung gegeben wird (sog. vorgezogener Ersatzkauf). Das »Aktualitätsstreben« stellt hier eine Variante des »Unter-Sättigungs-Konsums« [8] dar.

[25] Sicherheitsstreben

Gronemeyer (1988, S. 49) spricht davon, daß das Streben nach Sicherheit »unstillbar« ist, sind doch die »möglichen Gefahren des Lebens... unendlich«. Daher wirkt ein »ein für allemal gelöstes Sicherheitsproblem... nicht etwa beruhigend, es stimuliert vielmehr immer ausgeklügeltere, feinsinnigere Gefahrenerkennung, die Entdeckung immer neuer Sicherheitslücken und die immer perfektere und raffiniertere Gegenwehr« (ebenda). Solches »Sicherheitsstreben« macht sich nicht nur bei den Verteidigungs- und Rüstungsbemühungen einzelner Nationen bemerkbar, sondern es schlägt sich auch im Konsumverhalten der Verbraucher nieder. Daß das »Sicherheitsstreben« nicht ermüdet, dafür sorgen die Unternehmen mit einem vielfältiger werdenden Angebot von Sicherheit schaffenden Sachleistungen oder von Sicherheit versichernden Dienstleistungen.

So ist das Angebot an Versicherungen nahezu unüberschaubar. Es gibt: Aussteuer-, Kranken-, Krankenhaustagegeld-, Lebens-, Unfall-, Pflegefall-, Sterbegeldversicherungen; Kfz-Haftpflicht-, Teil-/Vollkasko-, Gepäck-, Insassenunfall-, Reiserücktritts-, Regen-/Schnee-Versicherungen und In- bzw. Auslands-Schutzbriefe; Sicherheit versprechende Mitgliedschaften in Automobilclubs bzw. Mietervereinen, »Mobilitätsgarantien« von Reparaturwerkstätten; Gebäude-, Grundstück-, Hausrat-, Glas-, Feuerversicherungen; Hunde-, Sportboot-, Ski-, Waschmaschinen-/ Geschirrspüler- / TV- / Videogeräte-Reparaturkosten-Versicherungen (mit einer Jahresprämie pro Gerät bei der »Quelle + Partner VersicherungsAG« ab 208,80 DM (Stand: 1989)); Privathaftpflicht-, Rechtsschutzversicherungen usw. Wollte ein Verbraucher alle diese Versicherungen in Anspruch nehmen, wäre dies für ihn nahezu unbezahlbar. Es bliebe ihm für die Befriedigung anderer Bedürfnisse kaum noch Geld übrig.

Aber auch das Angebot an Waren, die dem Verbraucher mehr Sicherheit verschaffen, vor Gefahren schützen wollen, wird immer größer. Das gilt für das private Automobil: Zwei- bzw. Drei-Kreis-Bremssystem, Negativer-Lenk-Roll-Radius, Einzelradaufhängung, Scheibenbremsen vorn und hinten, Verbundglasscheibe, Halogen-Hauptscheinwerfer, Nebelschlußleuchte, automatische Sicherheitsgurte, eingebaute Knautschzonen; »Regen«- bzw. Breitreifen u. U. mit einer besonderen Sicherheitsgasmischung als Luftersatz; ABS-Antiblockierbremssystem, Allrad-Antrieb mit flexibler Momentverteilung und Abkopplung durch hydraulische Lamellenkupplung inkl. Sperrdifferential, Allrad-Lenkung; ein zweites Paar Bremsleuchten, extra Nebel- und Fernlichtscheinwerfer; automatisch ausfahrbare Spoiler, heizbare Außenrückspiegel; Scheinwerferwaschanlage; Fehler anzeigende Bordcomputer; Sicherheit versprechende 170 bzw. gar 250 PS Motorleistung; Air-bag-Aufprallschutz, »Pro-con-ten«-Sicherheitsgurtanspannsystem; elektronisch arbeitende Diebstahlsicherungssysteme; Autoradios mit automatischer Verkehrsfunkdurchsage inkl. Code-Kontrollsystem gegen Diebstahl; Auffahr-Radar, Aquaplaning-Laser-, »Polizei-Radarfallen«-Warnsysteme; unter der Straßendecke und in Autos installierte Verkehrsleitsysteme für eine sichere Navigation.

Das »Sicherheitsstreben« beschränkt sich aber nicht nur auf die Unfallverhütung. Es kann auch die *Gesundheitsvorsorge* betreffen. Das gilt für den auch als *»Reinlichkeitsstreben«* zu bezeichnenden Versuch mancher Verbraucher, mit den verschiedensten Reinigungs- und Desinfektionsmitteln ihren Haushalt möglichst bakterien- und keimfrei zu bekommen. Oft werden nur noch Waren gekauft, die das Prädikat »BIO« tragen, ohne zu hinterfragen, ob dieses Prädikat zu Recht besteht.
Weiterhin kann sich das »Sicherheitsstreben« auf die Vermeidung von *qualitativen Risiken* konzentrieren. Das trifft zu, wenn ein Verbraucher ausschließlich bekannte Markenartikel (vgl. »Marken-Treue« [45]) bzw. Hochpreisprodukte (vgl. »Preis-Kauf« [50]) kauft. Er erhofft sich, daß der Mehrpreis, den er für solche Waren zu bezahlen hat, für eine bessere Qualität und folglich für eine geringere Reparaturanfälligkeit und längere Haltbarkeit bürgt.
Ebenfalls können für den Verbraucher potentielle bzw. auch eingebildete *soziale Sanktionen* eine »Gefahr« darstellen. Insofern ließe sich auch der Kauf modischer Waren so begreifen (vgl. »Modekonsum« [30]), so verhilft die Mode jenen Verbrauchern, die keinen eigenen Designgeschmack haben, eine von der Gesellschaft »akzeptierte« Ware zu finden. Die totale Anpassung an das Konsumverhalten der Mehrheit (vgl. »Mitläufer-Effekt« [36]) läßt sich ebenfalls auf das »Sicherheitsstreben« zurückführen.
Je mehr Versicherungen ein Verbraucher abgeschlossen hat und je häufiger gesundheitliche, finanzielle und »soziale« Sicherheit garantierende Waren zu höherem Preis gekauft werden, je lebensnotwendiger für einen Verbraucher die Abwendung von Gefahren wird und je mehr Bedarfsbereiche seines Haushalts hiervon erfaßt oder gar bestimmt werden, desto eher scheint sich sein »Sicherheitsstreben« fehlentwickelt zu haben (vgl. auch Maslow 1981, S. 70).
Die Unternehmen sind sich der Bedeutung des »Sicherheitsstrebens« für den Kaufentscheid bewußt. Um das »Sicherheitsstreben« der Verbraucher anzusprechen, greifen sie bevorzugt auf die Werbung zurück. »Gibt es doch kaum ein Verkaufsobjekt, das nicht auch unter Sicherheits- und/oder Gesundheitsaspekten beleuchtet werden könnte« (Bänsch 1986, S. 27). Die folgenden Auszüge aus Anzeigentexten, die in Publikumszeitschriften erschienen sind, mögen dies verdeutlichen: »Das Sicherheitskonzept von BMW...«, »Jetzt gibt es Sicherheit für alle.« (Opel), »Diese ungewöhnlich intelligente Technik führt zu höchster Fahrsicherheit...« (Citroën), »Niemand bietet Ihnen mehr Sicherheit, versprochen ist versprochen...« (VW), »BP Strato. Hochleistungsöl. Mit Sicherheit...«; »Der sichere Weg zum perfekten Videofilm...« (Canon), »Sony VHS-Cassetten halten es für Sie fest. Mit Sicherheit. Denn sie sind speziell für die dauerhafte Sicherung Ihrer Aufnahmen entwickelt...«; »Ein Dach

von Braas gibt Ihren Lieben die nötige... Sicherheit«; »Ihr Schlüssel. DOM Sicherheitstechnik.«; »Pharma-Fortschritt. Er gibt mir täglich Sicherheit.«; »... der sicherste Weg zu einer absolut originalgetreuen Musikreproduktion...« (Onkyo); »Unsere Festverzinslichen geben Ihnen damit die Sicherheit, die Sie sich für Ihren Lebensstandard wünschen...« (Hypothekenbank), »Sicherheit ohne Kursrisiko...« (Bundesschatzbriefe), »Die sicherste Rendite...« (Sparkasse); »Um Ihre Sicherheit sollten Sie sich Gedanken machen. Aber keine Sorgen...« (Die Versicherungen).

[26] »USP-Kauf« (Unique-Selling-Proposition)
Die Qualität einer Ware wird von einer großen Vielzahl von objektiven, subjektiven und imaginären Eigenschaftsmerkmalen bestimmt. Neben dem Preis der Ware stellen sie die Faktoren dar, die *alle* die Kaufentscheidung eines Verbrauchers beeinflussen können. Der Regelfall ist dies nicht. Meist besitzt nur eine kleinere Anzahl von Faktoren (max. 3 bis 7) Kaufentscheidungsrelevanz. Die Gründe hierfür sind letztlich in der beschränkten Kapazität zur Informationsverarbeitung und der beschränkten Markttransparenz der Verbraucher zu suchen. Reduzieren sich die Überlegungen eines Verbrauchers soweit, daß nur noch ein *einziger* Faktor, ein einziges Verkaufsargument (unique-selling-proposition), darüber entscheidet, welche Warenmarke gekauft wird, liegt ein »USP-Kauf« vor. Dieser eine Faktor kann:

- ein einziges Eigenschaftsmerkmal oder eine sehr ähnliche Eigenschaftsmerkmalgruppe sein (besondere technische Merkmale, bestimmte Geschmackskomponenten; ein Bündel zusammenhängender Eigenschaftsmerkmale, welche die Wirtschaftlichkeit und Umweltfreundlichkeit der Ware prägen);
- ein besonderes Eigenschaftsmerkmal der Verpackung sein, in die die bevorzugte Ware eingehüllt ist (z. B. transport-, gebrauchs-, umweltfreundlich);
- ein besonders günstiger Preis sein, der einmalig oder nur für eine kürzere Zeit gewährt wird.

Der »USP-Kauf« stellt immer dann eine Fehlentwicklung dar, wenn der Verbraucher bei Kenntnis mehrerer oder aller Faktoren die Ware, für die er sich auf Grund nur eines Faktors oder einer Faktorengruppe entschieden hat, nicht gekauft hätte. Dies schließt jenen irreführenden Fall mit ein, daß eine Ware überhaupt nicht die herausgestellte einzigartige Eigenschaft besitzt oder daß die Eigenschaft gar nicht einzigartig ist, weil auch konkurrierende Waren sie aufweisen.
Die Unternehmen fördern den »USP-Kauf«. Auf diese Weise haben sie die Chance, Waren zu verkaufen, die bei Abwägung mehrerer Faktoren

vom Verbraucher nicht gewählt würden. Die Werbung, die Verkäuferberatung und teilweise auch die Markierung gehören zu den wichtigsten Instrumenten der Beeinflussung. Mit Hilfe dieser Marketinginstrumente werden dem Verbraucher Informationen über einen Faktor derart überzeugend präsentiert, daß er mangels Sachkenntnis diesen als zentrale Größe für seine Kaufentscheidung ansieht. Unterstützung findet dabei die Werbung durch die Waren- und Verpackungsgestaltung. Werden doch die entsprechenden Waren und Verpackungen von den Ingenieuren – u. U. auf Anregung der Werbeabteilung – so konstruiert, daß sich aus ihrer Qualität ein »USP« ableiten läßt.
Das »USP-Kaufverhalten« kann gefördert werden, wenn die Unternehmen zusätzlich noch das »Aktualitätsstreben« [24] der Verbraucher ausnutzen, indem das einzigartige Eigenschaftsmerkmal auch noch als »NEU herausgestellt wird.
»USP-Käufe« können alle Bedarfsbereiche betreffen. Beispiele aus der Anzeigenwerbung sollen diese Möglichkeit verdeutlichen: »Wasa-Knäkkebrot... mit 24% Ballaststoffen«, »Esprit de Bols... Ein aufregend neuer Geschmack«, »LINIE Aquavit erreicht den Gipfel seiner einzigartigen Reife auf See«, »Elmex enthält die wirksamste Fluoridverbindung, die es für den Schutz Ihrer Zähne gibt: Aminfluoride. Sie werden bereits nach wenigen Sekunden wirksam...«; »Braun silencio. Der einzige silencio. So leise... und so stark...« (Haarföhn), »Spart Montag bis Sonntag... Energiespar-Gefriertruhe Arctis von AEG«, »Bosch-Aqua-Stopp: das Dreifach-Sicherheits-System für Waschvollautomaten«, »Mehr Wirkung durch intelligente Technik. INTERPLAK wirkt und rotiert von selbst...« (elektrische Zahnbürste), »Die neuen Kleinkopierer. Kommen ohne Wartung aus...« (Canon), »Je luxuriöser die Wanne, desto solider sollte das Material sein. Am besten aus 3,5 mm starker Stahl-Email von Kaldewei«; »Nikon 501. Die Kamera des Jahres in Europa... Als einzige Kamera der Welt hat sie zwei Autofokus-Funktionen...«, »Varta hat bis zu 5x mehr Energie« (Batterien), »Die Schweizer Uhr aus Urgestein. RockWatch«, »Sony Dynamicron... Als einziges von 10 getesteten Bändern in der Bildqualität SEHR GUT« (Video-Band); »Testen Sie Ihrer Haut zuliebe hypoallergene Kosmetik« (PHAS); »In unseren Fußballschuhen ist AIR...« (Nike); »Dunlop Breitreifen. Die Haftbreitreifen«; »Bio-Nachtwäsche stark im Trend!«; »Gothaer Lebensversicherung... doppelte Leistung zum einfachen Preis...«; »Das ist einmalig. Staatlich garantierte Einzel-Gewinne bis zu 5 Millionen.« (Süddeutsche Klassenlotterie); »Der Clou: Besserer Klang trotz geringerer Gehäuse-Abmessung(!) durch ein computerberechnetes Resonanzkammerhorn...« (Nordmende Fernseher).

[27] »Grenzqualitätsstreben«

Werden vom Verbraucher Waren nachgefragt, die wohl teurer als andere, dafür aber qualitativ besser sind, so ist dagegen grundsätzlich nichts einzuwenden. Handelt es sich aber bei diesen qualitativen Verbesserungen nur um unerhebliche Feinheiten, um marginale Differenzierungen von konkurrierenden Waren und liegen diese Verbesserungen mehr in der ständigen belanglosen Veränderung von Geschmackskomposition bzw. Formgebung, so kann das Verhalten eines Verbrauchers, der sich von diesen marginalen Qualitätsveränderungen zu stark beeinflussen läßt, als eine Fehlentwicklung (»Grenzqualitätsstreben«) angesehen werden. Das gilt umso mehr, als diese »Verbesserungen« wohl meßbar, aber für den Konsum an der Grenze zwischen bemerkbar und nicht bemerkbar bzw. notwendig und nicht notwendig liegen.

Das »Grenzqualitätsstreben« wird wesentlich durch die Neigung der Verbraucher zur »Bedarfsanreicherung« [18] und durch den »Angebotseffekt« [11] beeinflußt. Es ist am stärksten in jenen Bedarfsbereichen zu beobachten, wo eine größere Anzahl von Unternehmen ihre Waren anbieten, weil hier jedes Unternehmen gezwungen ist, sich von der Konkurrenz abzuheben. Von der marktwirtschaftlichen Idee her sollte dies durch entsprechende Preis- oder Qualitätsgestaltung erfolgen. Meist findet nur eine Abhebung über z. B. die Werbung, Verpackungsgestaltung, Markierung oder über marginale Veränderungen objektiver, subjektiver oder gar nur imaginärer Eigenschaftsmerkmale statt. So zeigen immer wieder Veröffentlichungen unabhängiger Warentestinstitutionen das Vorliegen insbesondere marginaler Unterschiede bei den objektiven Eigenschaftsmerkmalen auf. Obwohl die Hersteller z. B. in ihren Prospekten auf die große Bedeutung der verschiedensten objektiven Eigenschaftsmerkmale hinweisen, schlägt sich dies in den Testurteilen kaum nieder. Wenn es doch zu größeren Unterschieden in den Testurteilen kommt, so liegt das meist an Eigenschaftsmerkmalen, die tunlichst verschwiegen werden.

[28] Originalitätsstreben

Der manchmal etwas snobistisch anmutende Hang des Verbrauchers, das Original einer Ware höher zu bewerten als ihre Kopie und sich beim Kauf möglichst für das Original zu entscheiden, soll hier als »Originalitätsstreben« bezeichnet werden (vgl. auch Scitovsky 1977, S. 218ff.). Die Problematik eines solchen Kaufverhaltens herauszustellen ist äußerst schwer. Liefert doch das Original einen Zusatznutzen, den eine Kopie nicht bieten kann, z. B. strahlt eine »Life«-Musikveranstaltung eine von den Künstlern und den Zuschauern geprägte Atmosphäre aus, die eine Aufzeichnung auf Platte oder Video nicht wiedergeben kann. Zum anderen bringt das »Originalitätsstreben« einen bestimmten Sachverstand, eine »Kennerschaft«, zum Ausdruck.

Das »Originalitätsstreben« »beruht ... auf dem natürlichen Wunsch nach einem Maximum an ... Reizgenuß« (ebenda, S. 221). Es gleitet jedoch sehr schnell zu einer Fehlentwicklung ab, wenn:

- der Verbraucher nicht selbst in der Lage ist, das Original von der Kopie zu unterscheiden;
- der Verbraucher nicht selbst, sondern nur mit Hilfe von Experten imstande ist, den Unterschied zwischen Original und Kopie herauszuarbeiten;
- der Mehrpreis des Originals für den Verbraucher finanziell nicht vertretbar ist;
- der Verbraucher das Original aus Gründen kauft, die nicht in der Qualität des Originals zu finden sind (z. B. um Anerkennung wegen »Kennerschaft« oder »Finanzkraft« zu erlangen) (vgl. »Prestige-Kauf« [33]).

Die Anzahl der Waren, bei der man sich zwischen Original und Kopie entscheiden kann, ist relativ klein. Hierzu zählen hauptsächlich die mehr oder weniger wertvollen »Kunst«-Werke, wie Gemälde (gegenüber Kunstdrucken), Plastiken (bzw. Abgüsse), Musikaufführungen (bzw. Schallplattenaufzeichnungen), Schmuckstücke aus Edelmetall (bzw. Modeschmuck aus Plastik), Unikat- bzw. Antiquariats-Möbel (bzw. Serienprodukte), Modellkleidung (bzw. Konfektionsware). Es gibt aber auch ausgefallene oder delikate »Konsum«-Werke der Möbel-, Bekleidungs-, Schmuck-, Genußmittelbranche u. a., von denen ebenfalls ein Hauch von »Originalität« ausgehen kann.
Sowohl die Produzenten von »Kunst«- als auch die von »Konsum«-Werken machen sich das »Originalitätsstreben« der Verbraucher zunutze. Hierauf deuten u. a. hin: die hohen Eintrittspreise für immer wiederkehrende »Life«-Veranstaltungen der E- und U-Musik, aber auch von Tennis und Fußball; die Herausstilisierung von im Reproduktionsverfahren -zigfach, hunderfach, manchmal auch über tausendfach hergestellten Skulpturen bzw. Bildern; (so wendet ein bekannter Maler eine Technik an, mit der er aus einem Motiv durch ständige Farbveränderung bis zu 10000 farbverschiedene »Original«-Bilder erstellt); die als solche nicht erkennbare mangelhafte Qualität extrem teurer Genußmittel, das gilt für manchen »ausgezeichneten« Wein, der gepanscht oder gezuckert wurde und an »Kenner« zu hohen Preisen verkauft wurde; die Vermassung des Originalitätsgedankens für die Serienfertigung von reinen Konsumartikeln. (So werden bestimmte Autos, Kameras, Uhren in bestimmten Ausfertigungen und mit besonderen Ausstattungspaketen nur in einer »limitierten« Menge produziert, wobei die Höhe des Produktionsmengenlimits teilweise noch nicht einmal bekannt oder im voraus festgelegt ist, sondern von der Zahl der Bestellungen abhängt); die Herausarbeitung eines in der Massenproduktion hergestellten Artikels des Verbrauchs- oder Ge-

brauchswarenbereichs als »Original« – und der von der nachziehenden Konkurrenz angebotenen Artikel als »Imitation« –, nur weil dieser Artikel einmal als erster auf dem Markt angeboten wurde.

[29] Schönheitsstreben

»Es gibt Menschen, die nach Schönheit in ihrer Umwelt geradezu ›dürsten‹ – die reinen Ästheten« (Delhees 1975, S. 14). Alles, was sie sich kaufen, muß schön aussehen (»Schönheitsstreben«). Wann ein solches Verhalten zur Fehlentwicklung wird, läßt sich nicht eindeutig festlegen. Allgemein könnte man sagen, daß eine Fehlentwicklung am ehesten vorliegt, wenn:

- die »schönere« Ware einen höheren Preis hat; denn wären die »schöneren« Waren bei vergleichbarer Gebrauchstauglichkeit nicht teurer, bliebe das »Schönheitsstreben« folgenlos und man könnte es somit als unproblematisch ansehen;
- die »schönere« Ware nur wenig genutzt wird; so ist es nicht einzusehen, daß beim Kauf von Alpinski, die nur während eines 14tägigen Urlaubs genutzt werden, verstärkt auf das Design geachtet wird;
- die »schönere« Ware, wenn man sie nicht nutzt, an einem nicht sichtbaren Ort aufbewahrt wird. Das gilt für eine Vielzahl von Haushaltskleingeräten, die die meiste Zeit im Küchenschrank oder Abstellraum »versteckt« auf ihre Nutzung warten, etwa Staubsauger, Friteuse, Waffeleisen, Bügeleisen; Bohrmaschine, Diaprojektor, Haushaltsleiter;
- die »schönere« Ware nicht am eigenen Körper getragen wird. Bei der Auswahl eines Mantels, einer Bluse oder eines Schuhes ist es eher angebracht, seinem Schönheitsempfinden zu folgen, als bei der Auswahl eines anderen Artikels für den täglichen Bedarf;
- die »schönere« Ware nur wegen ihrer »Schönheit«, nicht aber wegen ihrer Gebrauchstauglichkeit gekauft wird (z. B. Bücher in einem hochwertigen Buchdeckeleinband oder optische »Tuningmaßnahmen« bei Autos). Dabei ist die Gebrauchstauglichkeit (z. B. Haltbarkeit) oft schlechter als die bei vergleichbaren, aber nicht so »schönen« Waren (z. B. bei manch modischen Waren);
- die »Schönheit« einer Ware durch Farben erzeugt wird, die gesundheitlich oder ökologisch problematisch sind (z. B. cadmiumhaltige bzw. lösungsmittelhaltige Farben bei Gebrauchswaren und künstliche Farbstoffe bei Lebensmitteln, wie etwa Tartrazin (E 102), Gelborange S (E 110), Azorubin (E 122), Cochenillerot A (E 124), Brillantschwarz BN (E 151), Rupinpigment (E 180)).

Das »Schönheitsstreben« hat große Ähnlichkeit mit dem »Perfektionsstreben« (21). Im Mittelpunkt des Kaufinteresses stehen bei einem vom »Schönheitsstreben« bestimmten Verbraucher jedoch nicht die qualitativ

hochwertigsten, sondern die optisch ansprechendsten Waren. Letztlich entspricht das »Perfektionsstreben« dem »Schönheitsstreben«, wenn mit jeder Verbesserung der Gebrauchstauglichkeit auch eine Steigerung der »Schönheit« einhergeht.
Die Schönheit spielt im Konsumwarenbereich eine wichtige Rolle. Verbraucher können ein ausgeprägtes ästhetisches Empfinden haben, Maslow (1981, S. 79) spricht von einem ästhetischen Bedürfnis. Sie können leichter das subjektive Eigenschaftsmerkmal »Schönheit« als die objektiven Eigenschaftsmerkmale, welche die Gebrauchstauglichkeit einer Ware bestimmen, beurteilen. Andererseits vermögen die Unternehmen meist leichter (d. h. kostengünstiger und schneller) auf die jeweilige Warengestaltung ihrer Konkurrenten zu reagieren. Es ist daher nicht erstaunlich, wenn die »Schönheit« im Konsumwarenbereich eine vorherrschende Rolle einnimmt. Das gilt insbesondere für viele Gebrauchswaren.
Aber auch bei der Produktion von Konsumwaren steht das »Schönheitsstreben« im Mittelpunkt. Das kann man nicht nur an der Verpackungsgestaltung, sondern auch an der Warengestaltung erkennen. So versuchen die Hersteller mit Hilfe von Farbzusätzen das Aussehen von Nahrungs-, Genuß- und Pflegemitteln zu beeinflussen und unter Ausnutzung biologischer Ausleseprozesse verstärkt die äußere Qualität (Form, Farbe, Größe), statt die innere Qualität (hier: Nährstoffe, Geschmack) von landwirtschaftlichen Produkten zu gestalten.

[30] Modekonsum
Eine Variante des »Schönheitsstrebens« ist der »Modekonsum«. Der Wunsch eines Verbrauchers, eine Ware zu kaufen, wird stark von der Art ihrer Oberflächengestaltung bestimmt. Neben dem Reiz nach »Schönheit« kommt jedoch beim »Modekonsum« noch der Reiz nach Neuheit, Abwechslung, Einheitlichkeit und Egalisierung zur Geltung. Der Verbraucher orientiert sich nicht nur an Waren mit einer schönen Umhüllung. Ebenso wichtig ist, daß diese Umhüllung innerhalb kurzer Zeitabstände geändert wird, dabei jeweils neue Formen bekommt und von dem Verbraucher angenommen wird. Während bei der »normalen« Oberflächengestaltung noch auf den Einfluß des Äußeren auf die Funktionsfähigkeit der Ware geachtet wird, spielt dieser Aspekt bei der »modischen« Oberflächengestaltung keine entscheidende Rolle mehr. Wiswede (1972, S. 264) spricht daher bei der Mode von einer »Oberflächendifferenzierung... die an der Peripherie der Güter das Belanglose variiert«.
Besonders deutlich kommt der »Modekonsum« im Bedarfsbereich *Bekleidung* zum Ausdruck. Durch einen im halbjährigen Rhythmus stattfindenden Wechsel in der Oberflächengestaltung (und zwar in Schnitt, Farbe, Ausstattung und Material) wird hier von den Unternehmen ver-

sucht, das »Mode«-Bedürfnis (vgl. Wiswede 1971, S. 82f., S. 85ff.) der Verbraucher zu stimulieren. Auch wenn unter dem Aspekt der fünf Grundelemente der Mode: Schönheit, Neuheit, Abwechslung, Einheitlichkeit und Egalisierung der »Modekonsum« als solcher nicht unbedingt von Anfang an eine Fehlentwicklung darstellt, deuten verschiedene Faktoren auf eine solche Tendenz. Das gilt um so mehr, wenn:

- der Modewechsel immer häufiger stattfindet und somit zum alleinigen Instrument der Unternehmen »degeneriert«, um ihren Umsatz zu erhöhen;
- die Veränderung der Oberflächengestaltung zu einer Verschlechterung der Gebrauchstauglichkeit führt, so läßt manche Schuhmode orthopädische Gestaltungsaspekte außer acht;
- die Haltbarkeit vermindert wird, um den Verbrauchern den Einstieg in die nächstens fällige Mode zu »erleichtern«; das gilt für jene modischen Produkte, die bewußt so konstruiert werden, daß sie nur eine Saison halten, was bei Bekleidung durch nicht abriebfeste Stoffe, wenig haltbare Nähte bzw. schlechte Pflegeeigenschaften machbar ist;
- die Mode einen Bedarfsbereich so vollständig erfaßt und die entsprechenden Waren so vereinheitlicht, daß der Verbraucher keine Möglichkeit hat, auf »zeitlos« gestaltete Waren auszuweichen;
- die Mode als »universelles Gestaltungsprinzip« auf immer mehr Bedarfsbereiche übergeht und »sich schließlich auf die Lebensweise des Menschen generell (ausbreitet)« (Wiswede 1972, S. 264). So findet man modische Waren nicht nur im Bekleidungsbereich, sondern in fast allen Bedarfsbereichen, wo Gebrauchswaren, Verbrauchswaren und auch Dienstleistungen *sichtbar* in Anspruch genommen werden; z. B. bei Möbeln, Haushaltskleingeräten, Uhren, Taschen, Kameras, Koffern, HiFi- und TV-Geräten, Bildern, Bettbezügen, Brillen, Schmuck, Kosmetika, Getränken, Musik, Haarfrisuren, Hunderassen, Blumen u. a. Ebenfalls richtet sich das Freizeitverhalten der Verbraucher immer mehr nach modischen Tendenzen aus. Das trifft für den Besuch »modischer« Restaurants zu (z. B. Lokale mit österreichischer Atmosphäre), für die Buchung »modischer« Urlaubsreiseangebote (Club-Reisen; Abenteuerreisen, Südseereisen), aber auch für die Ausübung »modischer« Sportarten (Monoski, Mountainbike-Fahrräder, Aerobic-Gymnastik, Paragliding, Drachenfliegen). Diese Trends werden von der Industrie aufgegriffen und gefördert. So ist zu beobachten, daß fast jede Sportart ihre eigene, typische Kleidungsmode hat (Fahrradfahren, Trekking, Alpin- und Langlauf-Ski, Jogging, Marathonlauf, Windsurfing, Triathlon, Golf, Tennis).
- die Bereitschaft, eine Mode mitzumachen, ausschlaggebend dafür wird, ob ein Verbraucher soziale Anerkennung erfährt oder nicht.

Eines spricht jedoch für den »Modekonsum«. Die Mode »befreit ... das Individuum von der Qual der Wahl ... Sie gibt (ihm) die Sicherheit, bei seinem Handeln nicht allein zu stehen« (Simmel 1986, S. 180) und hilft jenen Verbrauchern, die im eigenen Urteil unsicher sind, wie eine Ware vom Design her auszusehen habe, eine passende Ware zu finden. Die »modische« Ware entspricht nicht immer den »Schönheitsidealen«, von manchen wird sie sogar als häßlich eingestuft, gleichwohl kann der unsichere Verbraucher davon ausgehen, daß der Kauf einer modischen Ware – zumindest was das Design betrifft – keine völlige Fehlentscheidung ist; denn die Ware ist doch »modisch« und somit »up to date«.
Vor dem »Modekonsum« gefeit scheint nur jener Verbraucher zu sein, der stark vom »Streben nach einer unverwechselbaren Persönlichkeit, nach Eigensein und Ich-Abgrenzung« bzw. von einer Art »Angst vor Abhängigkeit« geprägt ist (vgl. allgemein hierzu Riemann 1985, S. 20ff.). Dieser entwickelt lieber seinen eigenen Konsum-Stil, statt sich irgendwelchen anderen Stil- oder Moderichtungen anzupassen.

[31] Kostspieligkeitsbedarf (»Veblen-Effekt«)
»Modische« Waren sind Massenwaren und für die »Masse« der Verbraucher gedacht. Nicht jeder Verbraucher wird daher bereit sein, sich – was die »Schönheit« einer Ware betrifft – einem »Modediktat« zu unterwerfen. Der Verbraucher ist jedoch in einem solchen Fall darauf angewiesen, ein eigenes Urteil über das Design einer Gebrauchsware, den Geschmack von Verbrauchswaren bzw. die atmosphärische Ausstrahlung von Dienstleistungen zu bilden und einen eigenen »Stil« zu finden. Greift er bei seinen Kaufentscheidungen auf andere Hilfsgrößen als die der Mode zurück, sind ebenfalls Fehlentwicklungen nicht ausgeschlossen. Das kann beispielsweise zutreffen, wenn ein Verbraucher nur noch solche Waren für »schön« hält, die

- eine bestimmte »Stil«-Richtung vertreten, etwa Waren mit einer besonderen Form (z. B. Landhausstil), aus einer besonderen Materialart (z. B. Edelmetall, Kaschmir-Wolle, Echsen-Leder, Wildkatzenpelz, Tropenholz), in einer besonderen Farbe (z. B. (cadmium)-gelb, (titan)-weiß, metallic, schwarz, neonfarbig);
- mit einer bestimmten Produktionstechnik hergestellt wurden (z. B. Handarbeit);
- eine bestimmte Marke bevorzugen (z. B. Bally, Bogner, Dunhill, Fila, Head, Lacroix, Leica, Mercedes, Porsche, Revox, Rollex). (Man könnte eine derart stark ausgeprägte Präferenz für bestimmte Marken auch als »Markenfetischismus« bezeichnen.) Bei Hunden und Pferden zählt sinngemäß die besondere Rasse oder der Stammbaum;
- von einem bestimmten Designer stammen (Dior, Joop, Lagerfeld, Jil Sander). Dieses Bedürfnis mancher Verbraucher, nur Waren bestimm-

ter Designer zu kaufen, wird von einzelnen Designern ausgenutzt. Sie lassen mit Hilfe anderer Designer eine ganze Kollektion unterschiedlichster Waren entwerfen und unter ihrem eigenen Namen (richtiger wäre hier schon: Marke) verkaufen;

- um es auf einen Nenner zu bringen – einfach sehr teuer sind.

Mit dem letzten Aspekt, daß man nur teure Waren als »schön« empfindet, hat sich insbesondere Thorstein Veblen (1981, S. 100ff., hier: S. 103) auseinandergesetzt:
»Die Bedingung der Kostspieligkeit beeinflußt unseren Geschmack nämlich in der Art, daß sich der Geldwert mit der Schönheit unentwirrbar vermischt, worauf wir glauben, daß wir den Gegenstand nur um seiner Schönheit willen lieben. Die Merkmale der Kostspieligkeit werden allmählich zu Merkmalen der Schönheit. Der Gegenstand gefällt uns, weil er kostbar und deshalb ehrenvoll ist, und das Vergnügen, das er uns in dieser Eigenschaft bereitet, verschmilzt mit der Freude an seiner prachtvollen Form oder Farbe, so daß wir ein Schmuckstück oft ›wahrhaft bezaubernd‹ finden, wo doch eine genaue Prüfung des ästhetischen Wertes höchstens die Feststellung zuließe, daß es seiner Kostbarkeit wegen ehrenvoll ist.«

Liegt im Kaufverhalten eines Verbrauchers eine derartig enge Kopplung zwischen »kostspielig« und »schön« bzw. »billig« und »häßlich« vor, soll von einem »Kostspieligkeitsbedarf« (oder auch »Veblen-Effekt«) (vgl. Rinsche 1961, S. 18ff.) gesprochen werden. Er ist in den verschiedensten Bedarfsbereichen anzutreffen (Bekleidung, Schmuck, Möbel, Automobil, Kosmetika, HiFi-Geräte, Kameras, Uhren; Gastronomie- und Beherbergungswesen). Das Besondere des »Kostspieligkeitsbedarfs« liegt darin, daß er häufig zusammen mit anderen Fehlentwicklungen auftritt, z. B. dem Streben nach Prestige bzw. Exklusivität (vgl. »Prestige-Kauf« [33] bzw. »Snob-Effekt« [37]) oder nach »hoher« Qualität (vgl. »Vorurteilskauf« [50]).
Der oben erwähnte *»Markenfetischismus«* läßt sich ähnlich erklären wie der »Kostspieligkeitsbedarf«. Er betrifft nur solche Marken, die ebenfalls teurer als üblich sind. Beim »Markenfetischismus« steht jedoch nicht allein die »Schönheit« einer Ware im Vordergrund des Kaufentscheids, sondern an ihrer Stelle kann auch der »Geschmack« bzw. die Gebrauchstauglichkeit (Haltbarkeit, Sicherheit, Funktionstüchtigkeit; gesundheitliche bzw. ökologische Unbedenklichkeit) treten. Da der Verbraucher meist nicht in der Lage ist, diese Eigenschaftsmerkmale einer Gebrauchs- oder Verbrauchsware richtig zu beurteilen, greift er bei seinen Kaufentscheidungen manchmal auf bestimmte teurere Marken zurück. Er hält einzelne Gebrauchswaren für besonders schön und einzelne Ver-

brauchswaren für besonders schmackhaft, weil sie eine bestimmte Marke tragen. Begründen kann der Verbraucher diese Auffassung nur selten. Er vertraut vielmehr auf den »guten« Namen der von ihm gewählten Markenartikel. So ist bei industriell hergestellten Lebensmitteln, insbesondere Genußmitteln, die sich durch einen hohen Preis und zusätzlich noch durch eine aufwendige Verpackung auszeichnen, dieses hier als »Markenfetischismus« bezeichnete »Schielen« auf bestimmte Marken anzutreffen.

Teilweise beschränkt sich der »Markenfetischismus« nicht allein auf die Bevorzugung von Waren bestimmter Marken, sondern es genügt manchen Verbrauchern, wenn die Marke eine bestimmte Ergänzung enthält, die für eine qualitative Besonderheit steht. Das gilt für Bezeichnungen wie »Bio«, »Öko« und »Light«, denen die Verbraucher gerade in letzter Zeit nicht nur besondere Aufmerksamkeit, sondern auch aus Gründen der Gesundheits- bzw. Umweltverträglichkeit Vertrauen schenken. Handelt es sich um Waren, die dieses Prädikat nicht verdienen, da sie weder unter umweltverträglichen Bedingungen erzeugt wurden, noch über einen minimal möglichen Gehalt an Zusatz- bzw. Schadstoffen oder – bei »Light«-Produkten – an Nahrungsenergie verfügen, liegt nicht nur eine Täuschung der Verbraucher vor. Man kann ebenso auch von einer Fehlentwicklung des Kaufverhaltens sprechen, weil solche unberechtigten Prädikate allzu gutgläubig als für kaufentscheidend betrachtet werden.

[32] Image-Kauf

Waren werden nicht nur wegen ihrer tatsächlichen Qualität, sondern auch wegen ihrer vermeintlichen Qualität, d. h. nicht nur wegen ihrer objektiven und subjektiven Eigenschaftsmerkmale, sondern auch wegen ihrer *»imaginären«* Eigenschaftsmerkmale gekauft. Diese »imaginären« Eigenschaftsmerkmale werden nicht durch die tatsächliche produktionstechnische Warengestaltung bestimmt, z. B. mit Hilfe besonderer Materialien, Verarbeitungstechniken und Formgebungen. Vielmehr beruhen sie auf mehr oder weniger vagen Erfahrungen des Verbrauchers mit der betreffenden Warenmarke. Diese Erfahrungen können während des Gebzw. Verbrauchs dieser Ware gemacht worden sein. Sie können aus »zweiter« Hand, z. B. von Informationen stammen, die über Werbung, Verpackungsgestaltung, Medien oder »Opinion Leader« Verbreitung finden. Die Summe der »imaginären« Eigenschaftsmerkmale ergibt das Vorstellungsbild (Produktbild, Einstellung, Image), das sich ein Verbraucher von einer Ware macht (vgl. etwa Kroeber-Riel 1984, S. 158ff.).

Die »imaginären« Eigenschaftsmerkmale können sich auf die objektiven und subjektiven Eigenschaftsmerkmale beziehen. Sie stellen aus der Sicht

eines Verbrauchers eine ungefähre, über- bzw. unterschätzte Interpretation der objektiven und subjektiven Eigenschaftsmerkmale einer Ware dar. Beispielsweise können sie etwas aussagen über die Haltbarkeit einer Waschmaschine, die Sparsamkeit eines Autos, den Nährwert bzw. Gesundheitswert eines Käses, die Umweltfreundlichkeit eines Putzmittels, die Sportlichkeit eines Motorrades, die Exaktheit der Verarbeitung eines Kleidungsstückes, die Frische und Ausgereiftheit von Obst bzw. die optische Güte eines Objektivs einer Spiegelreflexkamera. Die »imaginären« Eigenschaftsmerkmale können aber auch etwas repräsentieren, was sich bei einer technischen Analyse der Ware, z. B. in einem Labor, nicht feststellen läßt. Es handelt sich meist um Eigenschaften, die etwas über den *Erlebniswert* einer Ware aussagen, wie emotionale und sensuale Erlebnisse. Hierzu zählen konkrete Erlebnisse, die meist mit dem Konsum einer Ware eng verbunden sind: Freiheit, Naturverbundenheit, Natürlichkeit, Gesundheit, Ökologie; Exklusivität, beruflicher Erfolg, Prestige; Urlaubsstimmung, Geselligkeit, trautes Heim; Lebensart, Eleganz, Geschmack, Genuß, Stil, Nostalgie, Traumwelt; Sinnlichkeit, Erotik, Aktivität, Jugendlichkeit, Fortschrittlichkeit; Sportlichkeit; Abenteuer, Draufgängertum, Männlichkeit, Emanzipation.
Da ein Verbraucher zu einer jeden Ware eine bestimmte Einstellung hat – gleichgültig, ob es sich um ein »positives« oder »negatives« Image handelt –, sind die Unternehmen bestrebt, mit Hilfe der Werbung und der Beeinflussung der Medien ein »positives« bzw. »positiveres« Image für ihre Waren aufzubauen. Einzelne Unternehmen versuchen eine Beeinflussung des Images dadurch zu erreichen, daß sie Journalisten gezielt Beiträge über ihre Waren zur Weiterverwendung zur Verfügung stellen. Andere Unternehmen engagieren zur Erstellung solcher Beiträge eigens Journalisten, die sich nicht nur durch ihr Schreibtalent, sondern auch durch ihre guten Beziehungen und ihren großen Einfluß auf einzelne Medien auszeichnen. Den Journalisten bietet man auch attraktive Informationsveranstaltungen an. So organisieren und finanzieren Pharmaunternehmen nicht nur für Ärzte, sondern auch für Fachjournalisten besondere Tagungen, auf denen über einige Medikamente dieser Unternehmen diskutiert wird. Einige Automobilhersteller laden ausgewählte Journalisten zu im Ausland stattfindenden mehrtägigen Testfahrten mit extra »präparierten« Vorführwagen ein. Alle diese Aktivitäten werden auch als »Public Relation«-Arbeit bezeichnet. Sie dienen dazu, das Image eines Unternehmens und seiner Waren in der Öffentlichkeit zu pflegen.
Der Einfluß dieser PR-Arbeit auf die Imagebildung liegt jedoch außerhalb der Kontrolle der Unternehmen. Sie haben keinen unmittelbaren Zugriff auf das, was die Journalisten aus den ihnen zur Verfügung gestellten Informationen für ihre Beiträge auswählen, außer daß man allzu

kritisch arbeitenden Journalisten in Zukunft keine weiteren PR-Beiträge zukommen läßt und zu keinen weiteren Tagungen u. ä. mehr einlädt. Anders ist die Wirkung der Werbung (Anzeigen, Plakate, TV-/Rundfunk-Werbespots, Prospekte) zu beurteilen. Ihren Inhalt bestimmt allein das werbende Unternehmen. In der Regel nimmt es mit der beworbenen Ware nicht immer eine Spitzenstellung auf dem Markt ein – kann doch nur stets ein Unternehmen die beste Ware haben. Deshalb ist die Versuchung groß, mit Werbung das wettzumachen, was der beworbenen Ware an Eigenschaften fehlt. Das kann man erreichen mit Hilfe von »irreführenden« Werbeaussagen, d. h. von übertriebenen, doppeldeutigen, einseitigen oder unwahren Behauptungen, um beim Verbraucher einen Eindruck über die objektiven bzw. subjektiven Eigenschaftsmerkmale hervorzurufen, der von der Realität abweicht (Beier 1979c, 1980 u. 1981).
Zum anderen kann das Unternehmen durch emotionale Attribute den Verbraucher derart »konditionieren«, daß er nach mehrmaliger Wahrnehmung dieser Werbung meint, die Ware, für die derart geworben wird, besäße tatsächlich solche Erlebniswerte. Während die »irreführende« Werbung vorwiegend bei der Vermarktung erklärungsbedürftiger Waren eingesetzt wird, findet die »emotionale« Werbung überall dort Einsatz, wo der Verbraucher an einer Information über die objektiven und subjektiven Eigenschaftsmerkmale wenig interessiert ist.
Problematisch werden die »imaginären« Eigenschaftsmerkmale, wenn der Verbraucher sich beim Kauf einer Ware nicht an der Gebrauchstauglichkeit, sondern nur noch am Image ausrichtet (»Image-Kauf«). Dann ist für ihn nicht mehr entscheidend, wie eine Ware tatsächlich ist, sondern welche Vorstellung er von ihr hat. Wiswede (1973, S. 134) spricht davon, daß »nicht (mehr) die Qualität einer Ware verhaltensrelevant (ist), sondern (nur noch) die Vorstellung, die der Verbraucher über diese Qualität hat«. Je weniger ein Verbraucher die objektiven und subjektiven Aspekte einer Ware kennt, desto dominierender werden für ihn ihre »imaginären« Eigenschaftsmerkmale. Von einer Fehlentwicklung ließe sich insbesondere sprechen:

- wenn das im Mittelpunkt der Kaufentscheidung stehende Image einer Ware eine Gebrauchstauglichkeit vortäuscht, die diese Ware tatsächlich nicht besitzt; oder wenn die Gebrauchstauglichkeit in bezug auf andere Produkte angeblich übertroffen wird, in Wirklichkeit aber darunter liegt;
- oder wenn die »imaginären« Eigenschaftsmerkmale eine solche Kaufrelevanz erhalten, daß sie die Gebrauchstauglichkeit und den Preis als nebensächlich erscheinen lassen.

[33] Prestige-Kauf

Wenn eine Ware in einem bestimmten Geschäft gekauft wird, um Eindruck zu machen – Geltung, Ansehen oder Anerkennung zu erlangen –, soll von einem »Prestige-Kauf« gesprochen werden. Die Zielrichtung eines solchen Kaufs wird wesentlich vom Wunsch des Verbrauchers bestimmt, welche persönlichen Eigenschaftsmerkmale er durch welche Eigenschaftsmerkmale einer in einem bestimmten Geschäft gekauften Ware besonders herausstellen möchte. Dabei übt das soziale Umfeld über die Bewertung und Belohnung des Kauf- und Konsumverhaltens Einfluß auf die Art des »Prestige-Kaufs« aus. Dies kann über die persönliche Kommunikation mit anderen Verbrauchern erfolgen oder über den Kontakt mit sozialen Gruppen. (Insofern könnte der »Prestige-Kauf« auch dem folgenden Abschnitt IV., in dem die Außenwirkungen des Kaufs oder Konsums im Vordergrund stehen, zugeordnet werden.)

Der Einfluß sozialer Gruppen kann über *Mitgliedschaftsgruppen* erfolgen. Das sind Gruppen, denen der Verbraucher angehört, wie z. B. einem Freundeskreis, einem Sportverein, einem Kollegenkreis, einer Hausgemeinschaft. Es könnte sich auch um *Bezugsgruppen* handeln, denen ein Verbraucher gern angehören möchte und an denen er sein Kaufverhalten entsprechend ausrichtet, wie z. B. Personenkreise, die einen »höheren« Status einnehmen, etwa Vorgesetzte in der Firma, angesehene Nachbarn, Mitglieder renommierter Vereine. Man kann davon ausgehen, daß ein spezifisches »Prestige-Kauf«-Verhalten um so ausgeprägter ist, nach je weniger Gruppen ein Verbraucher sein Verhalten ausrichtet. Das gilt beispielsweise für jenen Extremfall, bei dem Jugendliche ihr Kaufverhalten (z. B. Bekleidungs- bzw. Freizeitverhalten) nur an einer Gruppe ausrichten, etwa bei »Poppern« und »Punkern«.

Prestigemotivierte Kaufentscheidungen werden wesentlich durch das Streben des Verbrauchers nach *Resonanz* und *Anerkennung* bestimmt. Je unsicherer ein Verbraucher sich in seinem Handeln und seiner sozialen Position fühlt, desto größer wird sein Wunsch sein, von Dritten Rückmeldungen zu erhalten, »die ihm Auskunft über die Wirkungen – ggf. auch über die Erfolge – seiner Handlungen geben« (Klages 1988, S. 76), und desto stärker wird sein Bedürfnis nach Wertschätzung durch Dritte sein. Das Ausmaß eines prestigeorientierten Kaufs hängt dabei davon ab, ob mit ihm nur die grundsätzliche Zugehörigkeit zu einer Gruppe gesichert werden soll oder ob mit ihm eine bestimmte Position (u. U. Spitzenposition) innerhalb einer Gruppe erlangt werden soll.

Je nachdem welche persönlichen Eigenschaftsmerkmale mit einem »Prestige-Kauf« zum Ausdruck gebracht – richtiger: demonstriert – werden sollen, unterscheidet man folgende Formen des »Prestige-Kaufs« (vgl. hierzu die Ausführungen von Adlwarth 1983, S. 64 ff., S. 230 a; vgl. auch Mason 1981; Veblen 1981):

- *Demonstration eines aufwendigen Konsums:* Hierzu zählt der Kauf absolut oder relativ teurer Waren in teuren Geschäften, z. B. teure Autos, Kleidung, Schmuck, Getränke, Geschenke. Aber auch die Buchung teurer Reisen, der Besuch teurer Restaurants oder die Veranstaltung teurer Partys hat etwas mit der Demonstration eines aufwendigen Konsums zu tun; denn mit jedem einzelnen Kauf- bzw. Konsumakt soll gezeigt werden, daß man sich auf Grund seines »Reichtums« und somit seines beruflichen Erfolges so etwas leisten kann. (Vgl. hierzu auch die entsprechenden Berichte in: Der Spiegel, Nr. 48 v. 24. 11. 86 »Wer isses bloß, der sich so was leisten kann«; Stern, Nr. 48 v. 27. 11. 86 »Schlemmern, reisen, kaufen – die Deutschen und ihr neuer Luxus«.)
- *Demonstration eines gehobenen Konsumniveaus:* Hier geht es um die Demonstration von hohen Konsumausgaben für möglichst viele unterschiedliche Bedarfsbereiche, um frei nach dem Motto: »Haste was, biste was!« ständig zu zeigen, daß man die »Wohlstands-Normen« erfüllt. Eine solche Demonstration zeigt sich im ständigen Kleiderwechsel, durch viel Schmuck, ständig neue HiFi-Anlagen, komplette Foto-, Sport- und Heimwerker-Ausrüstung, mehrere Autos, jährlich mehrere Reisen, Wochenendhaus. Es kommt dabei jedoch nicht so sehr darauf an, daß man sich jeweils für die teuersten Waren entscheidet. Wichtig ist vielmehr die Vielfalt der Waren, die jedoch ein »angemessenes« Qualitätsniveau, richtiger: Preisniveau, repräsentieren sollten.
- *Demonstration eines bestimmten Lebensstils:* Hierbei ist an den Kauf und Konsum von Waren und die Inanspruchnahme von Dienstleistungen zu denken, die folgende Merkmale aufweisen:
  - *»altersbetont«* (z. B. Jugendlichkeit, Sportlichkeit, Erwachsensein);
  - *»aktivitätsbetont«* (z. B. Abenteuertum, Freizeithobbys);
  - *»bildungsbetont«* (z. B. Theater-/Opern-/Konzertbesuche, Bücher, Zeitschriften, Bilder, Reisen);
  - *»geschmacksbetont«* (z. B. Kleidungs-, Schmuck-, Einrichtungs-, Musikunterhaltungsstil; Eß- und Trink-»Kultur«)
- *Demonstration von Fortschrittlichkeit:* (vgl. auch Wiswede 1968, S. 315, der hier vom »Prestige der Neuerung« spricht). Hier werden vom Verbraucher bevorzugt neue, meist technisch oder modisch interessante Waren gekauft, um auf diese Weise seine Aufgeschlossenheit gegenüber neuen Dingen offenzulegen *und* somit stets als »Opinion Leader« im Gespräch zu bleiben. Insofern könnte auch von einem »Opinion-Leader-Effekt« gesprochen werden.
- *Demonstration von Vernunft:* Hierunter fällt insbesondere jenes Kaufverhalten, bei dem gezielt folgende Bewußtseinshaltungen demonstrativ offengelegt werden sollen:
  - *»Preisbewußtsein«* (z. B. durch das bevorzugte Einkaufen preisgünstiger Waren (»no name«-Produkte);

- *»Qualitätsbewußtstein«* (z. B. durch das Lesen von Testberichten und produktbezogenen Fachzeitschriften (z. B. »test«; Auto-, Foto- bzw. diverse Hobby-Zeitschriften));
- *»Umweltbewußtsein«* (z. B. durch Vermeidung von umweltschädigendem Verhalten beim Kauf, Konsum bzw. bei der Müllbeseitigung);
- *»Ressourcenbewußtsein«* (z. B. durch die Schonung der knappen natürlichen Rohstoffe);
- *»Gesundheitsbewußtsein«* (z. B. durch Bevorzugung von Bio-Produkten);
- *»politisches Bewußtsein«* (z. B. durch Boykottmaßnahmen gegenüber bestimmten Unternehmen bzw. Ländern oder gezielten Kauf von Waren zur Förderung bestimmter Unternehmen bzw. Länder (etwa aus umwelt-, sozial-, tierschutz-, apartheid-politischen Gründen, vgl. auch »Folgekostenkauf« [51]);
- *»Anti-Modebewußtsein«* (z. B. durch den bevorzugten Kauf von Waren, die nicht modisch gestaltet sind);
- *»Anti-Konsumbewußtsein«* (z. B. durch die Demonstration eines bescheidenen, sparsamen Konsumverhaltens bzw. durch Förderung eigener produktiver Tätigkeiten im Haushalt).

Die Palette des »Prestige-Kaufs« reicht folglich vom Kauf extrem teurer, auffälliger bzw. anspruchsvoller Waren bis hin zum Kauf äußerst preiswerter, gesunder bzw. ökologischer Waren. Letztlich hat sogar der »Nicht-Kauf« etwas mit dem »Prestige-Kauf«-Verhalten zu tun. Dies ist der Fall, wenn bei anderen Verbrauchern die eigene, von asketischen Idealen geprägte »Vernunft« demonstriert werden soll.
Die ersten vier Formen des »Prestige-Kaufs« stellen Fehlentwicklungen dar, oder können zu einer Fehlentwicklung tendieren, z. B. wenn der einzelne Verbraucher etwas kauft, um auch oder ausschließlich andere zu beeindrucken. Das gilt insbesondere, wenn sich der Verbraucher ein solches Verhalten gar nicht finanziell leisten kann. Wiswede (1968, S. 313) spricht hier von der »Asymmetrie der Aufwandsstile«, da der Verbraucher »nach außen hin... über die Verhältnisse (lebt), und nach innen, wo keiner es sieht... knausert«. Die Extremform eines fehlentwickelten »Prestige-Kauf«-Verhaltens liegt vor, wenn – überspitzt formuliert – »der Verbraucher etwas kauft, was er nicht braucht, mit Geld, das er sich leihen muß, um Leuten zu gefallen, die er nicht mag«.
»Alle Menschen in unserer Gesellschaft... haben das Bedürfnis... nach einer festen, gewöhnlich recht hohen Wertschätzung ihrer Person, nach Selbstachtung und der Achtung seitens anderer« (Maslow 1981, S. 72). Der »Prestige-Kauf« stellt hier insofern einen Problemfall menschlichen Verhaltens dar, als der einzelne Verbraucher versucht, seine eigene Selbstachtung davon abhängig zu machen, wie andere über ihn denken.

Die Unternehmen haben diese allgegenwärtige menschliche Schwäche längst erkannt. Sie richten entsprechend ihr Marketing danach aus. Es ist daher wichtig, daß auch der Verbraucher nicht nur von der Existenz des »Prestige-Kaufs« weiß, sondern auch erkennt, welche vielfältigen Formen diese Fehlentwicklung annehmen kann und welche weite Verbreitung sie schon erfahren hat. Es gibt keinen Bedarfsbereich mehr, in dem nicht »Prestige-Käufe« getätigt werden können. Fast jede Ware oder Dienstleistung kann für andere sichtbar und somit »demonstrativ« konsumiert werden. Und dort, wo diese »Sichtbarkeit« fehlt, kann durch einen Aufkleber (z. B. »Ich fahre bleifrei!«), durch ein Etikett (mit einem entsprechenden Markenzeichen) oder in der persönlichen Kommunikation mit anderen die entsprechende Sichtbarkeit hergestellt werden.

Weiterhin sollte der Verbraucher die Folgen des »Prestige-Kaufs« sehen, die in unnützen Geldausgaben, unnötiger Zeitvergeudung, der Vernachlässigung anderer Bedarfsbereiche (die nicht im Mittelpunkt der »Prestige-Käufe« stehen), aber auch in übertriebener Ressourcenverschwendung und unbedachter Umweltverschmutzung u. ä. bestehen (vgl. »Folgekostenkauf« [51]).

Bei der Bedürfnisbefriedigung nimmt das »Streben nach Anerkennung« eine wichtige Stellung ein, aber das »Streben nach Selbstverwirklichung« ist viel bedeutsamer für die Entwicklung einer Persönlichkeit. Anerkennung kann nicht nur durch »Kaufleistungen«, sondern viel intensiver und nachdrücklicher auch durch nicht-konsumtive »persönliche Leistungen« erlangt werden. Aber der Verzicht auf den »Prestige-Kauf« wird dem Verbraucher nicht leichtgemacht. Bekanntlich leben wir in einer vom »Konsumpassivismus« [1] geprägten Gesellschaft, in der man Anerkennung erlangen kann, indem man bestimmte Waren konsumiert, oder weil man als Konsument dieser Waren anderen nützlich sein kann: Man erteilt ihnen z. B. Ratschläge, trägt zu ihrer Unterhaltung bei, gibt Anregungen oder vermittelt durch Ausleihen der Waren oder Teilnahme am Konsum »Behagen« (vgl. Scitovsky 1977, S. 106ff.).

IV. Die Außenwirkungen des Kaufs bzw. Konsums von Waren als Ursache für Fehlentwicklungen

[34] Aufwandskonkurrenz

»Das Erlebnis, etwas zu besitzen, was die anderen auch besitzen, wird allenfalls noch übertroffen von dem Erlebnis, etwas zu haben, was die anderen noch nicht haben.« Dieser von R. Hoppe beschriebene und auf den derzeitigen Fahrrad-Boom bezogene Sachverhalt (vgl. Zeit-Magazin, Nr. 32/90, S. 20) spiegelt einen ganzen Komplex von Kauf- und Konsumverhaltensweisen wider, die vom Bedürfnis der Verbraucher nach Anerkennung durch ihre Umwelt bestimmt sind. Ein solches Verhalten wird als »Aufwandskonkurrenz« bezeichnet und läßt sich wie folgt charakterisieren (vgl. Scherhorn 1975, S. 18f.):

- Der Verbraucher hat das Bedürfnis, in seiner Umwelt *nicht negativ* aufzufallen. Eine Art »Streben nach enger Verbundenheit mit anderen« bzw. eine vage »Angst vor dem Abgelehnt- und Alleingelassenwerden« steht dabei im Vordergrund (vgl. allgemein hierzu Riemann 1985, S. 59ff.). Sein Konsumverhalten gestaltet er entsprechend so, daß er sich an das Konsumverhalten anderer ihm nahestehender Verbraucher anpaßt, sich diesbezüglich an seiner sozialen Umwelt vollständig ausrichtet (»Egalisierung«) (vgl. auch Scitovsky 1977, S. 101, der hier vom »Imitationsverhalten« spricht; Hunziker).
- Ist dem Verbraucher die Anpassung an das Konsumverhalten der anderen gelungen, hat er das Bedürfnis, in seiner näheren Umwelt *positiv* aufzufallen. Sein Konsumverhalten richtet er so aus, daß er sich vom Konsumverhalten der anderen abhebt (»Differenzierung«) (vgl. auch Wiedmann 1987, S. 211f., der von der »demonstrativen Individualität« spricht).
- Diese »Differenzierung« eines Verbrauchers zieht ihrerseits »Egalisierungs«- und »Differenzierungs«-Versuche anderer Verbraucher nach sich, auf die wiederum mit entsprechend gesteigertem Konsumverhalten reagiert wird usw.

Solcherart motiviertes Kauf- und Konsumverhalten gipfelt in einem schier endlosen, durch gesteigerte Konsumaufwendungen geprägten *»sozialen Konkurrenzkampf«* (vgl. Scitovsky 1977, S. 105), der zwischen »Trend-Setter« und »Trend-Follower« stattfindet. Je kürzer die Reaktionszeiten auf die Differenzierungsversuche anderer sind, je häufiger die Verbraucher zu reagieren und sich ihrerseits zu differenzieren versuchen, je mehr die Art der »Egalisierung« und »Differenzierung« von anderen

Personen statt von der Sache bestimmt wird und je kleiner, belangloser das Ausmaß der »Differenzierung« ausfällt, desto eher läßt sich ein solches Kauf- und Konsumverhalten als Fehlentwicklung ansehen.
Eine Fehlentwicklung liegt schon vor:

- wenn der Verbraucher sich einbildet, negativ aufzufallen, falls er bestimmte Konsumhandlungen nicht tätigt;
- wenn er das Konsumniveau jener Verbraucher, an das er sich anpassen will, falsch – also zu hoch – einschätzt (vgl. Hoepfner 1976, S. 199);
- wenn er als Maßstab seines »Egalisierungs«-Strebens nicht das Potential der Konsumhandlungen eines einzelnen Verbrauchers, sondern aller ihm nahestehenden Verbraucher auswählt; wenn er versucht, nicht nur das zu kaufen, was im Durchschnitt die anderen konsumieren, sondern auch dem noch nacheifert, was die vielen Verbraucher da und dort in ihrer Gesamtheit zusätzlich an Konsumhandlungen tätigen. Es handelt sich um eine Problematik des Kaufverhaltens, welche Verbraucher charakterisiert, die immer nur einen Verbraucher zum Maßstab des eigenen Verhaltens nehmen, wenn dieser etwas konsumiert, nicht aber, wenn dieser auf etwas *verzichtet*. Das »Egalisierungs«-Streben versetzt einen derart veranlagten Verbraucher in einen regelrechten »Konsumstreß«, der um so größer wird, an je mehr Personen er sein Verhalten auszurichten versucht.

Die Unternehmen passen hauptsächlich ihre Werbung und Warengestaltung an das von der »Aufwandskonkurrenz« geprägte Kauf- und Konsumverhalten an und fördern es. So wird in der Werbung auf die weite Verbreitung einer Ware hingewiesen, um auf diese Weise den Eindruck zu erwecken, »daß der ›abstinente‹ Verbraucher gesellschaftlich und sozial ›hoffnungslos‹ zurückbleibt, wenn er sich nicht auch zur Anschaffung des Gutes entschließt, das bereits für ›alle die etwas auf sich halten‹ zu einem unentbehrlichen Status-Indikator geworden ist« (Rinsche 1961, S. 197). Mit Hilfe der Warengestaltung, insbesondere mit der Produktion laufend veränderter bzw. ständig neuer Varianten von Waren, wird versucht, dem Verbraucher die »Differenzierung« zu erleichtern bzw. überhaupt erst zu ermöglichen.
Das gilt insbesondere für solche Waren und Dienstleistungen, die im Rahmen der Freizeitgestaltung eingesetzt werden; denn gerade die Beschäftigung während der Freizeit findet unter den Augen der Öffentlichkeit statt und ermöglicht den Kontakt zur Umwelt. Ohne eine solche Öffnung nach außen aber macht die »Aufwandskonkurrenz« keinen Sinn. So bietet sie für den Menschen ein zweites Betätigungsfeld, um Anerkennung zu erfahren. Das erste Betätigungsfeld ist der Arbeitsplatz, auf dem der Mensch als Arbeitskraft durch seine Ausbildung, sein Können und seine Beziehungen geprägt in eine wenig beeinflußbare Hierarchie eingeordnet ist, die er meist akzeptieren muß.

Das zweite Betätigungsfeld ermöglicht dem Menschen als Verbraucher die Chance, den Zwängen der Arbeitsplatzhierarchie zumindest zeitweise zu entkommen. Durch Leistung, Phantasie und Konsum kann er aktiv seine Stellung in der (Freizeit-)Gesellschaft beeinflussen und seine Position in der »Freizeithierarchie« bestimmen. Sollte es dem einzelnen Verbraucher mißlingen, eine entsprechende Stufe in dieser Freizeitgesellschaft zu erlangen, so braucht er sich aber nicht damit abzufinden. Ein entsprechender Wechsel in der Freizeitbeschäftigung gibt ihm immer wieder von neuem die Chance, nochmals von vorne anzufangen.
Kaum haben die Verbraucher eine Ware als »freizeittauglich« entdeckt und kaum beginnen sie, diese in ihre Freizeitgestaltung mit einzubeziehen, greifen die Unternehmen diesen Bedarf auf. Durch Warengestaltung und Öffentlichkeitsarbeit (u. a. in themenspezifischen Freizeitfachzeitschriften) wird der Bedarf nach diesen Waren immer stärker stimuliert und forciert. Es entsteht ein neuer Freizeit-Trend, der ganze Bereiche einer Volkswirtschaft erfassen kann, beginnend bei der Produktion, über Dienstleistungsbereiche (Reiseveranstaltungen, Medien u. a.) bis hin zum Konsum. Besonders deutlich zu beobachten war und ist dies im Foto-/Film-Bereich (Video-)Kameras, Unterhaltungsbereich (HiFi-Produkte), beim Tennis-, Ski- (Abfahrt- und Langlaufski), Jogging- und Windsurfing-Sport sowie beim Fuß- (»Trekking«), Radwandern (»Mountainbike«) und immer noch beim Autofahren. So stellt das Automobil eine Ware dar, die dem einzelnen Verbraucher wohl die größte Vielfalt an Differenzierungsmöglichkeiten in seinen klassischen Formen anbietet wie: Marke bzw. Preis, Größe bzw. Form, Leistung und Anzahl (d. h. Zweit-, Drittwagen), aber auch andere nicht minder »differenzierungsrelevante« Komponenten, wie Metallic-/Perlmut-Farben, Breitreifen, Aluminiumfelgen, Front-/Heck-Spoiler, Kotflügelverbreiterung, Spezialscheinwerfer/-bremsleuchten, Radioanlage inkl. Lautsprecher, Sport-/Leder-Sitze, Klimaanlage, Autotelefon usw..
Die Automobilindustrie bietet für jeden Geldbeutel mehrere Differenzierungsmöglichkeiten an. Das gilt für die Wagen der Unterklasse ebenso wie für die der unteren Mittelklasse, der oberen Mittelklasse, der Oberklasse und der Luxus-Klasse. Der stetig steigenden Kaufkraft der Verbraucher passen sich die Unternehmen mit entsprechend immer ausgefeilteren, aber auch teureren Produktvariationen, welche alle 5–8 Jahre vorgenommen werden, an. Der finanziell leistungsfähige Verbraucher hat so stets die Möglichkeit, durch Neukauf entsprechend »leistungsfähiger« Autos den Abstand zu den auf »Egalisierung« bedachten Verbraucher zu wahren (vgl. auch Sachs 1990, S. 98f.). Und wer sich als Verbraucher nicht mehr mit einem Massenauto der Luxusklasse zufriedengeben will, obwohl derzeit von Mercedes-Benz eine bis über DM 200000 teure Limousine angeboten wird, kann immer noch auf exotische Autos aus

Italien zurückgreifen, die in Kleinstserien nach eigenen Wünschen hergestellt werden.
Aber nicht nur der Produzent eines (Sport-)Gerätes profitiert von der »Aufwandskonkurrenz«. Nachdem erst einmal die Nachfrage nach einem solchen Gerät geweckt ist, schaltet sich zusätzlich die sog. *»Accessoire«*-Branche ein. Sie versucht ebenfalls, mit ihren Produkten am durch die »Aufwandskonkurrenz« möglich gewordenen Nachfrageboom zu partizipieren und ihn zu fördern. Mit Kleidung und Schuhen, besonderen Nahrungsmitteln (wie Sportlernahrung), Büchern sowie Filmen über Urlaubsreiseangebote und sogar Schmuck will auch sie am Freizeitbedarf partizipieren. Teilweise verdrängt sie mit ihren Produkten die im Mittelpunkt der Freizeitgestaltung stehenden (Sport-)Geräte. Jenen Verbrauchern, die sich mit dem Kauf eines entsprechenden Gerätes angepaßt haben und nicht mehr bereit oder aus finanziellen Gründen in der Lage sind, mit dem Kauf eines »aktuelleren« Gerätes sich von den anderen Verbrauchern abzuheben, bieten diese »Accessoire«-Produkte eine willkommene Möglichkeit zum »positiven« Auffallen an. Manche Verbraucher »heben« dabei so stark »ab«, daß die eigentliche Freizeitbeschäftigung durch die Accessoires in den Hintergrund gedrängt wird.
Der in der »Aufwandskonkurrenz« zum Ausdruck kommende Hang zur »Egalisierung« wirkt sich stimulierend auf den »Modekonsum« [30] aus. Demgegenüber trägt die demonstrative Neigung zur »Differenzierung« mit zur Prägung des »Prestige-Kaufs« [33], aber auch des »Perfektionsstrebens« [21] und »Aktualitätsstrebens« [24] bei.

[35] Aufwandsdynamik

Die »Aufwandskonkurrenz« prägt letztlich das Kaufverhalten von Verbrauchern, die ein und derselben Gruppe angehören. Folgt nach erreichter »Egalisierung« eine »Differenzierung« dergestalt, daß nicht eine Abhebung von den anderen Mitgliedern der eigenen Gruppe, sondern vielmehr eine Abwendung hin zu den Mitgliedern einer anderen Gruppe angestrebt wird, kann von »Aufwandsdynamik« gesprochen werden. Das zunächst als »Differenzierung« erscheinende Kaufverhalten stellt sich dabei als »Egalisierungs«-Versuch an das Kaufverhalten einer im Status nächst höherstehenden anderen Gruppe heraus, dem sich im Laufe der Zeit stets weitere »Egalisierungs«-Versuche an im Status immer höherstehenden Gruppen anschließen (vgl. auch Mason 1981, S. 24).
Beide Kauf- und Konsumverhaltensweisen führen beim Verbraucher zu immer stärker ansteigenden Geldausgaben. Trotzdem wird der finanzielle Aspekt der »Aufwandsdynamik« den der »Aufwandskonkurrenz« bei weitem überstiegen. Begnügt man sich bei der »Aufwandskonkurrenz« meist mit einer »Differenzierung« durch »belanglose« Qualitätsveränderungen, erfordert demgegenüber die »Aufwandsdynamik« den Kon-

sum von Waren, die an einem stets höheren Qualitäts- und Preisniveau angesiedelt sind. Das gilt für den *Freizeitbereich*, wo der Verbraucher vom Faltboot auf die Jolle, von der Jolle auf das Kajütenboot und später auf die 10-Meter-Segelyacht, die 15-Meter-Segelyacht usw. umsteigen kann. Aber auch im *Transportbereich* kann man die »Aufwandsdynamik« beobachten (z. B. Klein-, Mittelklasse-, obere Mittelklasse-, Oberklassewagen, Luxuslimousine mit einem Klein- bzw. Sportwagen als Zweitauto usw.); weiterhin im *Bekleidungsbereich* (z. B. Warenhaus-, Herrenausstatter- bzw. maßgeschneiderte Anzüge), im *Wohnbereich* (z. B. Mietwohnung, Eigentumswohnung, Reihen-, Einzelhaus und das alles in einfacher bzw. gehobener oder exklusiver Wohnlage; oder am Beispiel von Bildern: Kunstdrucke, Lithographien, Originale usw.).
Solange die »Aufwandsdynamik« einem gestiegenen Einkommen oder einer »verdienten« Statusanhebung folgt, dürfte sie nicht als eine Fehlentwicklung anzusehen sein. Sie drückt nur das – wenn auch stark an den »Konsumpassivismus« [1] erinnernde konsumorientierte Bedürfnis des Verbrauchers aus, sich in seinem Kauf- und Konsumverhalten an jene Gruppe anzupassen, der er angehört. Trifft dies nicht zu, führt die »Aufwandsdynamik« letztlich zu einer nicht bezahlbaren bzw. nicht enden wollenden »Einholung und Übertrumpfung« anderer (vgl. Fetscher 1979, S. 103). Der einzelne Verbraucher sollte für sich und für die übrigen Mitglieder seines Haushaltes überlegen, ob der Aufwand eines solchen Verhaltens im richtigen Verhältnis zur erzielbaren, aber nur kurzfristig andauernden, manchmal aber auch ungewissen Befriedigung steht. Schließlich muß er erkennen, daß er nicht schon dadurch Mitglied einer Gruppe werden kann, wenn er deren Kauf- und Konsumverhalten imitiert, und daß er nicht schon dadurch eine andere Person »überflügelt«, wenn er z. B. mehr Waren höherer Qualität als diese konsumiert.

[36] + [37] »Bandwagon-Effekt« und »Snob-Effekt«
Diese beiden Kaufverhaltensweisen erinnern an die »Aufwandskonkurrenz« [34], sind aber nicht mit ihr identisch (anders bei Adlwarth 1983, S. 88ff.; Wiswede 1968, S. 315f.; Rinsche 1968, S. 170ff.). Der »Bandwagon-Effekt« (auch »Mitläufer-Effekt« genannt) charakterisiert jenen Verbraucher, der *unsicher* in seiner Kaufentscheidung ist und daher das kauft, was die Mehrzahl der Verbraucher konsumiert. Dieser Effekt ist insbesondere dort zu beobachten, wo es um die Beurteilung subjektiver bzw. imaginärer Eigenschaftsmerkmale geht. Beispielsweise gilt das für das Design oder den Geschmack von Waren oder die »atmosphärische Ausstrahlung« von Dienstleistungen. Nur so ist es zu verstehen, daß modische Waren des Bekleidungsbereichs häufig eine schnelle und große Verbreitung erfahren, demgegenüber aber zukunftsträchtige Karosse-

rieformen im Pkw-Bereich nur schleppend verkauft werden; daß bestimmte Getränke und Kosmetika einfach »in« sind, manche Gaststätten, Restaurants, Bars bzw. Discotheken immer voller Leute sind, da »man« sie einfach besuchen muß.
Der »Bandwagon-Effekt« kann als eine Fehlentwicklung angesehen werden, wenn der Konsum anderer Verbraucher zum alleinigen bestimmenden Kriterium wird. Auf diese Weise verkürzt der Verbraucher wohl seinen Entscheidungsaufwand (z. B. Zeit, Streß), u. U. sichert er sich auch davor ab, eine völlig untaugliche Ware zu kaufen. Ob es aber eine »gute« oder »sehr gute« Ware ist, könnte er nur dann feststellen, wenn er ebenfalls andere Waren in die engere Wahl seiner Kaufentscheidung miteinbezieht.
Die Unternehmen tragen dem »Bandwagon-Effekt« dergestalt Rechnung, daß in der Werbung auf die große Verbreitung ihrer Waren deutlich hingewiesen wird. Das gilt auch für Produkte, bei denen eigentlich die objektiven Eigenschaftsmerkmale im Vordergrund stehen, z. B. »Deutschlands meistverkaufter Diesel«, »Deutschlands beliebtestes ausländisches Auto«, »Auto des Jahres«; »Wenn andere von gestern sind. Citizen Titanium«, »Winners wear... Sympatex«, »Der Grieche. Weltweit der Ouzo Nr. 1«, »Mit der AOK kann man die interessantesten Leute kennenlernen«. Aber auch der Hinweis eines Verkäufers, daß er, aber ebenfalls andere Kunden eine Ware »zur vollsten Zufriedenheit« konsumieren, kann als eine Anlehnung an den »Bandwagon-Effekt« angesehen werden.
Demgegenüber weist der »Snob-Effekt« (auch »Exklusiv-Effekt« genannt) in die entgegengesetzte Zielrichtung (vgl. Mason 1981, S. 128 ff.). Je größer der Umsatz einer Ware ist, desto unattaktiver wird sie für den Verbraucher, und umgekehrt: je kleiner der Umsatz ist, desto exklusiver und somit attraktiver wird eine Ware. Nicht die Unsicherheit der Qualitätsbeurteilung, sondern die *Abneigung* dessen, was andere schon konsumieren, ist die Triebfeder des »Snob-Effekts«. Es handelt sich hier um die individuelle Ausprägung eines auf den Konsum übertragenen Bedürfnisses, seinem Verhalten eine »individuelle Note« zu geben.
Eine Fehlentwicklung stellt der »Snob-Effekt« dann dar, wenn er letztlich darin gipfelt, nur noch die teuersten, neuesten Waren eines Bedarfsbereichs zu kaufen, da sie auf Grund ihres Preises und ihrer Neuheit von wenigen gekauft werden und somit automatisch exklusiv sind (vgl. hierzu auch das »Aktualitätsstreben« [24] und den »Kostspieligkeitsbedarf« [31], die in einem engen Beziehungszusammenhang zum »Snob-Effekt« stehen). Ob sich der »Snob-Effekt« dabei auf die Bedürfnisse aller Bedarfsbereiche oder – wegen der knappen finanziellen Ressourcen – nur auf ein Bedürfnis eines Bedarfsbereichs (z. B. Kleidung, Schmuck, Parfum; Premiereveranstaltungen, Restaurants, Kreditkarten, Urlaubsreisen) beschränkt, ist für seine Beurteilung unbedeutend.

Die Reaktion der Unternehmen auf den »Snob-Effekt« besteht zum einen im Angebot von Hochpreisprodukten u. U. in Hochpreisgeschäften. Zum anderen versuchen sie durch kleinere Veränderungen aus den Massenprodukten ein Produkt mit einem »Hauch von Exklusivität« zu machen. Beispielsweise gilt das für »numerierte« Jeans, Weinflaschen, Parfum; für »limitierte« Ausstattungsvarianten bei Kameras und Uhren (z. B. in Gold- bzw. Platinauflage) bzw. Autos (z. B. mit »Maharadscha«-Design bzw. mit »CD- bzw. »CC«-Komfort); für »Tuning-Pakete« für Motorräder; für die Einführung von »Erst-« und »Zweit«-Marken (bei identischer Gebrauchstauglichkeit, aber höherer Exklusivität für die »Erst«-Marke). Häufig begnügen sich die Unternehmen damit, im wesentlichen über Markenbezeichnungen (z. B. »Gourmet«, »Premium«, »Privileg«) und über werbliche Bild- bzw. Textaussagen beim Verbraucher einen Eindruck von Exklusivität zu hinterlassen (z. B. »Nicht jeder will, was er fährt. Mazda-RX-7. Der andere Sportwagen«, »Suzuki. Anders als alle anderen«, »Exklusiv-Bridgestone Breitreifen«, »Citizen. Die Uhr, um die man Sie beneidet«). Die hier vorgestellten Fälle sind eigentlich eher Beispiele für eine »Schein-« bzw. »Pseudo«-Exklusivität. Sie könnten ebenso dazu herhalten, die Anpassung der Unternehmen an das Differenzierungs-Streben der »Aufwandskonkurrenz« [34] zu begründen.

[38] Solidaritätskauf

»Wer sich aus mangelndem Selbstbewußtsein in den Schutz einer Masse begibt, ist nur allzu bereit, manchen Überfluß auf sich zu nehmen, um die Solidarität der Masse zu erhalten« (Kirschner 1980, S. 67). Die Ursache der meisten Fehlentwicklungen, die auf dem Streben der Verbraucher nach Anerkennung, Zugehörigkeit, Zuneigung bzw. Liebe beruhen (vgl. Maslow 1981, S. 70ff.), lassen sich auf diese Behauptung zurückführen, z.B. gilt das auch für das bei der »Aufwandskonkurrenz« [34] beschriebene »Egalisierungsstreben«. Besonders deutlich wird dies beim »Solidaritätskauf«, der eine problematische Seite des Verbraucherverhaltens aufzeigt, welches die enge persönliche Kommunikation sich einander nahestehender Verbraucher betrifft: Ein Verbraucher kauft etwas zugunsten anderer Verbraucher, um deren Solidarität zu gewinnen!

D. h. es wird versucht, »Anerkennung zu erkaufen«, indem man anderen Verbrauchern durch den Kauf von Sach- bzw. Dienstleistungen, die man diesen zukommen läßt, »Behagen« vermittelt (vgl. Scitovsky 1977, S. 106). Geschehen kann dies durch kleine Höflichkeitsgesten des täglichen Lebens (eine Zigarette, ein Stück Schokolade, einen Apfel), die zu mehr oder weniger großen Geschenken ausarten können (das Ausgeben von Bier- bzw. Schnapsrunden, und zwar wöchentlich oder täglich;

flaschen-, kisten- bzw. faßweise; oder Einladung zum häuslichen oder außerhäuslichen Essen in immer kürzer werdenden Abständen und zu immer teurer werdenden Gerichten bei immer wertvoller werdenden Mitbringseln als Gastgeschenk). Auch das Ausborgen von Gegenständen, welche man eigentlich nicht (nur) für sich selbst, sondern (auch) für andere gekauft hat, kann dazu gehören.

Das Streben des einzelnen Verbrauchers, anderen auf diese Weise »Behagen« zu stiften, um Kontakt mit ihnen aufnehmen zu können, ihre Beachtung zu finden und ihre Anerkennung bzw. Freundschaft zu »erkaufen«, ist so alt schon, wie man anderen Menschen Freude bereiten möchte. Zurückführen läßt sich dieses Streben sicherlich auch auf das von Maslow (1981, S. 71) beschriebene Bedürfnis, »das weitverbreitete Gefühl der Entfremdung, Einsamkeit, Fremdheit und Verlassenheit zu überwinden«. Es ist insofern vom Motiv her unproblematisch, als sich der einzelne nur im Zusammenleben mit anderen entwickeln kann. Problematisch wird dieses Streben, wenn der Verbraucher meint, nur dann Erfolg zu haben, indem Konsumwaren zum Einsatz kommen. Das gilt für den innerhäuslichen Bereich (d. h. den Kontakt zum Ehepartner, zu den Kindern und Verwandten) ebenso wie für den außerhäuslichen Bereich (Nachbarschaft, Bekanntenkreis, Freunde, Verein, Arbeitsplatz). Anlässe dafür gibt es genug: die häufig zu Konsumtagen degenerierten Fest-, Feier- und Jubiläumstage, wie Weihnachten, Ostern, Geburtstag, Konfirmation (die Papierindustrie bietet Glückwunschkarten mit einer Tasche an, in die der Gratulierende »Zur Konfirmation eine kleine Aufmerksamkeit« gleich ein paar Geldscheine legen kann), Hochzeitstag, Muttertag, Valentinstag; Ein- und Ausstand in der Firma, Beförderung, bestandenes Examen; Ein- und Auszug; »Silberne Hochzeit« usw.

Der einzelne Verbraucher sollte erkennen, daß er nicht nur mit unpersönlichen Konsumleistungen, sondern auch mit persönlichen Leistungen anderen nützlich sein kann (vgl. auch »Ersatzkonsum« [16]). In Zeiten des »Konsumpassivismus« [1], in denen sich regelrecht eine »Geschenke«-Industrie entwickeln konnte, wird es dem Verbraucher jedoch nicht leichtgemacht, an den »behagenstiftenden« Wert eigener Leistungen zu glauben.

Der »Solidaritätskauf« braucht übrigens nicht nur zum Ziel zu haben, Anerkennung (d. h. »positive« Sanktionen) zu erlangen. Er kann auch darauf ausgerichtet sein, »negative« Sanktionen zu vermeiden, z. B. um nicht in den Augen anderer Verbraucher als knauserig, undankbar bzw. ärmlich zu erscheinen.

[39] Höflichkeitskauf (»Kaufverpflichtungsstreben«)

Wenn ein Verbraucher auf einen Bekannten trifft, der ihm mit großem persönlichen Einsatz zum Kauf einer bestimmten Ware rät, und der Verbraucher hält sich an diese Empfehlung, um die ratgebende Person nicht zu enttäuschen, so ließe sich von einem »Höflichkeitskauf« oder – sofern es sich bei der Person um einen Verkäufer handelt – auch von einem »Kaufverpflichtungsstreben« sprechen. Der »Höflichkeitskauf« beeinflußt den Verbraucher meist nur in seiner Markenwahl. Er kann sich jedoch auf den Kauf von Zubehör u. ä. ausdehnen, wenn z. B. ein Verkäufer dessen Wichtigkeit besonders hervorhebt. Zum »Höflichkeitskauf« zählt auch jener Kauf, den ein Verkäufer wohl nicht empfiehlt, der aber vom Verbraucher getätigt wird, weil er die Beratungsleistung des Verkäufers irgendwie belohnen oder ein Geschäft nicht verlassen möchte, ohne etwas gekauft zu haben; denn etwas »Kleineres«, was man persönlich brauchen könnte, wird schon zu finden sein.

Solange man im Rahmen des »Höflichkeitskaufs« etwas kauft, was von Qualität und Preis vergleichbar mit dem ist, was man sonst ohnehin beschafft hätte, ist der »Höflichkeitskauf« als unproblematische Höflichkeitsgeste anzusehen. In allen anderen Fällen muß der Verbraucher erkennen, daß ein solches Kaufverhalten dazu führt, etwas zu tun, was man eigentlich gar nicht will (vgl. Birnbacher 1979, S. 38f.). Er sollte daher prüfen, ob diese Höflichkeitsgeste es wert ist, qualitative bzw. preisliche Nachteile in Kauf zu nehmen. Schwierig wird es jedoch für ihn, wenn er selbst nicht die Qualität einer Ware beurteilen kann, weil ihm der Sachverstand fehlt, mit dem er die Argumente des anderen überprüfen könnte. Hier hilft ihm nur, den Sachverstand des anderen abzuwägen und zu hinterfragen, auf welche Informationen das Urteil des empfehlenden Bekannten oder Verkäufers beruht. Sind es etwa eigene, meist nicht repräsentative und lückenhafte Produkterfahrungen oder beruhen sie lediglich auf Herstellerempfehlungen? Liegen ihnen etwa mehr oder weniger neutrale Testberichte zugrunde?

Unproblematisch dürfte es für den Verbraucher sein, sich von einer selbst auferlegten »Kaufverpflichtung« loszusagen. Der Handel hat nicht nur die Aufgabe des Verkaufs, sondern auch der Information über das Warenangebot. Da kein Geschäft ein vollständiges Sortiment hat, ist es eigentlich selbstverständlich, daß man als Verbraucher vor dem Kaufentscheid mehrere Geschäfte aufsucht. Weiterhin sollte man auf Grund der Menge und Komplexität der vor einem Kauf zu verarbeitenden Informationen sich immer eine Bedenkzeit einräumen. Außerdem liegt es wegen der Betroffenheit aller Haushaltsmitglieder auch nahe, daß ein Kauf nicht ohne Rücksprache mit den anderen Mitgliedern getroffen wird (vgl. »Konsumegoismus« [46] und »Werttäuschung« [48]). Das sind alles Gründe, die für eine Hinauszögerung des Kaufentscheids sprechen. Ein

Verkäufer, der an einer langfristigen Bindung von Kunden an sein Geschäft interessiert ist, wird dies akzeptieren.
Die Unternehmen wissen von der Neigung mancher Verbraucher zum »Höflichkeitskauf«. Verkäufer versuchen während des Verkaufsgesprächs durch Kundenbetreuung dem Rechnung zu tragen. Fühlt der Verbraucher sich daraufhin zum Kauf »verpflichtet«, ist das sein persönliches Problem; denn rechtlich ist die Kaufberatung eines Verkäufers völlig unverbindlich. Abgeschlossene Kaufverträge aber sind bindend. Sie können nur aus Kulanzgründen aufgelöst werden (so bieten einige Warenhäuser und Lebensmitteleinzelhändler freiwillig ein Umtausch-/Rücktrittsrecht bis zu einer bestimmten Zeit nach dem Kauf an, ohne daß der Kunde hierfür irgendwelche Gründe vorbringen muß).
Anders sieht es bei »Haustürkäufen« u. ä. aus, auf die sich eine Branche spezialisiert hat (vgl. Engelhardt/Kleinaltenkamp/Rieger 1984). Hier kann ein Vertreter, der überraschend vor der Wohnungstür steht, durch geschickte Argumentation und unter Ausnutzung der Uninformiertheit einen derart großen psychologischen Druck auf den Verbraucher ausüben, daß dieser einem Kaufvertrag zustimmt, den er sonst bei genügender Bedenkzeit nicht abgeschlossen hätte. Angesichts solcher Problematik ist 1986 das »Gesetz über den Widerruf von Haustürgeschäften« (HWiG) in Kraft getreten. Dieses räumt Verbrauchern bei Kaufverträgen, die im privaten Bereich des Verbrauchers abgeschlossen wurden, die durch überraschendes Ansprechen im öffentlichen Bereich oder bei sog. »Kaffeefahrten« bzw. »Verkaufspartys« zustande kamen, ein einwöchiges Widerrufsrecht ein (vgl. Stillner 1987, S. 23ff.).
Folgende unternehmerische Maßnahmen können ebenfalls die Entstehung eines »Höflichkeitskaufs« begünstigen:

- im Selbstbedienungs-Einzelhandel kann es dem Verbraucher durch große Einkaufswagen und enge Kassenzonen erschwert werden, ohne Kauf den Laden zu verlassen;
- in Gemüse-, Metzger-, Bäckerläden kann durch unklare oder mangelhafte Preisauszeichnung erreicht werden, daß der Verbraucher nach dem Preis fragt und dann trotz des hohen Preises kauft. Er will gegenüber dem Verkäufer oder möglichen Nachbarn nicht den Eindruck erwecken, daß man sich diese Ware nicht leisten kann;
- die Einführung des »Kaufs auf Probe« bzw. des »Testens vor dem Kauf« oder der »Anlieferung ins Haus zum Anschauen« (z. B. bei Teppichen, aber auch generell beim Versandhandel) kann leicht ein Gefühl der »Kaufverpflichtung« wecken, auch wenn einem die Ware nur einigermaßen gefällt.

[40] Gefälligkeitskonsum

»Wir essen in Gesellschaft anderer, obwohl wir weder Appetit noch Hunger haben. Am liebsten würden wir nichts bestellen. Aber insgeheim sagen wir uns: ›Wie sieht denn das aus, wenn alle anderen essen?‹ Also essen wir, ohne es zu wollen, nur um anderen zu gefallen. Es ist durchaus möglich, daß andere in der Runde ebenso denken wie wir. Aber weil keiner den Anfang mit der Verweigerung macht, passen sich auch die anderen an« (Kirschner 1980, S. 119). Dieses insbesondere im *Ernährungsbereich* anzutreffende Konsumverhalten beansprucht nicht nur Finanzmittel (z. B. durch den Besuch eines Restaurants am Nachmittag, zum Abend oder nach einer Veranstaltung), sondern strapaziert auch die Gesundheit (zu hohe Kalorienaufnahme durch Essen und Trinken, zu viel Genuß von Alkohol, Nikotin oder gemeinsamer Konsum von Drogen). Es läßt sich auch auf die Einladungen von Bekannten zum Nachmittagskaffee, Abendessen u. ä. übertragen. Oft wird vielfach nur aus einer Gefälligkeit gegenüber dem Gastgeber, der die Speisen anbietet, konsumiert. Im folgenden soll ein solches Verhalten als »Gefälligkeitskonsum« bezeichnet werden. Er leitet sich aus dem im Rahmen der »Aufwandskonkurrenz« [34] beschriebenen »Egalisierungs-Streben« ab.

Wenn der »Gefälligkeitskonsum« dem Verbraucher nichts nützt, ihm sogar schadet, ist er als Fehlentwicklung anzusehen. Ob er vom Verbraucher jemals ganz abgebaut werden kann, ist fraglich. Aber es reicht schon, wenn er allmählich reduziert wird. Vielleicht schränken sich die anderen Verbraucher, deren Wohlwollen man gewinnen bzw. nicht verlieren will, auch ein.

[41] Identifikationsstreben

Im Gegensatz zum »Egalisierungs-Streben« [34], bei dem sich ein Verbraucher am Kauf- und Konsumverhalten ihm nahestehender Verbraucher anpaßt, richtet sich beim »Identifikationsstreben« der Verbraucher nur an einer *einzigen* Person aus: »Der Verbraucher (versucht)... im Konsumbereich eine bekannte und/oder beliebte Persönlichkeit nachzuahmen« (Hoepfner 1976, S. 120). Betroffen hiervon können alle Bedarfsbereiche eines Verbrauchers sein. Das Motiv für ein solches Verhalten ist wohl »die Hoffnung, insgesamt so wie das Vorbild zu werden, in es einzugehen oder zumindest ihm ähnlich zu sein« (ebenda), um nicht zuletzt auf diese Weise an der Anerkennung des Vorbildes zu partizipieren und von seinem Image zu profitieren.

Das »Identifikationsstreben« trägt zur Vernachlässigung der Entwicklung einer eigenen Persönlichkeit bei, wenn es zu einer sklavischen Imitation all dessen führt, was einem über das Verhalten des »Idols« zu Ohren kommt. Es ist deshalb schon als eine Fehlentwicklung anzusehen. Führt es zu vermehrter Kauftätigkeit, zu überhöhten Geldausgaben und zu einer zu einseitigen Zeitverwendung, steigert dies nur seine Problematik.

Die Medien, insbesondere Frauen-, Jugend- und Sportzeitschriften, tragen durch die intensive Präsentation und vielleicht auch Kreation von Informationen über als »Idole« geeignete Personen zur besseren Verkäuflichkeit ihrer Produkte bei. Die Unternehmen der Konsumwarenbranche knüpfen durch vertragliche Absprachen mit einzelnen »Idolen« (z. B. Leistungssportler, Sänger, »Medienstars«) sowie durch eine entsprechende Warengestaltung und Werbung an. Sie erleichtern und fördern somit beim Verbraucher sein »Identifikationsstreben«.

V. Der Kaufentscheidungsprozeß als Ursache für Fehlentwicklungen

[42] Scheinrechtfertigungs-Kauf

Will ein Verbraucher etwas aus *»irrationalen«* Gründen kaufen, versucht er aber den Kauf mit *»rationalen«* Gründen zu rechtfertigen, liegt ein »Scheinrechtfertigungs-Kauf« vor. Solch ein Kauf wird meist im Zusammenhang z. B. mit »Prestige-Käufen« [33], aber auch mit dem »Kostspieligkeitsbedarf« [31], »Originalitäts-« [28] bzw. »Aktualitätsstreben« [24] getätigt. Da der Verbraucher sich der Problematik dieser Käufe jedoch bewußt ist, sucht er nach vertretbaren Gründen, die ihm helfen, den Kauf zu »rationalisieren«. Wiswede (1973, S. 126) spricht hier davon, daß »das Bewußtsein ... solche ›irrationalen‹ Motive in rational verstehbare umzumünzen (hat), um so den äußeren Anschein des Vernünftigen zu erwecken«.

Die Unternehmen, welche »prestige«-trächtige Waren anbieten, sind sich der Problematik ihrer Produkte, aber auch dem Streben ihrer Kunden nach einer »Scheinrechtfertigung« bewußt. Durch entsprechende Waren-, Konditionen- und Werbegestaltung bemühen sie sich daher, dem Verbraucher die »Rationalisierung« seiner Kaufentscheidung zu erleichtern. Deutlich wird dies in einer Werbung für den »Porsche 944S«, welche besonders die »geschmeidige Laufkultur« des Motors, das sicherheitsversprechende »Antiblockier-System«, die Umweltfreundlichkeit der »Katalysator-Ausstattung« und die kundenfreundlichen Gewährleistungskonditionen (hier: »2-Jahres-Garantie für das gesamte Fahrzeug«, »3-Jahres-Garantie auf die Lackierung« und »10-Jahres-Garantie gegen Durchrosten«) hervorhebt und jeglichen Hinweis auf das »Prestige«, welches nun einmal die Sportwagen dieser Firma stiften, unterläßt. Die in dieser Werbung aufgeführten objektiven Eigenschaftsmerkmale heben wohl die Gebrauchstauglichkeit eines solchen Sportwagens hervor. Vor allem sollen sie auch der Rechtfertigung eines Kaufs dienen, der aus ganz andern Gründen getätigt wird.

Folgendes Beispiel familiärer Kaufentscheidung läßt sich ebenfalls als Hinweis für das Vorliegen eines »Scheinrechtfertigungskaufs« aufführen: Der Ehemann kauft sich ein »großes« Auto mit »hoher« PS-Leistung, weil er einen sicheren Pkw haben möchte, und zwar mit »großer Knautschzone« (= passive Sicherheit) und »hohem Beschleunigungsvermögen« (= aktive Sicherheit); für die Ehefrau wird jedoch – aller Sicherheitserwägungen zum Trotz – nur ein »kleiner« Zweitwagen mit »niedriger« PS-Leistung und »geringer« Knautschzone angeschafft.

Mit dem »Scheinrechtfertigungs-Kauf« will der Verbraucher andere Fehlentwicklungen in seinem Kauf- bzw. Konsumverhalten gegenüber Dritten (hier: Familienangehörige, Verwandte, Freunde, Bekannte, Kollegen, Nachbarn) wie auch sich selbst verdecken oder verdrängen. Vielfach dienen dabei andere – dem Verbraucher als weniger problematisch erscheinende – Fehlentwicklungen, wie z. B. das »Perfektions-« [21], »Spezialisierungs-« [22] bzw. »Sicherheitsstreben« [25] oder der »Bequemlichkeitskonsum« [23] zur Rechtfertigung, liefern diese doch genügend »rationale« Gründe.
Zu einer Fehlentwicklung wird ein solcher »Scheinrechtfertigungs-Kauf« dann, wenn der Verbraucher immer häufiger mehr oder weniger bewußt damit beginnt, die »irrationalen« Gründe eines Kaufes zu verdrängen und nur an die Relevanz der zur Rationalisierung dienenden »rationalen« Gründe zu glauben. Dies führt nur zu einer scheinbaren Zufriedenheit mit der getroffenen Kaufentscheidung und verhindert die Auseinandersetzung mit den eigentlichen Motiven, die zu diesem Kauf führten. Außerdem kann eine derart zustande gekommene Zufriedenheit als Basis für zukünftige Ersatzkäufe dienen (vgl. Wiswede 1973, S. 129). Ist die im Rahmen eines »Scheinrechtfertigungs-Kaufs« angeschaffte Ware erst einmal verschlissen bzw. aufgebraucht, kann der Wiederholungskauf ein und derselben problematischen Ware nicht mehr ausgeschlossen werden. Denn der Verbraucher mit der erfolgreichen »Scheinrechtfertigung« hat es sich selbst unmöglich gemacht, sich mit der Problematik eines solchen Kaufs kritisch auseinanderzusetzen. Tätigt der Verbraucher erst einmal einen »Scheinrechtfertigungs-Kauf« und versäumt er es, dessen Problematik zu hinterfragen, werden weitere solche Käufe folgen, zunächst beim selben Bedarf, später auch in anderen Bedarfsbereichen.

[43] Dissonanz-Kauf

Welcher Verbraucher kennt das nicht: Man möchte eine bestimmte Warenmarke wegen bestimmter (= »positiver«) Eigenschaftsmerkmale kaufen, aber andere (= »negative«) Eigenschaftsmerkmale derselben Ware oder »positive« Eigenschaftsmerkmale anderer Produkte sprechen jedoch gegen diesen Kauf. Vielleicht spielen »positive« Eigenschaften anderer Produkte eine Rolle. Versucht der Verbraucher, diese Widersprüche (= »Dissonanzen«) bei der zu treffenden Kaufentscheidung als unbedeutsam herauszustellen, um den Kauf der präferierten Warenmarke doch realisieren zu können, liegt ein »Dissonanz-Kauf« vor.
Eine solche »Dissonanzreduktion« kann auf folgende Weise geschehen (vgl. hierzu Kroeber-Riel 1984, S. 172 ff.):

- durch *Verdrängung* der Informationen über die »negativen« Eigenschaftsmerkmale der gewünschten Warenmarke oder über die »positiven« Eigenschaftsmerkmale der nicht gewünschten Warenmarke. Der betreffende Verbraucher vergißt die »störende« Information einfach!

- durch *Infragestellung* der Wichtigkeit solcher Informationen. Der Verbraucher vermutet, daß sich diese Informationen auf »Montagsprodukte«, »Ausreißer« oder auf einen nicht sachlichen bzw. einseitigen Bericht eines Verbrauchers, Verkäufers oder Testinstituts beziehen!
- durch *Vermeidung* solcher Informationen, z. B. dergestalt, daß der Verbraucher möglicherweise diese Informationen aus Zeitungen bzw. Zeitschriften oder Rundfunk bzw. Fernsehen ungelesen zur Seite legt oder bewußt nicht beachtet!
- durch die *Uminterpretation* der Bedeutung widersprüchlicher Eigenschaftsmerkmale, z. B. werden vom Verbraucehr die zunächst als so wichtig angesehenen, nun jedoch sich als »negativ« herausstellenden Eigenschaftsmerkmale der gewünschten Warenmarke als unwichtig angesehen oder die eigentlich »positiven« Eigenschaftsmerkmale der nicht gewünschten Ware werden nunmehr als nicht mehr kaufentscheidungsrelevant erachtet!
- durch *Verharmlosung* der Bedeutung sich widersprechender Eigenschaftsmerkmale. So werden vom Verbraucher die »negativen« Eigenschaftsmerkmale der gewünschten Warenmarke oft als branchenüblich angesehen! »Die Konkurrenz kocht doch auch nur mit Wasser«, ist häufig eine hierfür typische Auffassung.
- durch *Aufwertung* der Eigenschaftsmerkmale der gewünschten Warenmarke. Daher werden vom Verbraucher die »positiven« Eigenschaftsmerkmale der gewünschten Ware als wichtiger angesehen, außerdem wird weiter nach zusätzlichen – jedoch nur – »positiven« Eigenschaftsmerkmalen gesucht!
- durch *Abwertung* der Eigenschaftsmerkmale der nicht gewünschten Warenmarken, z. B. wird vom Verbraucher vermutet, daß diese Warenmarken sicherlich noch weitere »negative« Eigenschaften besitzen!

Dissonanzen können *vor*, aber auch *nach* einem Kauf auftreten. Ihre Reduktion verkürzt den Kaufentscheidungsprozeß, insbesondere die Beschaffung und Verarbeitung von Informationen zur Rechtfertigung einer Kaufentscheidung. Dies verhindert oft, daß der Verbraucher eine für ihn besser geeignete Warenmarke findet und aus den negativen Erfahrungen eines Kaufs lernen kann (vgl. Kleinhenz 1978, S. 95). Der Grund für ein solches Verhalten liegt im Bedürfnis eines jeden Menschen, Entscheidungen zu treffen, mit denen er eine Zeitlang möglichst zufrieden leben kann (»Theorie der kognitiven Dissonanz«). Dies gilt insbesondere für die Dissonanzreduktion nach dem Kaufabschluß. Während des Prozesses der Kaufentscheidung selbst aber ist ein solches Verhalten nicht erforderlich, hat doch der Verbraucher grundsätzlich die Möglichkeit, die für ihn geeignetste Warenmarke zu finden. In der Realität sieht dies jedoch anders aus (vgl. Beier 1979, S. 108ff.):

- erstens verfügt der Verbraucher nicht immer über alle relevanten Informationen, die etwas darüber aussagen, welche Eigenschaftsmerkmale welche Warenmarken haben (»beschränkte Markttransparenz«);
- sollte er dennoch Zugang zu allen relevanten Informationen haben, ist er zweitens nicht immer in der Lage, diese Informationen zu verstehen, zu bewerten und Konsequenzen daraus für seinen Kaufentscheid zu ziehen (»beschränkte Informationsverarbeitungskapazität«);
- drittens mangelt es ihm häufig am entsprechenden Geld und der entsprechenden Zeit, sich diese Informationen zu beschaffen und sie auszuwerten (»beschränkte Finanzmittel bzw. Zeitkapazitäten«);
- und viertens weiß er vielfach selbst nicht so genau, welcher Warenmarke er und die Mitglieder seines Haushalts nun tatsächlich bedürfen (»beschränkte Bedarfstransparenz«).

Die Folge kann sein, daß der Verbraucher sich während des Kaufentscheidungsprozesses sehr schnell auf einige wenige objektive, subjektive oder auch nur imaginäre Eigenschaftsmerkmale konzentriert und sich sehr früh auf eine bestimmte Warenmarke festlegt. Ist dies der Fall, wird eine vorzeitige Festlegung auf eine bestimmte Warenmarke den endgültigen Kaufentscheid bestimmen.

Der »Dissonanz-Kauf« stellt eine Fehlentwicklung dar, wenn er zum Kauf einer untauglichen oder im Vergleich zum Warenangebot schlechteren Warenmarke führt. Er trägt zu einer weiteren Fehlentwicklung bei, wenn der Verbraucher im Rahmen eines Ersatzkaufs wieder dieselbe Warenmarke kauft. Die »Markentreue« wird gefestigt, obwohl durch die Auswahl einer »besseren« Warenmarke eine Korrektur des ersten (Fehl-)Kaufs möglich wäre. Für den Verbraucher heißt das, er sollte vermeiden, daß eine vor einem Kauf stattfindende Dissonanzreduktion auf Kosten der Qualität der zu kaufenden Ware geht. Weiterhin sollte er erkennen, daß eine nach einem Kauf auftretende Dissonanz durchaus reduziert werden darf, solange dies nicht auf Kosten der Qualität zukünftiger (Ersatz-)Käufe geht.

Die Unternehmen gehen in ihrer Produkte- und Verkaufspolitik sowie in ihren Verkaufsgesprächen auf den Wunsch der Verbraucher nach Dissonanzreduktion ein, indem sie

- Waren anbieten, die zumindest ein Eigenschaftsmerkmal besitzen, welches nicht den Eigenschaftsmerkmalen der konkurrierenden Warenmarken entspricht (vgl. auch »USP-Kauf« [26]). So versuchen sie, dem Verbraucher die »Aufwertung« der gewünschten Warenmarke zu erleichtern;
- mit Hilfe der Werbung Informationen verbreiten, die die Richtigkeit

von – im Prinzip neutralen, objektiven und sachkundigen – Testinformationen in Frage stellen sollen; sei es, daß gegen solche Testinformationen pro forma versucht wird, eine »einstweilige Verfügung« vor Gericht zu erlassen, um sich darauf in ihren Werbeinformationen beziehen und dem Handel Gegenargumente in die Hand geben zu können; sei es, daß ein mehr oder weniger parteiischer »Gegen-Testbericht« erstellt wird, der die Aussagen des Original-Testberichts widerlegen soll (vgl. hierzu »test«, Heft 6/87, S. 13);

- im Rahmen von Verkaufsgesprächen darauf hinweisen lassen, daß ein Angebot nur noch beschränkt (»limitiert«) vorhanden ist. So wird im Bekleidungs- und Möbelbereich von den Verkäufern immer wieder behauptet, daß es sich bei der vom Kunden in die engere Wahl gezogenen Ware leider um das letzte Exemplar handelt. Auf diese Weise wollen die Verkäufer erreichen, daß ein Verbraucher, der auf Grund offenkundig nicht reduzierter Dissonanzen nicht in der Lage, d. h. »gelähmt« ist, sich für eine bestimmte Ware zu entscheiden, nun endlich sich zu einer Entscheidung durchringt, da er anderenfalls damit rechnen muß, daß ein dritter Verbraucher ihm die im Prinzip »akzeptable« Ware »wegkauft«;
- Sonderangebotsaktionen veranstalten, die den Verbraucher dazu veranlassen können, wegen der anscheinend zu erzielenden Preisersparnis mögliche qualitative Vorteile der nicht im Angebot befindlichen konkurrierenden Warenmarken zu verharmlosen.

Daß die Dissonanzen in der Vorkaufsphase auch durch Aufklärung vermindert werden können, wird in der Regel von den Unternehmen *ignoriert.* Man braucht sich nur die Anzeigenwerbung etwa in den Publikumszeitschriften (z. B. Stern, Hör zu) anzuschauen. Wohl steht in den einzelnen Anzeigen manchmal viel geschrieben, aber nur selten ist etwas Konkretes über den Zustand der Gebrauchstauglichkeit zu lesen. Wenn einmal in der Werbung doch mehrere Daten über die Qualität der Ware(n) mitgeteilt werden (z. B. bei den Prospekten für HiFi-Geräte), dann hat der Verbraucher oft Mühe, diese Daten auch zu verstehen; dann nämlich, wenn die Daten des einen Unternehmens nicht mit den Daten der konkurrierenden Unternehmen vergleichbar sind, da sie nach unterschiedlichen Meßkriterien ermittelt wurden und da die Bezugsgrößen der Daten verschieden sind (z. B. Sinuswattleistung nach deutscher, amerikanischer oder japanischer Norm; Ausgangs-, Musik-, Spitzen-, Gesamtspitzen-Wattleistung eines Verstärkers). Abgesehen davon können die ermittelten Daten etwas zugunsten des werbenden Unternehmens »geschönt« sein, was sogar für die ansonsten so vertrauenserweckenden drei DIN-Angaben für den Benzinverbrauch von Pkw im Stadtverkehr, bei konstant 90 km/h bzw. 120 km/h zutreffen kann.

[44] »Hans-im-Glück-Effekt«

Im allgemeinen führen Kauf und Konsum einer bestimmten Ware zur vollständigen Befriedigung eines oder mehrerer Bedürfnisse. Das gilt insbesondere, wenn nur eine Ware, die zur Bedürfnisbefriedigung geeignet ist, am Markt angeboten wird. Unser derzeitiges Marktangebot ist jedoch durch eine große Vielfalt gegeneinander substituierbarer Warenmarken gekennzeichnet, die allesamt geeignet sind, dieselben Bedürfnisse zu befriedigen. Da sich diese Warenmarken durch mehr oder weniger kleine qualitative Besonderheiten voneinander unterscheiden – die Testberichte der »Stiftung Warentest«, der Automobil- und Fotofachzeitschriften legen dies sehr deutlich offen –, wird dem Verbraucher der Kauf nicht leichtgemacht. »In dieser Situation exzellenter Versorgung wird eine jede Entscheidung zu einem Verzicht« (Scheuch 1975, S. 127). Nur mit Hilfe der »Dissonanzreduktion« kann der einzelne Verbraucher zum Kauf kommen und mit ihm auch längere Zeit zufrieden sein (vgl. »Dissonanz-Kauf« [43]).

Was ist aber, wenn es dem Verbraucher nicht gelingt, seine durch eine Kaufentscheidung entstandenen Dissonanzen spätestens nach dem Kauf abzubauen? Wenn es die Unternehmen schaffen, beim Verbraucher nach einem getätigten Kauf *neue Dissonanzen* zu wecken? Der Verbraucher wäre dann mit seiner getroffenen Entscheidung unzufrieden! Um diese Unzufriedenheit zu beheben, müßte er sich dazu durchringen – obwohl er im Prinzip über eine geeignete und noch nicht verschlissene bzw. aufgebrauchte Ware verfügt –, diese »alte« Ware abzustoßen. So kann er die »neue«, zumindest die neu in seinem Blickfeld aufgetauchte Ware kaufen. Tauchen auch nach diesem Kauf erneut nicht abbaubare Dissonanzen auf, die wieder einen Kauf zur Folge hätten usw. usf., dann läge eine Fehlentwicklung vor. Der Verbraucher ist dann nicht imstande, einen Kaufentscheidungsprozeß zum Abschluß zu führen, sei es, daß er

- seinen Schwerpunkt bei der Bewertung der Alternativen auf zu wenige Eigenschaftsmerkmale legt und dabei den Wert anderer Eigenschaftsmerkmale nicht erkennt, vergißt oder ignoriert, die aber nach Kaufabschluß plötzlich für ihn relevant werden;
- nicht erkennt, daß – sofern er eine Kaufentscheidung getroffen hat – er sich mit der gekauften Ware, solange sie nicht verschlissen bzw. aufgebraucht ist, abfinden sollte. Jede Ware weist irgendwelche Mängel auf. Es gibt zum Zeitpunkt des Kaufes, aber auch einige Zeit danach immer Waren, die bezüglich mindestens eines Eigenschaftsmerkmales besser sind oder sein werden.

Ein solcher Verbraucher erinnert einen an den in Grimms Märchen beschriebenen »Hans im Glück«, der bekanntlich mit einer Ware, die er besaß, *nie zufrieden* war, weil er immer nur die Nachteile dieser Ware und

die Vorteile der anderen Waren, welche er nicht besaß, sah. Deshalb soll dieses problematische Kaufverhalten als »Hans-im-Glück-Effekt« bezeichnet werden (näheres über die Interpretation dieses Märchens ist zu finden bei Lüderssen 1980, S. 144ff.). So kauft sich beispielsweise ein Wasserwanderer (Paddler) sein erstes Kajak wegen der schönen Form; ein halbes Jahr später tauscht er es gegen ein anderes aus, weil dieses besser verarbeitet ist; kurz nach dem Kauf sieht er eines, das so schön klein und handlich ist; bald darauf beschafft er sich eines, in dem mehr Gepäck für die Urlaubswanderfahrt hineinpaßt; nun stellt er fest, daß es auch Kajaks gibt, die sehr viel leichter gebaut sind; da aber dieser Kajaktyp nicht wasserdicht abzuschotten ist, stößt er wiederum dieses Boot ab und entscheidet sich für ein anderes, welches bald darauf von einem Typ abgelöst wird, was bessere Fahreigenschaften bei Wellengang haben soll; bei seiner ersten Fahrt mit diesem Modell sieht er plötzlich ein Kajak, dessen Fahreigenschaften vom Wind nicht beeinflußt werden usw. usf.
Die Unternehmen versuchen durch Herausstellung spezifischer Merkmale, die im Zeitablauf immer wieder verändert oder verbessert werden, beim Verbraucher Dissonanzen zu erzeugen, um auf diese Weise vom »Hans-im-Glück-Effekt« zu profitieren. Erhöhte Geldausgaben für den Verbraucher und ein steigender Rohstoffbedarf sowie ein anwachsendes Müllvolumen für die Umwelt sind nur einige Folgen eines solchen Kaufverhaltens.

[45] Gewohnheitskauf

Es lassen sich zwei Idealtypen des Entscheidungsverhaltens beim Kauf unterscheiden. Auf der einen Seite gibt es den »Rational-Kauf« (auch als »extensive« Kaufentscheidung bezeichnet; vgl. Weinberg 1981, S. 49ff.), bei dem der Verbraucher sich zusätzlich zu den in seinem Gedächtnis gespeicherten Informationen weitere Informationen beschafft und verarbeitet sowie sehr viele Warenmarken in seine Entscheidung einbezieht. Auf der anderen Seite steht der »Impuls-Kauf« (vgl. hierzu den »Stimulus-Kauf« [12]), bei dem der Verbraucher sich zusätzlich keine weiteren Informationen beschafft und verarbeitet. Er bezieht nur eine einzige Warenmarke – nämlich die, welche den Stimulus zur Kaufentscheidung ausgelöst hat – in seine Entscheidung ein.
Wenn nun zusätzlich nur wenige Informationen beschafft und verarbeitet werden, weil auf »gute« Erfahrungen zurückgegriffen wird, liegt eine Mischform vor, die im folgenden als »Gewohnheitskauf« bezeichnet werden soll (vgl. Dieterich 1986; Weinberg 1981, S. 31f., S. 89ff., S. 119ff.), Weinberg unterscheidet zwei Arten von Kaufentscheidungen, die »limitierte« und die »habitualisierte« Kaufentscheidung.
Ein »Gewohnheitskauf« verkürzt beim Verbraucher den Prozeß der

Kaufentscheidung. Je nach Art lassen sich folgende Varianten unterscheiden:

- der Verbraucher greift gewohnheitsmäßig nur noch auf eine bestimmte Informationsquelle zurück (z. B. auf vergleichende Berichte der »Stiftung Warentest«, sog. »Test-Kauf«, oder auf die Aussagen eines von ihm geschätzten Bekannten oder Verkäufers, sog. »Opinion-Leader-Kauf«);
- für den Verbraucher kommt zum Kauf gewohnheitsmäßig nur noch ein Geschäft in Frage (sog. »Händler-Treue«);
- der Verbraucher kauft gewohnheitsmäßig nur noch Waren mit bestimmten Eigenschaftsmerkmalen (z. B. »Made in Germany«, »echt Handarbeit«, mit »Woll-Siegel«, »Bio-Produkte«, mit bestimmter Farbe bzw. bestimmten Design) (vgl. »Modekonsum« [30]);
- der Verbraucher kauft gewohnheitsmäßig nur noch Waren, die auch die Mehrheit der anderen Verbraucher konsumiert (vgl. »Bandwagon-Effekt« [36]);
- für den Verbraucher kommen zum Kauf nur noch einige wenige, oft renommierte Markenartikel in Frage (sog. »Markenartikel-Kauf«) (vgl. Dieterich 1986, S. 116 f.);
- der Verbraucher kauft gewohnheitsmäßig nur noch Waren eines einzigen Herstellers (sog. »Hersteller-Treue«);
- der Verbraucher kauft gewohnheitsmäßig nur noch eine bestimmte Warenmarke (sog. »Marken-Treue«) (vgl. ebenda, S. 107 ff.);
- der Verbraucher kauft gewohnheitsmäßig stets eine bestimmte Menge, z. B. 125 Gramm Wurst, 1 Pfund Kirschen, 1 Schachtel Konfekt, 4 Kugeln Eis;
- der Verbraucher kauft gewohnheitsmäßig in bestimmten Zeitabständen (Kaufrhythmus), z. B. 1 Kiste Bier zum Wochenende, ein Auto alle vier Jahre.

Die »Marken-Treue« stellt die Extremform des »Gewohnheitskaufs« dar. Bei ihr ist der Entscheidungsaufwand minimiert. Es werden nicht eigene Informationen beschafft. Der Kauf beruht allein auf *Erfahrungen*, die bei früher getroffenen Kaufentscheidungen gewonnen wurden.
»Gewohnheiten« im allgemeinen entstehen, »um Zeit, Mühe und Denken im Umgang mit wiederholten Situationen zu sparen . . . (Sie sind) der Versuch, ein gegenwärtiges Problem durch die Verwendung einer früher erfolgreichen Lösung zu bewältigen« (Maslow 1981, S. 249 bzw. S. 245). Verbraucher, deren Persönlichkeit vom »Streben nach Dauer statt nach Veränderung«, von der »Angst vor dem Risiko« geprägt ist (vgl. Riemann 1985, S. 105 ff. bzw. S. 156 ff.), sind dabei besonders empfänglich für Gewohnheiten und das Festhalten an Gewohnheiten (vgl. auch »Gewohnheitskonsum« [4]).

»Gewohnheitskäufe« tätigt ein Verbraucher, wenn er seinen Entscheidungsaufwand oder sein Kaufrisiko begrenzen will. Dieser Aufwand wird vom Zeit- und Finanzbedarf bestimmt, der bei der Beschaffung und Auswertung von Prospekten, Testberichten anfällt. Hinzu kommen Beratungs- und Verkaufsgespräche. Andererseits kann der Entscheidungsaufwand mit Streß verbunden sein, wie er beim Durchlesen komplizierter, widersprüchlicher, aber auch veralteter Informationen sowie bei unfreundlicher und inkompetenter Beratung durch Verkäufer auftritt. Das subjektiv empfundene Kaufrisiko würde ansteigen, wenn der Verbraucher sich für eine andere, ihm wenig bekannte Warenmarke, die vielleicht von einem ihm wenig bekannten Händler angeboten wird, entscheiden würde.
Der »Gewohnheitskauf« beruht insofern auf vernünftigen Überlegungen: »Ist doch nicht jeder Verbraucher bereit, seine knappe Freizeit für Preisvergleiche und Prospektstudium zu ›opfern‹, um dann günstigenfalls bei einem Händler, der ihm unsympathisch ist, eine Warenmarke zu kaufen, die u. U. nichts taugt, zu einem Preis, der evtl. nur ein paar Mark niedriger ist, zu Konditionen, die zusätzliche Eigenarbeit erforderlich machen (z. B. Selbstabholung), und bei einem Reparaturservice, den man am besten nicht in Anspruch nehmen sollte!«
Die Ausübung von »Gewohnheiten« kann nicht nur von Vorteil, sondern auch problematisch sein; denn ihnen ist die Tendenz eigen, »in einer bequemen Art und Weise, echte und unverbrauchte Aufmerksamkeit, Wahrnehmung, Lernen und Denken zu ersetzen« (Maslow 1981, S. 251); so können »Gewohnheitskäufe« zu Fehlentwicklungen führen, und zwar dann, wenn der Verbraucher auf Kauf- und Konsumerfahrungen zurückgreift, die völlig überholt sind. Da dem Verbraucher nicht allgemein gesagt werden kann, wann seine Erfahrungen veraltet sind, sollte er sich zur Regel machen, die Aktualität und Gültigkeit seiner Erfahrungen von Zeit zu Zeit und von Fall zu Fall zu überprüfen, indem er andere Informationsquellen verarbeitet, andere Händler aufsucht und andere Warenmarken ausprobiert. Bei Verbrauchswaren des täglichen Bedarfs sollte eine solche Überprüfung häufiger vorgenommen werden als bei Gebrauchswaren des aperiodischen Bedarfs.
Ein Verbraucher, der über ein hohes Einkommen, aber wenig Freizeit verfügt, der ungern einkauft und keine hohen Anforderungen an die Qualität einer Ware stellt, wird darüber anders denken als ein Verbraucher mit niedrigerem Einkommen, mehr Freizeit usw. Nur wenn ein Verbraucher bereit ist, solche Überprüfungen vorzunehmen, wird er in der Lage sein, qualitativ »bessere« Waren zu »günstigeren« Preisen und »vorteilhafteren« Konditionen zu finden. Weiterhin sollte ein Verbraucher überprüfen, ob die stets von ihm eingekauften Mengen nicht zu hoch angesetzt sind und der Kaufrhythmus nicht verlängert werden kann. In bei-

den Fällen könnte nicht nur Geld eingespart, sondern auch übermäßiger Konsum mit seinen negativen Folgeerscheinungen abgebaut werden.
Die Unternehmen versuchen mit ihrem Marketing auch dem »Gewohnheitskauf« Rechnung zu tragen. So bemüht sich der Einzelhandel durch Sonderangebote und Werbeversprechen (z. B. »Finden Sie ein Geschäft, das bei gleichen Konditionen billiger ist, nehmen wir die bei uns gekaufte Ware innerhalb von acht Tagen zurück.«) das Image eines preiswerten Geschäfts zu erhalten, um so beim Verbraucher den Eindruck zu erwekken, daß Preisvergleiche nicht nötig seien. Andere Händler versuchen mit der Kondition »Jede Ware, die Ihnen nicht gefällt, nehmen wir zurück!« das Kaufrisiko beim Verbraucher zu vermindern. Beides sind Beispiele, wie man die »Händler-Treue« erhöhen kann.
Hersteller dagegen versuchen durch *»Warendifferenzierung«*, d. h. mit einem breit gefächerten Angebot qualitativ ähnlicher Waren – wie verschiedene Klein-, Mittel- bzw. Oberklasse-Pkws – die »Hersteller-Treue« zu fördern. Mit Hilfe der »Warenvariation« wollen sie demgegenüber die »Markentreue« beeinflussen. Erreichen können sie dies über die laufende Verbesserung einer Warenmarke in bestimmten Zeitabständen. Z. B. werden PKWs jedes Jahr in Details und alle fünf bis sieben Jahre total überarbeitet. Dies fördert den Einfluß auf die »Marken-Treue«. Außerdem weisen die Hersteller in der Werbung immer wieder unterschwellig auf das Risiko hin, das mit dem Kauf eines Konkurrenzproduktes (d. h. mit einem »Markenwechsel«) verbunden ist. Das kann für die folgenden Aussagen angenommen werden: »Persil bleibt Persil«, »Lieber einen weniger, dafür etwas Gutes – Burekorn«, »AEG – Aus Erfahrung gut«, »Golf, da weiß man, was man hat«, »REWE – Wir kaufen gut ein, damit Sie gut einkaufen«, »Deutsche Markenbutter – Hüten Sie sich vor Imitationen«.

VI. Probleme der Intransparenz als Ursache für Fehlentwicklungen

[46] »Konsumegoismus«

Die Basis für alle Käufe, die durch »Probleme der Intransparenz« geprägt sind, ist der »Konsumegoismus«. Unter diese Fehlentwicklung fallen folgende Aspekte eines Kauf- und Konsumverhaltens:

- die mangelhafte Kenntnis (»Intransparenz«) der *eigenen Bedürfnisse* und des eigenen Bedarfs behindert die individuelle Bedarfsentwicklung. Das trifft für all jene Kaufentscheidungen zu, die unüberlegt und meist zu schnell getroffen werden, weil gerade ein bestimmter Bedarf nach einer spezifischen Warenmarke als besonders dringlich erscheint. Dabei wird nicht bedacht, daß dadurch Ressourcen (Geld, Zeit, Lagerraum u. a.) gebunden werden, die für andere Zwecke nützlicher hätten verwendet werden können;
- die mangelhafte Kenntnis der Bedürfnisse und des Bedarfs der übrigen Mitglieder *eines Haushalts* behindert deren Bedarfsentwicklung. Das gilt für Kaufentscheidungen, die in einem Haushalt von einem einzigen Mitglied für andere Mitglieder ohne »große« Absprachen getroffen werden;
- die mangelhafte Kenntnis der Bedürfnisse und des Bedarfs jener Personen, die sich *außerhalb des eigenen Haushalts* befinden, behindert deren Entwicklung. Dazu gehören die Umweltprobleme, die durch das eigene Kauf- und Konsumverhalten entstehen und die aus der Perspektive einer einzelnen Kaufentscheidung betrachtet harmlos erscheinen, aber bei massenhaftem Auftreten problematisch werden, wenn nicht heute, dann morgen oder übermorgen. Vielleicht sind nur Dritte, aber auch die eigenen Kinder und Enkel davon betroffen.

Bei Kaufentscheidungen sollten möglichst die Wirkungen auf die eigene Bedarfsformung und die Bedarfsformung anderer berücksichtigt werden: »Die Freiheit der Entwicklung eines Bedarfs müßte eigentlich dort ihre Grenzen haben, wo sie die Freiheit der Entwicklung anderer Bedarfe, seien es nun die eigenen oder die anderer Menschen, behindert« (vgl. auch Lederer/Mackensen 1975, S. 24).

Je mehr Personen vom »Konsumegoismus« eines einzelnen Verbrauchers betroffen werden, je einschneidender seine Auswirkungen sind und je schneller sie zur Geltung kommen, desto problematischer erweist er sich. Verantwortlich für den »Konsumegoismus« ist letztlich der einzelne Verbraucher. Sein ihm innewohnender, quasi triebhaft in Erscheinung

tretender »Egoismus« bestimmt nicht nur mannigfaltig viele seiner nicht-wirtschaftlichen Handlungen, sondern wirkt sich auch dominierend auf sein Kauf- und Konsumverhalten aus. Der Verbraucher sollte daher lernen, seinen »Egoismus« etwas zurückzudrängen zugunsten des nicht weniger natürlichen und nicht weniger wichtigen Strebens nach »Verantwortung« gegenüber anderen, aber auch gegenüber seinem eigenen Körper, wozu nicht zuletzt »Solidarität« mit seinen Mitmenschen gehört (vgl. Bartelt 1978, S. 111 ff.).
Obwohl der Verbraucher die Folgen des eigenen »Egoismus« und des »Egoismus« anderer meist selber zu tragen hat, zumindest aber spürt, ist nicht damit zu rechnen, daß er diesem »Egoismus« genügend widerstehen kann. Die Folgen werden häufig erst langfristig richtig sichtbar. Teilweise tritt ein Gewöhnungsprozeß ein, der dazu führt, daß viele Verbraucher die Folgen als einen »Normalzustand« für sich ansehen. Dies gilt für die vielen Fälle der Gewässer- und Luftverschmutzung, die meist schon so lange andauern, daß der Verbraucher sich nicht mehr so richtig vorstellen kann, wie der »Urzustand« früher aussah und welche Vorteile dieser ihm und anderen Menschen bieten könnte.
Teilweise sind die Folgen so komplex und Lösungsmöglichkeiten so umstritten, daß mancher Verbraucher die Übersicht über seine Handlungsmöglichkeiten verliert. Er ist dann an keiner Lösung der anstehenden Probleme so richtig interessiert. Die Kauf- und Konsumentscheidungen solch verunsicherter Verbraucher werden vom Zufall, vom Augenblick, von einseitigen Argumenten Dritter und von »bewährten« Gewohnheiten geprägt. Das trifft insbesondere für das Ernährungsverhalten zu, bei dem der Laie auf Grund der vielfältigen, sich einander widersprechenden Informationen seitens der Wissenschaft, der Lebensmittelindustrie und der Medien nicht mehr durchblickt. Er vermag die richtigen Entscheidungen für sich, seine Haushaltsmitglieder und die Umwelt nicht mehr zu treffen.
Der Verbraucher benötigt daher die Unterstützung anderer. Hier sind nicht nur entsprechende Verbraucher-, Umwelt- und Bürgerinitiativen, sondern auch der Staat und seine Institutionen angesprochen. Sie können durch Aufklärung auf die Probleme »konsumegoistischen« Verhaltens aufmerksam machen, durch Sanktionen allzu »egoistisches« Kauf- und Konsumverhalten erschweren oder sogar unmöglich machen. In vielen Fällen ist der Staat tätig geworden. Das gilt für jene Gesetze und Verordnungen zum Umwelt- und Gesundheitsschutz, etwa bei Automobilen, Waschmitteln und einzelnen Zusatz- und Schadstoffen; für das »Abzahlungsgesetz« oder »Haustürwiderrufsgesetz«, welche dem Verbraucher bei übereilt und unüberlegt abgeschlossenen Kaufverträgen ein Rücktrittsrecht einräumen; für Maß-, Eich- bzw. Textilkennzeichnungsgesetze und Preisangaben-, Lebensmittelkennzeichnungs- und Fertigverpak-

kungsverordnungen, die den Verbraucher rechtzeitig über die Höhe des Preises, die Qualität und die Art einzelner Eigenschaftsmerkmale einer Ware aufmerksam machen sollen.
Teilweise bedarf es jedoch noch weiterer Aktivitäten. Gedacht ist an eine stärkere Erschwerung der Produktion umweltschädigender oder gesundheitsschädlicher Waren, zumindest aber an eine verbesserte Warenkennzeichnung, die auf solche Eigenschaften aufmerksam macht; an die Verhinderung der Überschuldung eines Privathaushalts durch Begrenzung des Kreditvolumens, der Dauer von Ratenzahlungen und der Höhe des effektiven Jahreskreditzinssatzes, usw. Aber auch die Unternehmen müßten, obwohl sie an der Förderung des eigenen Umsatzes interessiert sind, ihren Beitrag dazu leisten. Zumindest die Produktion und der Absatz »konsumegoistischer« Sach- und Dienstleistungen, die die Bedarfsentwicklung aller beeinflussen, sollten zugunsten anderer Leistungen korrigiert werden. Es liegt ein Widerspruch vor, wenn die Unternehmen im Rahmen der Produktion und des Verkaufs sich nur nach den bestehenden Gesetzen richten, aber bei einer anstehenden Verschärfung dieser Gesetze darauf verweisen, daß man dies aufgrund freiwilliger Vereinbarungen zwischen den Unternehmen regeln könnte. Die Unternehmen sollten viel früher von sich aus tätig werden und nicht erst dann, wenn der Staat mit der Verabschiedung neuer oder der Novellierung bestehender Gesetze und Verordnungen droht.

[47] »Gefallen-Streben«

»Wissen die Verbraucher eigentlich, was sie wollen?« – »Nein, sie wissen nur, was ihnen gefällt oder nicht gefällt!« (vgl. G. L. Clements in Riesmann 1958, S. 201). Aus dieser Feststellung läßt sich eine Fehlentwicklung des Kaufverhaltens ableiten, dessen Ursache in der mangelnden Kenntnis des eigenen Bedarfs liegt. Sie kann dadurch charakterisiert werden, daß der Verbraucher »gefallen« mit »bedürfen« verwechselt. Er läßt sich zum Kauf einer Ware anregen, weil sie ihm besonders gut »gefällt«, nicht aber weil er sie besonders dringend »bedarf«.
Es handelt sich hier um ein Kaufverhalten, das nicht durch langfristige Planung, sondern durch kurzfristig auftauchende Stimuli geprägt ist. Dessen Ursprung ist weniger in den Bedürfnissen des Verbrauchers und seines Haushalts, sondern im Warenangebot der Unternehmen zu finden (vgl. »Haben-Wollen-Effekt« [9], »Angebotseffekt« [11] und »Stimulus-Kauf« [12]). Scherhorn (1980, S. 13) spricht in diesem Zusammenhang davon, daß der Verbraucher nur das Entscheidungsobjekt (hier: die zu kaufende Ware), nicht aber seine Ziele (hier: Bedürfnisse) im Auge behält.
Das »Gefallen« kann von einem subjektiven, objektiven oder imaginären Eigenschaftsmerkmal ausgelöst werden, wie dies beim »USP-Kauf« [26]

geschieht. In Zeiten, wo der Verbraucher viel frei verfügbares Einkommen besitzt, kann er es sich eher leisten, seinem »Gefallen-Streben« nachzugehen. Bei sinkendem Einkommen muß er jedoch in der Lage sein, es unterdrücken zu können. Welcher konkrete Kaufwunsch dabei vom »Gefallen-Streben« beherrscht wird, zeigt sich, wenn der Verbraucher auch mal bereit ist, den Kauf einer bestimmten Ware für einige Zeit zurückzustellen. Nach Ablauf dieser sich selbst gesetzten Bedenkfrist können häufig andere Waren »gefallen«.

Alle Waren, insbesondere aber solche, die mehr als die Grundbedürfnisse befriedigen, können auf Grund des »Gefallen-Strebens« nachgefragt werden. Die Unternehmen nutzen dies zur Umsatzsteigerung aus. So hat sich der »äußere Schein« einer Ware (hier: Form, Farbe und Geruch von Ware und Verpackung), aber auch ihr Markenzeichen zu einer zentralen Größe im Rahmen der Warengestaltung und Markierung entwickelt. Hiervon bleiben sogar Produkte, die von der Natur geschaffen wurden (z. B. landwirtschaftliche Produkte, wie Äpfel, Tomaten, Erdbeeren, Fleisch, Eier, Zucker, Butter; aber auch fischwirtschaftliche Produkte, wie Zuchtlachs), nicht verschont. Das gilt für Züchtungen, bei denen die Größe, die Form und die Farbe eine größere Bedeutung einnehmen als der Geschmack und der Nährwert. Es trifft aber auch für Fütterungsmethoden zu, mit denen man Einfluß auf die Farbe des Fleisches (z. B. von Kalbfleisch, Fjordlachs) und des Eigelbs ausüben will.

Dort aber, wo die Natur oder der Eingriff in die Natur nicht zu den gewünschten Ergebnissen führt, versucht es die Industrie durch nachträgliche Zugaben, mit Farbstoffen wie: Kurkumin, Lactoflavin, Tartrazin, Chinolingelb, Rivoflavin-5-Phosphat, Azorubin, Amaranth, Cochenillerot A, Erythrosin, Patentblau V, Indigotin I, Brillantsäure grün, Bixtin, Norbixtin, Annato, Orlean, Capsanthin, Lycopin, Calciumcarbonat – oder mit Aromastoffen wie: Äthylvanillin, Resorcindimethyläther, Chininsulfat; Menthol, Eukalyptol, Zitral; Orangenessenz soll eine optische oder geschmackliche Verbesserung erreichen. Hilft dies nicht, greift sie im Rahmen der Verpackungsgestaltung auf die Wiedergabe von Bildern und Fotos zurück, die durch Vergrößerung, Colorierung und Abbildung von »Garnierungsvorschlägen« ein geschöntes Bild der zu verkaufenden Ware wiedergeben. Dies ist bei Konserven- und Tiefkühlprodukten üblich. Zusätzlich versuchen die Unternehmen durch die Art der Präsentation einer Ware in der Werbung, in Prospekten, Katalogen, im Schaufenster, im Laden das Streben nach Gefallen der Verbraucher zu beeinflussen.

[48] »Werttäuschung«

Eine andere Variante einer Fehlentwicklung, die auf mangelnde Bedarfstransparenz zurückzuführen ist, stellt die »Werttäuschung« dar. Ein Bedarf hat nur dann eine Chance befriedigt zu werden, wenn die zu kaufende Ware erreichbar und wertvoll (wichtig) ist (vgl. Hondrich 1983, S. 58). Der einzelne Verbraucher kann sich so hinsichtlich der »Erreichbarkeit« täuschen (vgl. hierzu die »Erreichbarkeitstäuschung« [2]). Er kann sich aber auch hinsichtlich des Wertes der Wichtigkeit des Bedarfs und der Befriedigung dieses Bedarfs täuschen. Liegt eine solche Täuschung vor, soll im folgenden von einer »Werttäuschung« gesprochen werden. Hierunter ist nicht jener Fall zu verstehen, daß der Verbraucher auf Grund mangelnder Produktkenntnis die Qualität der gekauften Ware falsch beurteilt (vgl. den noch zu beschreibenden »Marktintransparenz-Kauf« [49]). Vielmehr sind solche Fälle einzuordnen, bei denen der Verbraucher sich über den Wert eines Bedarfs – welcher sehr eng mit dem Wert (letztlich: Qualität) der zur Bedarfsbefriedigung geeigneten und ins Auge gefaßten Ware im Zusammenhang steht – täuscht. Er ist über die Rangfolge eines Bedarfs innerhalb seiner Bedarfe im unklaren.

Die »Werttäuschung« kann wie folgt geartet sein:

- ein Bedarf ist gar nicht wertvoll, er erscheint dem Verbraucher nur so (hierunter ließe sich auch das »Gefallen-Streben« [47] einordnen);
- ein Bedarf ist nur kurzfristig wertvoll. Es stehen nicht »übergeordnete«, sondern nur »momentan vorherrschende Motive« im Vordergrund (vgl. Scherhorn 1983, S. 297f.); allerdings stellen sich recht bald Prioritätsverschiebungen ein, die der Verbraucher von Anfang an hätte erkennen können. Prioritätsverschiebungen, die nicht vor einem Kauf erkennbar sind, gelten nicht als »Werttäuschungen«, da sonst nahezu jeder Kauf auf eine solche »Werttäuschung« zurückgeführt werden könnte;
- ein Bedarf ist für den einzelnen Verbraucher wertvoll, aber nicht für die Mitglieder seines Haushalts; sei es, daß der Verbraucher den Bedarf seines Haushalts falsch einschätzt oder versucht, ihn ohne Absprache mit den übrigen Mitgliedern seines Haushalts selbst festzulegen. Der Kauf eines einzelnen, der die übrige Familie vor vollendete Tatsachen stellt und diese zwingt, ihren Bedarf an die gekaufte Ware anzupassen, könnte auch als eine eigenständige Fehlentwicklung angesehen werden (»Dominanz-Kauf«) (vgl. hierzu auch Dahlhoff 1980; Hubel 1986).

Die Ursache für eine solche Fehlentwicklung ist in erster Linie beim einzelnen Verbraucher zu finden. Will er »Werttäuschungen« vermeiden, sollte er keine übereilten Käufe tätigen und die ständige Absprache mit allen Mitgliedern seines Haushalts suchen. Die Haushaltsmitglieder sollten sich beim Treffen von Kaufentscheidungen stets vor Augen halten, was sie sich nicht mehr leisten können. Nur wenn sie sich auch über einen

möglichen Verzicht im klaren sind, haben sie den Wert einer zu kaufenden Ware für ihren Haushalt vollständig erfaßt und hinterfragt.
Eine derartige Problematisierung eines jeden Kaufs wird jedoch dem einzelnen Verbraucher schwergemacht, z. B. durch Sonderangebotsaktionen des Einzelhandels, durch Besuche von Haustürvertretern und durch das Angebot von »Kaffeefahrt«-Reiseveranstaltungen. Solche Veranstaltungen setzen den Verbraucher in einen zeitlich befristeten Entscheidungszwang, so daß er nur noch den Wert der angebotenen, nicht aber den Wert der nicht angebotenen Waren sieht. Außerdem scheinen die Unternehmen in Werbung und Verkaufsgesprächen nur am einzelnen als Entscheidungsträger interessiert zu sein, während die gesamte Familie im Hintergrund steht.
So ist kaum Werbung zu finden, die versucht, den Haushalt in den Kaufentscheidungsprozeß mit einzubeziehen. So könnte in einer Pkw-Werbung nicht bloß auf die Möglichkeit zu einer Testfahrt hingewiesen werden, sondern die ganze Familie zur Testfahrt aufgefordert werden. Den Unternehmen kann wegen dieser gezielten Ausrichtung auf eine einzige Person kein Vorwurf gemacht werden. Sie wollen einzig und allein ihre Ware verkaufen. Je weniger Personen aber über einen Kauf zu entscheiden haben, desto schneller wird die Entscheidung zum Kauf getroffen und desto geringer ist die Gefahr, daß Informationen anderer Unternehmen bzw. Einwände Dritter den Kaufentscheid herauszögern oder gar verhindern können.

[49] Marktintransparenz-Kauf

Der Kauf einer Ware setzt eigentlich voraus, daß der Verbraucher vollständige »Markttransparenz« besitzt. Er sollte imstande sein, zu beurteilen, welches Unternehmen das für ihn günstigste Angebot an Sach- bzw. Dienstleistungen macht. Im Extremfall, wenn man vom Idealtyp des sich »vollkommen rational verhaltenden« Verbrauchers ausginge (vgl. Beier 1974, S. 18ff.), müßte bei einer Kaufentscheidung folgendes beachtet werden:

- alle für einen Kauf relevanten Warenmarken auf ihre Eignung für den Bedarf des Verbrauchers überprüft werden; nur dann kann er sicher sein, daß er nicht eine ihm bislang unbekannte Warenmarke, die für ihn am geeignetsten ist, übersehen wird;
- alle objektiven und subjektiven Eigenschaftsmerkmale, aber auch die imaginären Eigenschaftsmerkmale der relevanten Warenmarken den Verbrauchern bekannt sein und berücksichtig werden;
- alle Informationen über die in Frage kommenden Händler (z. B. deren Zahlungs-, Lieferungs-, Reparaturbedingungen) beschafft und ausgewertet werden. Das gilt um so mehr, je unvollständiger die einzelnen Informationen (Werbung, Prospekte, Gespräche mit Verkäufern, Bera-

tungskräften, Bekannten und Medienberichte) über die entsprechenden Warenmarken bzw. Händler Auskunft geben;

- alle nicht durch Kauf erwerbbaren Handlungsalternativen auf ihre Eignung für den Bedarf des Verbrauchers überprüft werden. Hierzu gehören nicht nur die Alternativen, die durch Eigenproduktion bereitgestellt werden können, sondern ebenso alle Möglichkeiten der nicht-käuflichen Beschaffung von Waren, wie Leihe, Miete bzw. Leasing. Relevant werden solche Überlegungen etwa bei der Anschaffung von Büchern, Video-Aufzeichnungen, Kleidung, Hobbygeräten, Autos, Wohnraum;
- die zukünftige Entwicklung, die auf dem Markt für die bevorzugte Warenart, aber auch für andere Warenarten zu erwarten ist, in Erwägung gezogen werden. Ein Verbraucher zögert den Kauf einer Waschmaschine gern um einige Wochen oder gar Monate hinaus, wenn er wüßte, daß bald technisch verbesserte Maschinen herauskommen würden; den Kauf eines Sofas würde er u. U. zurückstellen, wenn er wüßte, daß ein paar Tage später eine Pauschalreise ins Angebot kommen würde, von der er schon seit langem träumte, die er sich aber nach einem Sofakauf nicht mehr leisten könnte;
- der anfallende Informationsbeschaffungs- und -verarbeitungsaufwand (z. B. Geld-, Zeit- und »psychischer Aufwand«).

In der Realität ist dieser Idealtyp wohl kaum anzutreffen. Die erforderlichen Informationen stehen überhaupt nicht in der gewünschten Vollständigkeit zur Verfügung oder der Verbraucher ist nicht bereit, sich all diese Informationen zu beschaffen und zu verarbeiten (vgl. hierzu den »Stimulus-Kauf« [12] und »Gewohnheitskauf« [45]). Sind nicht genügend Informationen zu beschaffen, weil die Unternehmen sie trotz hoher Ausgaben für Werbung, Prospekt- und Verpackungsgestaltung nicht zur Verfügung stellen wollen oder weil die »Stiftung Warentest« sie aus finanziellen Gründen nicht erarbeiten kann, so ist das als äußerst problematisch anzusehen. Ohne solche Informationen gleicht die Kaufentscheidung einem Lotteriespiel, dessen Ausgang von einigen bekannten und vielen unbekannten Größen geprägt wird. Außerdem lebt die Funktionsfähigkeit unserer am marktwirtschaftlichen System ausgerichteten Wirtschaftsordnung von der Information. Fehlen aber die relevanten Informationen, so können nicht die leistungsfähigsten Unternehmen von den Verbrauchern durch Kauf »belohnt« und somit in ihrer Produkt- und Preispolitik bestätigt werden. Außerdem sehen die übrigen Unternehmen keinen Anreiz, ihre Leistungsfähigkeit zu erhöhen. So werden von den Verbrauchern Käufe getätigt, die sie bei besserem Informationsstand unterlassen hätten. Sowohl der Wettbewerb als auch die Kaufentscheidungsprozesse führen zu Fehlentwicklungen, die jedoch der einzelne Verbraucher nicht zu vertreten hat und gegen die er sich kaum schützen kann.

Anders sind jene Fehlentwicklungen zu beurteilen, bei denen der Verbraucher freiwillig auf die Beschaffung und Verarbeitung vorhandener Informationen verzichtet. Wird dies pauschal begründet, daß der zu erwartende Informationsertrag den erforderlichen Informationsaufwand nicht rechtfertigt, so ist das je nach Warenart – je nachdem ob es sich um preiswerte Verbrauchswaren des periodischen Bedarfs handelt – unterschiedlich zu beurteilen. Je mehr Freizeit ein Verbraucher hat, je niedriger sein Einkommen, je teurer die zu kaufende Warenart, je wichtiger der für ihn zu deckende Bedarf, je vielfältiger das Warenangebot ist und über je weniger Warenkenntnis und Kauferfahrungen er verfügt, desto wichtiger ist es, daß der Verbraucher zu einer Verbraucherberatungsstelle geht, einen aktuellen und neutralen Testbericht liest (zu den Kontakten der Verbraucher mit den Ergebnissen der »Stiftung Warentest« vgl. Silberer/Raffée 1984, S. 34ff. u. S. 65ff.) und einige Händler aufsucht. Verzichtet ein Verbraucher auf die Beschaffung und Verarbeitung von »erreichbaren« Informationen, weil er nach dem Motto »Alle Unternehmen kochen doch nur mit Wasser!« die Notwendigkeit nicht einsieht und eine Abneigung hat, mit derartigen Informationen umzugehen, so ist das als problematisch anzusehen. Ein solcher Kaufentscheidungsprozeß soll als »Marktintransparenz-Kauf« bezeichnet werden. Er kann zu Fehlentwicklungen führen, die sich nicht nur negativ auf die Versorgung des Haushalts eines Verbrauchers, sondern auch negativ auf die Leistungsfähigkeit des Wettbewerbs und somit langfristig auch auf die gesamte Warenversorgung einer Volkswirtschaft auswirken können.

Die meisten Unternehmen fördern die Entstehung von »Marktintransparenz-Käufen« etwa dadurch, daß sie

- den Verbrauchern nicht genügend Informationen bereitstellen; dies führt dazu, daß die Verbraucher nie genau wissen, ob die Informationsbeschaffung sich für sie lohnt oder nicht lohnt. Die Folge ist, daß sie allzu leicht darauf verzichten, sich Informationen, die über das Verkaufsgespräch hinausgehen, zusätzlich zu beschaffen;
- sich nicht scheuen, die Verbraucher mit Hilfe von einseitigen Informationen über die tatsächlichen Eigenschaftsmerkmale der angebotenen Waren irrezuführen; das kann dazu führen, daß sich die Verbraucher informierter fühlen, als sie in Wirklichkeit sind. Die Folge ist, daß die Beschaffung zusätzlicher Informationen nicht für notwendig erachtet wird;
- die Herausarbeitung und Verbreitung der Informationen erschweren oder behindern, die die Transparenz auf dem Markt erhöhen. Das gilt für das Warenkennzeichnungssystem »Produkt-Information« wie für die von den Verbraucherzentralen und der AgV herausgegebenen Preisvergleichslisten »Wo ist Was am billigsten« (vgl. hierzu Beier 1981a; Brinkmann 1979). Die Folge ist, daß es den Verbrauchern schwergemacht

wird, am Beispiel »übersichtlicher« Informationen zu erfahren, wie hilfreich es ist, nach Informationen zu suchen;

- durch Maßnahmen der Verkaufsförderung (z. B. Sonderverkäufe) oder Absatzorganisation (z. B. Haustürvertreter) den Verbraucher in »Zugzwang« versetzen, so daß dieser verzichtet, sich weiter zu informieren;
- versuchen, dem Verbraucher einzureden (z. B. über Verkaufsgespräche; Werbe- bzw. AGB-Gestaltung), daß sich eine weitere Informationsbeschaffung gar nicht lohne, weil die gekaufte Ware bei Nicht-Gefallen ohnehin umgetauscht oder zurückgenommen werden kann. Den Unternehmen ist dies bewußt, daß der Verbraucher nach vollzogenem Kauf meist zu »träge« ist, das »Umtauschangebot« auch tatsächlich wahrzunehmen.

Beim Kauf gesunder und umweltverträglicher Waren zeigt sich die Problematik beschränkter Markttransparenz bei Kaufentscheidungen besonders. Einseitige, veraltete, einander widersprechende, für Laien unverständliche Informationen, gleichgültig ob sie von den Unternehmen, den Medien oder den Verbrauchern selbst stammen, haben den einzelnen Verbraucher verunsichert. Er findet sich überhaupt nicht mehr zurecht und glaubt willkürlich mal dieser, mal jener Information. Der Staat hat es bislang versäumt, durch eine konsequente »Warenkennzeichnungspolitik« die objektiven Eigenschaftsmerkmale, die die Gesundheit, Sicherheit und Umwelt beeinträchtigen, offenzulegen. So könnten zumindest jene Verbraucher, die bereit und in der Lage sind, derartige Informationen zu verarbeiten, sich mehr Markttransparenz verschaffen.

[50] Vorurteilskauf

Bei Verbrauchern, die nur unvollständige Markttransparenz besitzen, lassen sich typische Kaufentscheidungsverhaltensmuster beobachten. Wenn diese Verhaltensmuster auf mehr oder weniger begründete Erfahrungen (richtiger: »Vorurteile«) zurückzuführen sind, sollen Kaufentscheidungen, die nach einem solchen Muster ablaufen, als »Vorurteilskauf« bezeichnet werden. Folgende Varianten können unterschieden werden:

- *Markenartikel-Kauf:* bei Markenartikeln einiger bekannter Hersteller denkt der Verbraucher, daß gerade diese Marken das Vorhandensein eines bestimmten Qualitätsniveaus garantieren (vgl. »Gewohnheitskauf« [45]);
- *Preis-Kauf:* nach dem Motto »Preis bürgt für Qualität« kommen nur noch teure Warenmarken in Frage;
- *Fachhändler-Kauf:* es werden nur Waren gekauft, die vom Fachhandel angeboten werden; man hält das Angebot z. B. von Waren- bzw. Kaufhäusern eher als Massenware mit nicht so hohem Qualitätsniveau;

- *Opinion-Leader-Kauf:* nur jene Waren haben eine Chance gekauft zu werden, die von als sachkundig angesehenen Personen und Institutionen (z. B. »test«, »auto, motor und sport«, »Color Foto«, »Stereo«, »Öko-Test«, »Yacht«, »Ski-Magazin«) zum Kauf empfohlen werden (vgl. »Gewohnheitskauf« [45]).

Diese »Vorurteile« nehmen die Rolle von »Schlüsselinformationen« ein (vgl. Weinberg 1981, S. 95 f.). Sie sind »heuristischer« Natur und lassen sich auch bei all jenen Käufen feststellen, die sich nach bestimmten Eigenschaftsmerkmalen bzw. Eigenschaftsmerkmalsgruppen ausrichten. Das gilt für den Kauf von Waren aus einer bestimmten Region (z. B. »Made in Germany«), von Waren einer bestimmten Qualitätsart (z. B. »Bio-Produkte«, »ohne Konservierungsstoffe«), von Waren einer bestimmten Qualitätsabstufung (z. B. »Handelsklasse I«, »Handarbeit«, »Original« (vgl. »Originalitätsstreben« [28]), »Wollsiegel«, »Magerstufe« (= Fettgehalt bei Käseprodukten), von Waren einer bestimmten Stil- bzw. Moderichtung (vgl. »Modekonsum« [30]), von Waren neuester Kreation (vgl. »Aktualitätsstreben« [24]), von »umweltfreundlichen« Waren (z. B. Pkws »mit Katalysator«; mit »Umweltengel«, Waschmittel »ohne Phosphat«) usw.
Beim »Vorurteilskauf« handelt es sich keineswegs um unvernünftige Kaufentscheidungen. Will ein Verbraucher bei unvollständiger Markttransparenz Kaufentscheidungen treffen und sollen diese Entscheidungen nicht dem Zufall überlassen werden, so bleibt ihm nichts anderes übrig, als nach einem bestimmten Verhaltensmuster vorzugehen. Diese »heuristischen« Muster werden ihm – ähnlich dem »Gewohnheitskauf« [45] – nicht den »optimalen« Kauf garantieren können, wohl aber das Risiko eines völligen Fehlkaufs kleinhalten. Dennoch kann der »Vorurteilskauf« als eine Fehlentwicklung angesehen werden, und zwar dann, wenn der Verbraucher
- vorhandene Informationsquellen bewußt ignoriert (z. B. aktuelle Testberichte);
- nur noch »eindimensionale« Entscheidungen trifft; so können eine einzige Warenmarke, ein einziger Hersteller, ein einziger Händler Kaufrelevanzen besitzen; sei es, weil es sich um die teuerste Marke handelt, sei es, weil ein Bekannter die Ware empfiehlt;
- nicht bereit ist, nach bestimmten Zeitabständen seine Verhaltensmuster auf »Aktualität« zu überprüfen.

Wegen der großen Bedeutung des »Vorurteilskaufs« für alle Kaufentscheidungen – bei welchem Bedarf verfügt der Verbraucher schon über vollständige Markttransparenz? – sind die Unternehmen bemüht, dem Verbraucher über Werbung und Verkaufsgespräche Verhaltensmuster zu präsentieren und zur persönlichen Aneignung zu empfehlen. Die Verbraucherberatung sollte dies zur Kenntnis nehmen und versuchen, zum einen jene Verhaltensmuster zu problematisieren, die mehr den Unternehmen als den Verbrauchern nützen, und zum anderen ihrerseits Verhaltensmuster herauszuarbeiten, die eher dazu geeignet sind, den Verbrauchern bei ihren Kaufentscheidungen weiterzuhelfen. Das betrifft nicht nur die Arbeit mit den Testberichten der »Stiftung Warentest« (vgl. hierzu Beier 1978, S. 22f., der die Herausstellung der »billigsten, aber mindestens mit ›gut‹ getesteten Warenmarke« als »Basis-Warenmarke« für jede Kaufentscheidung empfiehlt), die sicherlich etwas effizienter gestaltet werden könnte. Dies betrifft auch die Beratung für jene Käufe, bei denen erst bestimmte Verhaltensmuster entstehen müssen, die der Mehrheit der Verbraucher es ermöglichen, Aspekte von Gesundheit, Sicherheit und Umwelt zu berücksichtigen.

[51] »Folgekostenkauf«

Kaum ein Kauf bleibt folgenlos für den Verbraucher. Ein Verbraucher entscheidet sich beim Kauf einer Ware immer auch gegen eine andere Ware. Sie könnte ebenfalls Bedürfnisse befriedigen, welche aber auf Grund knapper gewordener finanzieller Mittel unbefriedigt bleiben. Weiterhin können Käufe die soziale Entwicklung der Mitglieder eines Haushalts beeinflussen. Die gekauften Leistungen befriedigen nicht nur Bedürfnisse, sondern prägen zugleich den einzelnen Menschen und seine Beziehungen zur Umwelt. Eine Überbetonung des Konsums kann zu einer Vernachlässigung oder Verkümmerung anderer nicht-konsumtiver Fähigkeiten führen (vgl. »Konsumpassivismus« [1]) oder der Degeneration mitmenschlicher Beziehungen auf reine Konsumbeziehungen Vorschub leisten (vgl. »Ersatzkonsum« [16]). Scherhorn spricht hier von der Gefahr einer »sozialen Desintegration« durch übermäßigen Konsum (1976, S. 20f.).

Neben diesen die Bedarfs-, Persönlichkeits- und Kommunikationsentwicklung beschränkenden Folgen sind aber auch andere Folgen zu beobachten, die sich mehr oder weniger bewußt für den Verbraucher individuell oder kollektiv, kurz- oder langfristig bzw. ökonomisch oder ökologisch auswirken können. Da diese Erscheinungen zu spezifischen Nachteilen führen können, sollen sie pauschal als »Folgekosten« des Kaufs, und eine entsprechende Kaufentscheidung, die solche Folgekosten überhaupt nicht oder nur unvollständig berücksichtigt, als »Folgekostenkauf« bezeichnet werden. Er stellt eine Fehlentwicklung dar, welche meist darauf zurückzuführen ist, daß der einzelne Verbraucher keine vollständige Kenntnis (Transparenz) über die verschiedenen Folgekosten besitzt.

Hier sollen fünf verschiedene Grundtypen des »Folgekostenkaufs« unterschieden werden, je nach dem welche Art von Folgekosten anfallen:

1. Finanzielle Folgen: Beim Kauf einer Ware werden die finanziellen Ausgaben nicht vollständig einkalkuliert, z. B.:

- *Beschaffungskosten:* etwa beim Autokauf die Überführungskosten; beim Möbelkauf frei Händler die An-/Abfahrts- und Aufstellkosten;
- *Nebenkosten:* etwa beim Kauf einer Eigentumswohnung die Notariats- und Verwaltungsgebühren und Betriebsausgaben, wie z. B. für Versicherung, Müllabfuhr, Schornsteinfeger, Grundsteuer, Sielgebühren, Heizung; beim Kauf einer Wasch-/Geschirrspülmaschine die Kosten für die Installation; beim Kauf eines Motorbootes die Clubbeiträge zu einem Verein zuzüglich der Liegeplatzkosten; beim Kauf einer Kamera die Kosten für Filme, Filmentwicklung, Bilderabzug sowie u. U. für Zusatzausrüstung;
- *Zinskosten:* Kosten, die bei der Inanspruchnahme eines Kredits anfallen, wie Zinsen, Gebühren, Provisionen und Versicherungsprämien;
- *Verbrauchskosten:* etwa Strom-, Wasser-, Waschmittel-, Batterie-, Benzinkosten;
- *Reparaturkosten:* die bei der Behebung von Mängeln an Haushaltsgeräten, Autos oder Eigenheimen anfallen;
- *Ersatzkosten:* etwa Kosten des Ersatzbedarfs wegen – vorzeitigem – Verschleiß der Ware.

2. Zeitliche Folgen: Beim Kauf von Gebrauchswaren ist auch der Zeitbedarf, welcher beim Gebrauch dieser Waren anfällt, zu berücksichtigen. Der Kauf eines Wochenendhauses, eines Segelbootes, einer Filmkamera- oder Heimwerkerausrüstung, eines Motorrades, eines Videorecorders, einer Tennisausrüstung, eines Computers oder eines »Home-Trainers« erweist sich nur dann als sinnvoll, wenn der Verbraucher langfristig über genügend Freizeit verfügt, um diese Waren auch tatsächlich nutzen zu können. Weiterhin ist ein solcher Kauf nur vertretbar, wenn der Gebrauch der gekauften Ware genügend Zeit für die Ausübung anderer, weniger konsumtiver Tätigkeiten läßt. Man stelle sich die Frustrationen vor, wenn das Freizeitverhalten vom Bestand an Gebrauchswaren, die vor Jahren angeschafft wurden, und nicht von den aktuellen Bedürfnissen der Haushaltsmitglieder bestimmt wird.

3. Gesundheitliche Folgen: Beim Kauf sind auch jene Folgen zu berücksichtigen, die die Gesundheit des Verbrauchers gefährden können:

- *übermäßiger Konsum von Verbrauchswaren:* überhöhte Kalorienaufnahme; zu hoher Verbrauch an zucker-, fett- bzw. cholesterinhaltigen Lebensmitteln;
- *einseitiger Konsum von Verbrauchswaren:* mangelhafte Ernährung, welche die Versorgung mit bestimmten Nährstoffen (einzelne Vitamine bzw. Mineralstoffe; Eiweiß, Ballaststoffe) vernachlässigt;

● *schädlicher Konsum von Verbrauchswaren:* Einnahme von Drogen; Konsum von mit Schadstoffen bzw. Rückständen belasteten Lebensmitteln; Verwendung von Putz bzw. Pflegemitteln, die problematische Inhaltsstoffe enthalten;
● *übermäßiger Konsum von Gebrauchswaren:* es kommt zu Bewegungsarmut bzw. zu Haltungsschäden des Verbrauchers;
● *Konsum sicherheitsgefährdender Gebrauchswaren:* es kommt zu Unfällen, die zur Verletzung des Verbrauchers oder dritter Personen führen können.

4. Umwelt-Folgen: Beim Kauf sind die vielen unmittelbaren und mittelbaren Auswirkungen des Konsums auf die Umwelt und die damit verbundenen finanziellen, gesundheitlichen und letztlich die Bedürfnisbefriedigung einschränkenden Folgeerscheinungen zu berücksichtigen, z. B.:
● *übermäßiger Ressourcenabbau:* »Raubbau« tierischer und pflanzlicher Produkte, ohne daß eine Regenerierung und somit eine langfristige Nutzung auch für folgende Generationen gesichert ist; zu hoher Abbau von knappen und nicht erneuerbaren Bodenschätzen, ohne an den Bedarf zukünftiger Generationen zu denken;
● *übermäßige Umweltbelastungen:* mit Folgen für
- *die Gesundheit:* Lärmbelästigung, Schadstoffe in der Luft, im Wasser, auf dem Boden, in oder an den Verbrauchs- und Gebrauchswaren.
- *den Lebenswandel:* das Freizeitverhalten verändert sich, da die Natur wegen der allgegenwärtigen Lärmquellen und Schadstoffe vom Verbraucher nicht mehr so nutzbar ist, wie es einmal in der Vergangenheit möglich war. So kann man nicht mehr in jedem Gewässer schwimmen, in jedem Ort sich erholen, und man muß viele Kilometer fahren oder gar fliegen, um solche Gewässer und noch intakte Landschaften anzutreffen und zu erleben;
- *den Lebensstandard:* immer höher werdende finanzielle Aufwendungen (»Defensivausgaben«) sind erforderlich, um einerseits ein Leben in einer »gesünderen« und »intakteren« Umwelt zu finanzieren, um andererseits die Schäden, die durch übermäßige Umweltbelastungen entstehen, zu beheben, wie Krankheitskosten, Baureparaturkosten, Schallisolierungskosten, Trinkwasseraufbereitungskosten; Ertragsausfälle in Land-, Forst- und Fischereiwirtschaft;
- *die Gegenwart und Zukunft unserer Natur:* als Folge der vielfältigen Umweltbelastungen sterben allmählich immer mehr Pflanzen- und Tierarten aus.

Es handelt sich um Folgen, die bei der Produktion, dem Konsum von Waren, aber auch bei der Abfallbeseitigung, d. h. der Beseitigung der

Reste der verbrauchten Waren (Klärschlamm) und der verschlissenen Waren (Verpackung oder Gebrauchswaren) anfallen.
In vielen Fällen sind sich die Verbraucher dieser Umwelt-Folgen nicht bewußt. Ein eindrucksvolles Beispiel liefert der Lebensmittelkonsum (Finck 1992):

- Der Energie- und Rohstoffverbrauch, der bei Herstellung, Weiterverarbeitung, Lagerung, Transport und Zubereitung von Nahrungsmitteln anfällt, ist bei vegetarischer Ernährung mit lokal produzierten Lebensmitteln aus biologischem Anbau am niedrigsten.
- Um eine Kalorie Hühnerfleisch zu erzeugen, braucht man zwölf Futtermittelkalorien (Rindfleisch: zehn, Milch: fünf, Eier: vier, Schweinefleisch: drei). Bei den Futtermitteln handelt es sich um Getreide, Sojabohnen, Ölkuchen und Fischmehl, welche meist auf fruchtbaren Böden von Ländern der Dritten Welt produziert werden – und zwar auf Kosten der Nahrungsmittelproduktion für die einheimische Bevölkerung. Die Produktion von Fischmehl beruht oft auf dem Fang von Kleinstfischen, die die Nahrungsmittelgrundlage für Großfische und andere Tiere bilden. Die immer intensivere Abfischung in mehreren Küstenregionen (z. B. Chile, Norwegen) entzieht nicht nur den Großfischen die Nahrungsgrundlage, sondern bedroht ganze Vogelkolonien mit dem Aussterben (z. B. Papageientaucher).
- Mehr als 50% der Regenwaldzerstörung in den Tropen ist auf die Beweidung durch Viehherden und auf den Futtermittelanbau zurückzuführen.
- Der Rindfleischkonsum ist für 5–10% des Treibhauseffektes verantwortlich, da Kühe etwa 5–9% ihrer Nahrung in Form von Methan ausscheiden, Methan aber als Treibhausgas 20–30mal wirksamer als Kohlendioxid ist.
- Für die Erzeugung der Standardernährung eines Europäers werden pro Tag und Person bis zu 20000 Liter Wasser benötigt. Bei der Erzeugung der entsprechend erforderlichen vegetarischen Kost fallen nur etwa 1700 Liter Wasser an.
- Die hohe Schadstoffbelastung des Grundwassers ist im wesentlichen auf die von den Landwirten ausgebrachte Gülle zurückzuführen, die bei der Tiermast entsteht.

5. Soziale Folgen: Beim Kauf ist schließlich auch an die »Sozialverträglichkeit« der Produktion und des Absatzes von Waren und Dienstleistungen zu denken (vgl. Hessischer Sozialminister 1986, S. 16f.; Griesshammer 1986, S. 117f.). Der Kauf einer Ware oder die Inanspruchnahme einer Dienstleistung tragen dazu bei, sozial unerwünschte Verhältnisse zu unterstützen. Das könnte Unternehmen betreffen,

- die nicht bereit sind, genügend Lehrlinge einzustellen;

• die einzelne Personen oder Personenkreise diskriminieren. Dazu könnten Frauen oder Ausländer zählen; in Entwicklungsländern kommen bestimmte einheimische Bevölkerungsgruppen in Frage, die besonders schlecht entlohnt werden und sozial nicht abgesichert sind (Rente, Krankenversicherung, Mutterschutz, Arbeitslosigkeit u. ä.);
• die ihre Beschäftigten unter unsozialen, gesundheitsbedenklichen oder unwürdigen Bedingungen arbeiten und leben (Apartheid) lassen;
• die durch Absprachen mit anderen Unternehmen (Kartelle) oder durch die Verbreitung irreführender und sittenwidriger Informationen zur Beschränkung des Leistungswettbewerbs beitragen;
• letztlich zählen auch diejenigen Unternehmen dazu, die mit der nicht artgerechten Tierhaltung Kostenvorteile zu erzielen versuchen oder durch unnötige und nicht vertretbare Tierversuche das Leiden vieler Tiere in Kauf nehmen.

»In den dreißiger Jahren wurden – zumindestens in der Schweiz – das sog. Label- und das Vota-Zeichen geschaffen. Die Zeichen wurden von einer neutralen Stelle, jedoch mit der freiwilligen Unterstützung der fortschrittlichen Unternehmen, während der Krisenzeit allen Waren verliehen, die unter sozial einwandfreien Bedingungen hergestellt worden waren, d. h. Löhne, Sozialleistungen und Arbeitsplätze mußten in Ordnung sein« (Pestalozzi 1979, S. 45). Müßte nicht jetzt für die neunziger Jahre erneut ein vergleichbares Zeichen geschaffen werden, um dem Verbraucher ein »sozialverträglicheres«, gesundheitsbewußteres und ökologischeres Kaufverhalten zu ermöglichen?
Jeder einzelne Verbraucher sollte darauf achten, daß derartige Folgekosten mit in seine Kauf- und Konsumentscheidungen einbezogen werden. Es liegt an ihm selbst, ob er solche Fehlentwicklungen begünstigt. Vier Handlungsmöglichkeiten stehen ihm zur Verfügung, um »folgekostenbewußte« Entscheidungen zu treffen (vgl. hierzu Griesshammer 1986, S. 14ff.):
• *Konsumverzicht:* kein Kauf bestimmter problematischer Waren bzw. Dienstleistungen;
• *Eigenproduktion:* durch Eigenproduktion soll die Produktion und Inanspruchnahme problematischer Waren sowie Dienstleistungen eingeschränkt werden;
• *Konsumeinschränkungen:* durch sparsameren und schonenderen Verbrauch und Gebrauch von Waren soll der Ersatzkauf hinausgezögert werden;
• *Alternativ-Konsum:* durch bevorzugten Kauf unproblematischer Waren soll die Produktion problematischer Waren allmählich überflüssig werden.

Es mangelt den meisten Verbrauchern noch an einem entsprechenden Bewußtsein über die Problematik der hier aufgezeigten »Folgekosten«. Wohl sind den Verbrauchern die einzelnen finanziellen, zeitlichen, gesundheitlichen, ökologischen und sozialen Folgen bekannt. Jedoch ist diese Kenntnis sehr allgemeiner Natur. Sie sind nicht imstande, deren konkrete Gefährlichkeit für sich selbst und die Umwelt einzuschätzen. Außerdem fehlt ihnen – zumindest was die gesundheitlichen, ökologischen und sozialen Folgen betrifft – das Gespür dafür, wie sich ihr Konsumverhalten positiv auswirkt, das den Folgekosten Rechnung trägt. Der einzelne Verbraucher ist nur einer von vielen, die sich im Zeitalter des Massenkonsums alle ähnlich problematisch wie er verhalten. Die Änderung des Verhaltens eines einzigen Verbrauchers macht sich übernaupt nicht bemerkbar. Und wenn doch, so wird dies sofort wieder kompensiert:

»Wer aufs Autofahren verzichtet, für den ist es nur gewiß, daß er einen Vorteil preisgibt, jedoch ist keinesfalls sicher, ob andere seinem Beispiel folgen und damit erst der Schadensanfall vermindert wird. Ja, wahrscheinlich ist sogar das Gegenteil: wenn die Zahl der Autos auf der Straße sinkt, lohnt sich für andere das Autofahren wieder und der Verzichtler hat nichts bewirkt außer seiner Deklassierung! Deshalb stehen so viele – trotz aller Entzauberung (des Automobils) – in Treue fest zum Auto, weil der individuelle Verzicht keine gesellschaftlichen Auswirkungen verspricht; der Autogegner macht höchstens dem Auto-Enthusiasten die Bahn frei« (Sachs 1990, S. 241).

Es wäre falsch, darauf zu setzen, daß sich im Laufe der Zeit beim Verbraucher von selbst ein entsprechendes Bewußtsein über die Problematik der »Folgekosten« entwickeln wird. Die Gesellschaft muß vielmehr helfend eingreifen und ein solches Bewußtsein durch Aufklärung, Informationen und Sanktionen fördern. Mit Hilfe von Aufklärung (Bildungsmaßnahmen) und Sanktionen (Bestrafungen oder Belohnungen) sollte das Problembewußtsein der Verbraucher gefördert werden. Dieses trägt dazu bei, daß die Verbraucher auch dann etwas Positives tun, wenn sie die Auswirkungen ihres Handelns nicht spüren können. Mit Hilfe von Informationen sollte ihr Handlungsbewußtsein erhöht werden. So können sie, wenn sie schon nicht selbst die Auswirkungen ihres eigenen Handelns erleben, wenigstens dessen Auswirkungen begreifen. Bislang fehlen aber den Verbrauchern die Informationen, denen sie die möglichen »Folgekosten« eines jeden Kaufs exakt entnehmen können. Die Unternehmen sind nicht bereit, alle für die Aufdeckung der »Folgekosten« relevanten Informationen offenzulegen. Es ist daher die Aufgabe des Staates, für deren Offenlegung zu sorgen.

Doch die Problematik der »Folgekosten« wird unterschiedlich eingeschätzt und die Notwendigkeit zur Verbreitung entsprechender Informationen nicht immer gesehen. Dem Verbraucher bleibt daher nichts anderes übrig, auch selbst zur Aufdeckung von »Folgekosten« einen Beitrag zu leisten, sei es,

- daß er alle möglichen Informationen, welche »Folgekosten« aufzeigen, sammelt;
- daß er anderen Verbrauchern die von ihm gesammelten Informationen zur Verfügung stellt;
- daß er alle Institutionen unterstützt, die zur Aufdeckung der »Folgekosten« einen Beitrag leisten;
- und daß er jenen Institutionen, die entweder keinen Beitrag zur Aufdeckung der »Folgekosten« leisten wollen, zur Verharmlosung oder sogar Verschleierung der »Folgekosten« beitragen, seine Unterstützung entzieht und andere Verbraucher dazu veranlaßt, ihm dabei zu helfen.

4. Zur Verbreitung fehlentwickelten Verbraucherverhaltens

Wie hoch ist der Anteil jener Verbraucher einzuschätzen, deren Kauf- und Konsumverhalten fehlentwickelt ist? Sicherlich kann man davon ausgehen, daß es genauso schwer ist, einen Verbraucher anzutreffen, dessen Bedarfsformung zu hundert Prozent »fehlentwickelt« ist, wie einen Verbraucher zu finden, der diesbezüglich völlig frei von Fehlentwicklungen handelt. Empirische Daten hierüber existieren jedoch nicht. Wohl aber gibt es Material, aus dem gewisse Tendenzen über typische Wertorientierungen und Kaufverhaltensweisen von Verbrauchern abgeleitet werden können.

So unterscheiden Meffert/Windhorst (1984, S. 122 ff.) und Windhorst (1985, S. 204 ff.) folgende Typen von Verbrauchern:

- die *»Werteablehner«* (Anteil: 11,6 %): Sie können als »Konsumgegner oder kritische Konsumenten mit negativer Konsumeinstellung« charakterisiert werden. Sie nutzen intensiv »neutrale Informationsquellen«, die für die »Umweltfreundlichkeit und Energieeinsparung« eine »hohe Bedeutung« haben. Wenn man solche Verbraucher sucht, die »demonstrativ« ihren Konsum auf das Nötigste beschränken (sog. »Konsumverweigerer«), so findet man sie sicherlich unter diesen 11,6 %;
- die *»Persönlichkeitsorientierten Alternativen«* (Anteil: 9,9 %): Das sind jene »kritischen Konsumenten ohne Interesse an Äußerlichkeiten«, für die u. a. »Prestige, Design und technologische Fortschrittlichkeit wenig bedeutsam« sind. Wenn für sie nicht gerade die »Werbung und fachmännische Beratung« besonders »wichtig« wären, könnte man auch sie als jene Verbraucher ansehen, deren Verbraucherverhalten weniger fehlentwickelt ist;
- die *»Wertefans«* (Anteil: 16,1 %): Das sind die »anspruchsvollen Konsumenten«. Sie sind aufgeschlossen u. a. für »herstellerbezogene Informationen«, »technologische Fortschrittlichkeit« und letztlich für alles, was mit Marketing (»breites Sortiment, Warenpräsentation, moderne Ausstattung, freundliche Atmosphäre«) zu tun hat. Bei diesen Verbrauchern sind jene zu finden, die eine Schwäche für folgende Fehlentwicklungen haben wie:

  »Perfektionsstreben« [21]
  »Spezialisierungsstreben« [22]
  »Bequemlichkeitskonsum« [23]
  »Grenzqualitätsstreben« [27]
  »Marktintransparenz-Kauf« [49]
  »Folgekostenkauf« [51]
  »Aktualitätsstreben« [24]
  »Angebotseffekt« [11]
  »Stimulus-Kauf« [12]
  »Kaufverpflichtungsstreben« [39]
  »Händler-Treue« [45];

• die *»Hedonisten«* (Anteil: 18,2%): Das sind »unkritische, ausgabenfreudige Konsumenten«, mit einer Neigung u. a. zur »Bequemlichkeit, Freizeit, gutes Aussehen« und folglich einer Schwäche für folgende Fehlentwicklungen:

»Marktintransparenz-Kauf« [49]	»Folgekostenkauf« [51]
»Bequemlichkeitskonsum« [23]	»Schönheitsstreben« [29]
»Modekonsum« [30]	»Erreichbarkeitstäuschung« [2];

• die *»Ausgabenfreudigen Genießer«* (Anteil: 12,0%): Das sind ebenfalls »unkritische Konsumenten« mit einem Hang für »Prestige, Bequemlichkeit, Design und ›Made in Germany‹«, sowie für »höfliche Bedienung, fachmännische Beratung und freundliche Atmosphäre«, was letztlich auch die Basis für die folgenden Fehlentwicklungen bilden kann:

»Erreichbarkeitstäuschung« [2]	»Kauflustbefriedigung« [3]
»Konsumlustbefriedigung« [5]	»Prestige-Kauf« [33]
»Bequemlichkeitskonsum« [22]	»Schönheitsstreben« [29]
»Modekonsum« [30]	»Vorurteilskauf« [50]
»Kaufverpflichtungsstreben« [39]	»Händler-Treue« [45].

Nach den repräsentativen Befragungen von Meffert und Windhorst sind also nur ca. 21,5% der Verbraucher wenig empfänglich für fehlentwickeltes Verbraucherverhalten, aber immerhin ca. 46,3% der Verbraucher sind anfällig für all das, was hier an Fehlentwicklungen herausgearbeitet wurde.

Repräsentative Erhebungen von Raffée/Wiedmann (1987) (vgl. Wiedmann 1987) kommen zu folgenden Ergebnissen:

• 33% der Verbraucher fordern eine »Beschränkung der Versorgung mit Konsumgütern auf das wirklich Notwendige«. Bei 25% der Verbraucher trifft es »voll und ganz zu«, daß sie »ein einfaches, bescheidenes Leben führen«. Bei 24% gilt die Aussage »voll und ganz«: »Ich übe lieber Konsumverzicht, als nicht zu sparen.« 16% lassen sich als »zurückhaltende Konsumenten« typisieren. 14% der Verbraucher leben »bescheiden, genügsam«. Sind das alle jene Verbraucher, die für den »Konsumpassivismus« [1] und die daraus abgeleiteten Fehlentwicklungen nicht anfällig sind?

• Demgegenüber zählen 18% der Verbraucher zu den »genußorientierten, extrovertierten« Typen. Bei 12% trifft die Aussage »Ich gebe viel aus« »voll und ganz« zu. 11% zählen zu den »generell konsumfreudigen« Typen, und bei 5% der Verbraucher trifft es »voll und ganz« zu, daß ihnen »das Geld locker in der Tasche liegt«. Lassen sich diese Verbraucher als jene charakterisieren, die zu folgenden Fehlentwicklungen neigen:

»Image-Kauf« [32]	»Prestige-Kauf« [33]
»Anspruchsdynamik« [19]	»Modekonsum« [30]
»Aufwandskonkurrenz« [34]	»Aufwandsdynamik« [35]
»Snob-Effekt« [37]	»Solidaritätskauf« [38]
»Erreichbarkeitstäuschung« [2]	»Gefallen-Streben« [47]
»Werttäuschung« [48]	

- Bei 6% der Verbraucher trifft es »voll und ganz« zu, daß sie »Dinge häufig nur aus Spaß kaufen«. Dieser Anteil erhöht sich auf insgesamt 25%, wenn man noch jene Verbraucher hinzuzählt, für die diese Aussage nur »eher« zutrifft. Bilden diese 25% jene Verbraucher, die auch aus Gründen der »Kauflustbefriedigung« [3], der »Konsumlustbefriedigung« [5] und der »Kaufsucht« [6] Waren einkaufen, vom »Konsumegoismus [46] geprägt sind und nicht auf »Folgekosten« [51] achten?
- 25% der Verbraucher zählen zu den »produkt-innovations-orientierten« Typen. Dazu gehören Fehlentwicklungen wie:

die »Bedarfsanreicherung« [18]	das »Perfektionsstreben« [21]
das »Aktualitätsstreben« [24]	das »Grenzqualitätsstreben« [27]
der »Unter-Sättigungs-Kauf« [8]	der »Angebotseffekt« [11]
der »Stimulus-Kauf« [12]	der »Opinion-Leader-Effekt« [33]
die »Aufwandskonkurrenz« [34]	der »Hans-im-Glück-Effekt« [44]

- Bei 2% der Verbraucher trifft es »voll und ganz« und bei 14% trifft es »eher« zu, daß sie »gern in exklusiven Geschäften kaufen«. Diese 16% unterliegen mehr oder weniger stark dem

»Luxusstreben« [20]	»Schönheitsstreben« [29]
»Kostspieligkeitsbedarf« [31]	»Prestige-Kauf« [33]
»Snob-Effekt« [37]	»Vorurteilskauf« [50]

Zählen hierzu auch jene 20% der Verbraucher, die als »ausgabefreudig: eher Luxus« zu typisieren sind?

- Für 16% der Verbraucher trifft es »voll und ganz« zu, daß sie sich »über neue Produkte auf dem laufenden halten«, und für 10% gilt die Aussage: »Ich kaufe gern das technisch Neueste.« – Das heißt, daß dies jene Verbraucher sein könnten, welche dem »Aktualitätsstreben [24] und u. a. auch dem »Perfektionsstreben« [21] sowie dem »Angebotseffekt« [11] unterliegen.
- Dem »Modekonsum« [30] sind wahrscheinlich jene 4% der Verbraucher (= 8% bei 14–19jährigen) verfallen, für die folgende Aussage zutrifft: »Ich greife neue Entwicklungen im Lebensstil, in Kultur und Mode früher als andere auf.« U. U. sind diese Verbraucher auch von der »Aufwandskonkurrenz« [34] geprägt.
- 10% der Verbraucher zählen zu den »großzügigen Prestigekäufern« (vgl. hierzu den »Prestige-Kauf« [33]).
- Demgegenüber haben 22% der Verbraucher einen »unauffälligen« Lebensstil. Hierzu zählen sicherlich jene Verbraucher, die von der

»Aufwandskonkurrenz« [34] wenig halten. Dafür leben 13% der Verbraucher »sozio-kulturell-orientiert«. Für sie wird die »Aufwandskonkurrenz« [34] wahrscheinlich von größerer Bedeutung sein. Bei 7% der Verbraucher trifft es zu (=21% bei 14–19jährigen), daß sie »gern auffallende, ungewöhnliche Kleidung tragen«. Zeigt sich hier der Trend zur »Differenzierung« [34], zum »Unter-Sättigungs-Konsum« [8]? Für 2% (=4% bei 14–19jährigen) ist es »sehr wichtig«, »sich von anderen abzuheben«. »Ziemlich wichtig« ist dieses »Differenzierungsstreben« [34] sogar für 13% der Verbraucher (=24% bei den 14–19jährigen). Es ist nicht auszuschließen, daß sich solch eine Einstellung auch auf den »Snob-Effekt«]37], das »Grenzqualitätsstreben« [27], das »Schönheitsstreben« [29], den »Kostspieligkeitsbedarf« [31] auswirkt.

- Nur für 28% der Verbraucher trifft es »voll und ganz« zu, daß sie sich »über Warentestergebnisse informieren«. Bedeutet dies, daß alle übrigen Verbraucher »Marktintransparenz-Käufe« [49], »Vorurteilskäufe« [50], »Folgekostenkäufe« [51] tätigen, aber auch für »Gewohnheitskäufe« [45] besonders empfänglich sind?
- Für den gesundheitlich bedenklichen »Folgekostenkauf« [51] scheinen wohl nur jene 16% der Verbraucher nicht anfällig zu sein, für die es »voll und ganz« zutrifft, daß sie »besonders gesund leben«. Hierzu zählen wahrscheinlich auch jene 17% der Verbraucher, für die folgendes »voll und ganz« gilt: »Ich bevorzuge im allgemeinen ›naturreine/biologische‹ Produkte.« Diese Verbraucher sind jedoch – was die echten, aber auch die »falschen« Bio-Produkte betrifft – u. U. besonders anfällig für »USP-Käufe« [26] und »Vorurteilskäufe« [50].
- Und die Basis jener Verbraucher, die keine »Umwelt-Folgekostenkäufe« [51] tätigen, findet man wahrscheinlich bei den folgenden Personen: 31% aller Befragten gaben an, »keine Produkte von Firmen zu kaufen, die in bezug auf den Umweltschutz ins Gerede gekommen sind«. Für 25% trifft es »voll und ganz« zu, daß sie sich »besonders umweltbewußt verhalten«. 16% der Verbraucher »kaufen gezielt umweltfreundliche Produkte... und sind generell bereit, für umweltfreundliche Produkte etwas mehr zu bezahlen«. 16% verwenden bereits »nur biologische Putz- und Waschmittel, auch wenn sie nicht so kräftig oder sauber reinigen«. Und 11% »fahren bereits statt mit dem Auto häufiger mit öffentlichen Verkehrsmitteln«.

Repräsentative Befragungen von Opaschowski (1987, S. 28f.) kommen zu folgenden Ergebnissen:

- 38% der Befragten (davon 55% der 14- bis 29jährigen bzw. 52% der Ledigen) »legen Wert auf modische Freizeitkleidung« und für 35% (51 bzw. 50%) »ist es wichtig zu wissen, was ›in‹ ist«. Das sind genau jene Verbraucher, die für den »Modekonsum« [30] eine Schwäche haben.

• 32% (39% bzw. 37%) »achten beim Einkauf für die Freizeit auf bekannte Marken; da weiß man, was man hat«. – Alle jene Verbraucher, die »Vorurteilskäufe« [50] (hier: »Markenartikel-Käufe«) bzw. »Gewohnheitskäufe« [45] (hier: »Marken-Treue«) tätigen bzw. dem »Kostspieligkeitsbedarf« [31] (hier: »Markenfetischismus«) verfallen sind, würden sicherlich auch dieser Aussage zustimmen.
• 26% (40% bzw. 38%) »kaufen in (der) Freizeit gern schöne Dinge, die neu auf dem Markt sind«. Diese Verbraucher erliegen am ehesten dem »Aktualitätsstreben« [24] und dem »Schönheitsstreben« [29].
• 27% (45% bzw. 43%) sind »gern bereit, mehr zu arbeiten, um (sich) in der Freizeit mehr leisten zu können«. – Der »Teufelskreis des Konsums« [17] scheint für sie Relevanz zu besitzen.
• 26% (davon 63% der männlichen Jugendlichen zwischen 14 bis 17 Jahren) »sind der Meinung, daß viele Freizeitbeschäftigungen bei Hobby und Spiel erst richtig Spaß machen, wenn man dafür ›die beste, modernste Ausrüstung zur Verfügung hat‹«. Sie sind wahrscheinlich anfällig für das »Perfektionsstreben« [21], das »Aktualitätsstreben« [24], das »Grenzqualitätsstreben« [27]; und den »Über-Sättigungs-« [7] sowie den »Unter-Sättigungs-Konsum« [8], auch wenn gerade die oben erwähnten Jugendlichen sich nur selten ein solches Verhalten finanziell leisten können.

Opaschowski (1987, S. 34ff.) arbeitet aus den Daten seiner Erhebung folgende Typen von Grundeinstellungen zum Freizeit- und Konsumverhalten heraus:
• die *»Anpassungskonsumenten«* (Anteil: 12%), die »unter dem Zwang oder Drang (stehen), sich anzupassen. Sie wollen sich nicht ausschließen, haben Angst vor dem Out-Sein... Sie neigen zu Spontankäufen...« Diese Verbraucher sind prädestiniert für folgende Fehlentwicklungen: z. B. »Aufwandskonkurrenz« [34] (hier: »Egalisierungsstreben«), »Bandwagon-Effekt« [36] bzw. den »Stimulus-Kauf« [12] (hier: »Impuls-Kauf«), »Modekonsum« [30], »Solidaritätskauf« [38], »Gefälligkeitskonsum« [40].
• die *»Geltungskonsumenten«* (Anteil: 12%), die »ihre erworbenen Konsumgüter... zur Schau tragen (wollen)... Groß ist ihre Lust am Einkaufen... Die Lust auf Konsum aber bleibt – und wenn es sein muß ›aus Frust heraus‹ oder als Ersatz für ein gutes Lebensgefühl...« Liegt hier nicht eine Neigung zum »Prestige-Kauf« [33], zur »Kauflustbefriedigung« [3] oder zum »Ersatzkonsum« [16] vor?
• die *»Erlebniskonsumenten«* (Anteil: 14%), die »nach der Devise ›Öfter mal was Neues‹ (leben)«. Denen »die beste, modernste Ausrüstung, das Nonplusultra gerade gut genug (ist)... teuerstes Zubehör gehört für sie ganz selbstverständlich dazu. Äußerlichkeiten und Außergewöhnliches garantieren erst das ganze persönliche Feeling.« Diese Verbraucher

haben eine Schwäche für das »Aktualitätsstreben« [24], den »Unter-Sättigungs-Konsum« [8], das »Perfektionsstreben« [21], den »Vorurteilskauf« [50] (hier: »Preis-Kauf«), das »Schönheitsstreben« [29], den »Kostspieligkeitsbedarf« [31], das »Grenzqualitätsstreben« [27] bzw. den »Snob-Effekt« [37].

Faßt man diese drei Verbrauchertypen zusammen, kommt man etwa auf 38% der Verbraucher, die Fehlentwicklungen besonders zugänglich sind.

In einer weiteren Untersuchung arbeitet Opaschowski (1992, S. 20–24) noch folgendes heraus:

- 32% der repräsentativ befragten Verbraucher üben den »Einkaufsbummel« »regelmäßig« als Freizeitbeschäftigung aus. – Es handelt sich hierbei gerade um jene Verbraucher, die anfällig für die *»Kauflustbefriedigung«* [3] sind;
- 47% (gegenüber 1986: 44%) der 14–19jährigen »will mehr arbeiten, um sich in der Freizeit mehr leisten zu können«. – Das ist doch genau die Einstellung jener Verbraucher, die dem *»Teufelskreis des Konsums«* [17] unterliegen;
- 65% (gegenüber 1986: 58%) der jungen Leute »klagen über zu hohe Geldausgaben beim Freizeitkonsum«. – Hier machen sich die typischen Anzeichen für die *»Erreichbarkeitstäuschung«* [2] bemerkbar;
- 21% berufstätiger Frauen (bis 34 Jahre) geben folgendes zu: »Manchmal kaufe ich wie im Rausch.« – Das bedeutet letztlich das Eingeständnis einer Schwäche, die als *»Kaufsucht«* (vgl. »Konsumsucht« [6]) beschrieben wird.

Repräsentative Erhebungen von Scherhorn/Grunert/Kaz/Raab (1988) zeigen u. a. auf:

- 16% der Verbraucher sind extrem »gütermotiviert«. Es handelt sich hierbei um Verbraucher, die den »Handlungsnutzen«, d. h. die Freude, etwas um ihrer selbst willen zu tun, am geringsten und den »Ausstattungsnutzen«, d. h. die Freude am »modernen und wertvollen Zubehör, an technischen Finessen, schicker Kleidung, einer exklusiven Atmosphäre« am höchsten einstufen. Das sind genau jene Verbraucher, die empfänglich sind für Fehlentwicklungen, deren Ursache in den Eigenschaftsmerkmalen der Waren zu finden sind (Fehlentwicklungen vom Grundtyp III), bzw. die eine Schwäche haben für die »Aufwandskonkurrenz« [34] (»Differenzierungsstreben«) bzw. den »Snob-Effekt« [37]. Fast gar keine Bedeutung dagegen haben wahrscheinlich diese Fehlentwicklungen nur bei jenen 13% der Verbraucher, die als extrem »handlungsmotiviert« einzuschätzen sind, d. h. für die nur der »Handlungsnutzen«, nicht aber der »Ausstattungsnutzen« Relevanz besitzt (vgl. ebenda S. 35).

- 52 % der Verbraucher sind bereit, für eine 14tägige Urlaubsreise in einen exklusiveren Ort mehr zu bezahlen, auch wenn der Erholungswert zu einem ziemlich bekannten, aber weniger exklusiveren Ort gleich ist, und zwar statt 1800 DM im Durchschnitt 417 DM mehr. Auch beim Kauf von Kleidung werden immerhin noch 39 % der Verbraucher vom »Snob-Effekt« [37] beherrscht, denn so viele sind bereit, für einen Anzug/Kleid etwas mehr zu bezahlen, nur weil es sich um ein teureres Modell eines bekannten Modeschöpfers handelt, und zwar statt 200/300 DM im Durchschnitt 140 DM mehr (vgl. ebenda S. 50 f.).
- 25 % der Verbraucher sind nicht bereit, sich umweltfreundlich zu verhalten, da es andere auch nicht tun. Und 13 % der Verbraucher wollen vorläufig nicht auf FCKW-haltige Spraydosen verzichten, da noch gar nicht sicher ist, ob dieses Treibgas umweltschädlich ist. Diese 13–25 % der Verbraucher gehören sicherlich zum harten Kern jener Verbraucher, die »Umwelt-Folgekostenkäufe« [51] tätigen (vgl. ebenda S. 54).
- 43 % der Verbraucher meinen, daß folgende Aussage »eher häufig« für sie zutrifft: »Beim Einkaufsbummel geht es mir so, daß ich etwas sehe und denke, das gefällt mir, da überlege ich nicht lange.« – Es handelt sich hierbei um Kaufentscheidungssituationen, die dem »Gefallen-Streben« [47] bzw. dem »Stimulus-Kauf« [12] entsprechen (vgl. ebenda S. 62).
- Und bei 27 % der Verbraucher kommt folgende Aussage »eher häufig« vor: »Ich habe das Gefühl, daß ich mir irgend etwas kaufen möchte, weil ich mir etwas Gutes tun will, so als Trostpflaster. Dann suche ich auch nicht lange herum, sondern kaufe das, was mir gerade Freude macht.« Scherhorn u. a. (1988, S. 62) bezeichnen ein solches Kaufverhalten als »impulsiv-kompensatorisch«. – Es ähnelt sehr dem »Ersatzkonsum« [16] (hier: »Konsum als individueller Problemverdränger«).

Zeitreihenuntersuchungen der G&I (vgl. »Der Verbraucher«, Heft 12/89, S. 16) kommen zu dem Ergebnis, daß die Zahl der Haushalte, die Produkte der »Hochpreislage« kaufen, stetig zugenommen hat, und zwar waren es 1980 noch 7,8 Mill. Haushalte (von 22,3 Mill. Haushalten insgesamt), während es 1988 schon 9,8 Mill. (von 23,3 Mill.) gewesen sein sollten. Genau diese Haushalte bilden das Reservoir jener Verbraucher, die besonders anfällig sind für den »Kostspieligkeitsbedarf« [31], »Markenartikel-Treue« [45] und »Vorurteilskauf« [50] (hier: »Preis-Kauf«). Lediglich in einer – jedoch nicht repräsentativen – Untersuchung von Scherhorn u. a. (1990, S. 28 f., S. 85 ff.) wird konkret etwas über die Verbreitung einer spezifischen Fehlentwicklung, nämlich der »Kaufsucht« als einer Variante der »Konsumsucht« [6] ausgesagt, und zwar kommen sie bei einer ersten Annäherung zum Ergebnis, daß vermutlich mindestens 3 % und maximal 20 % »kaufsüchtig« sind, wobei Frauen hiervon anscheinend häufiger betroffen sind als Männer.

Daß das Kauf- und Konsumverhalten so vieler Verbraucher von den hier herausgearbeiteten Fehlentwicklungen geprägt wird, ist nicht weiter verwunderlich. Dominiert doch das Angebot an Sach- und Dienstleistungen, die zur Befriedigung fehlentwickelter Bedarfe beitragen, nicht nur das Angebot auf den Märkten, sondern auch das Informationsangebot in den Medien (Werbung, Medienberichte und Verbraucherinformationen). Sogar die von der »Stiftung Warentest« herausgegebenen vergleichenden Warentestberichte, die in der Zeitschrift »test« publiziert werden, beschäftigen sich in erster Linie mit Sachleistungen, die fehlentwickelte Bedarfe befriedigen können, ohne jedoch gezielt die Problematik der möglichen Fehlentwicklungen (mit einer jedoch nur ansatzweisen Ausnahme bzgl. der »Umweltverträglichkeit«) herauszuarbeiten (vgl. Beier 1979*b*).
Wenn man noch berücksichtigt, daß viele der »test«-Leser zu jenen Verbrauchern zählen, die gegenüber dem »perfekten« Konsum besonders aufgeschlossen sind und eine eher »unkritischere Einstellung zum Konsum haben, als die weniger informationsaktiven Verbraucher (vgl. Tölle/Hofacker/Kaas 1981, S. 48f.), dann ist es sogar wahrscheinlich, daß der Anteil jener Verbraucher, die fehlentwickelte Kauf- bzw. Konsumentscheidungen treffen, nicht bei 38% (vgl. hierzu die Interpretation der Daten von Opaschowski 1987) und nicht bei 46,3% (vgl. hierzu Meffert/Windhorst 1984), sondern weit darüber liegen wird. Die jährlichen Umsatzzahlen einzelner Konsumbranchen sprechen für eine solche Einschätzung, aber auch die Wachstumsraten für Krankenkosten und Umweltzerstörung.

Literatur

Adlwarth, W. (1983), Formen und Bestimmungsgründe prestigegeleiteten Konsumverhaltens. München

Allport, G. (1949), Persönlichkeit. Stuttgart

Becker, K. E. (Hrsg.) (1992), Konsum. Frankfurt a. M./Bern/u. a.

Beier, U. (1974), Kaufentscheidungen beschränkt rational handelnder Konsumenten. Meisenheim am Glan

– (1975), Bemerkungen zur verbraucherpolitischen Relevanz der Konsumentensouveränität, in: *Jahrbuch der Absatz- und Verbrauchsforschung* (21), S. 129–160

– (1978), (Zur Relevanz der) Kaufentscheidungen für die Wirtschaftslehre des Haushalts, in: *rationelle hauswirtschaft* (15), Heft 7, S. 20–23

– (1978*a*), Ansätze einer Soll-Analyse formaler Aspekte der Produktberatung in Verbraucherberatungsstellen, in: *Hauswirtschaft und Wissenschaft* (26), S. 112–121

– (1979), Zum Einfluß beschränkter Markttransparenz auf die Kaufentscheidungen der Privathaushalte, in: *Hauswirtschaft und Wissenschaft* (27), S. 108–117

– (1979a), Effizienzprobleme der Produktberatung, in: *rationelle hauswirtschaft* (16), Heft 10, S. 20–25

– (1979*b*), Verbraucher-Forderungen an die Arbeit der Stiftung Warentest, in: *Hauswirtschaftliche Bildung* (55), S. 106–111

– (1979*c*), Zur Problematik von Werbeaussagen. Versuch einer Typologisierung möglicherweise kaufentscheidungsrelevanter Irreführungen in Anzeigentexten, in: *Mitteilungsdienst der Verbraucherzentrale Nordrhein-Westfalen*, Heft 3/4, S. 30–50

– (1980), Probleme der Haushaltsgerätewerbung, in: *Hauswirtschaft und Wissenschaft* (28), S. 84–91

– (1981), Inhalte der Lebensmittelwerbung. Baltmannsweiler

– (1981*a*), Produktinformation: Ihre Bedeutung für die Verbreitung von Informationen über den Energieverbrauch von Haushaltsgeräten, in: *Hauswirtschaft und Wissenschaft* (29), S. 282–292

– (1985), Zur Aktualität der Aussagen in der Produktberatung von Verbraucherzentralen, in: *rationelle hauswirtschaft* (22), Heft 6, S. 21–25

– (1988), Ansätze zur Standardisierung der Bedarfsreflexion, in: *rationelle hauswirtschaft* (25), Heft 8, S. 10–13, u. Heft 9, S. 22–25

Bartelt, M. (1979), Der Wandel des gesellschaftlichen Wertsystems als Orientierung für einen neuen Lebensstil, in: *Wenke/Zilleßen* (S. 73–121)

Bänsch, A. (1986), Käuferverhalten. 3. Aufl., München/Wien

Birnbacher, D. (1979), Was wir wollen, was wir brauchen, was wir wollen dürfen, in: *Meyer-Abich/Birnbacher* (S. 30–57)

Bost, E. (1987), Ladenatmosphäre und Konsumverhalten. Heidelberg

Brinkmann, W. (1979), Rechtliche Grenzen neutraler Preisvergleiche, in: *Wettbewerb in Recht und Praxis* (25), S. 265–269

Dahlkoff, K.-D. (1980), Kaufentscheidungsprozesse von Familien. Frankfurt

Delhees, K. H. (1975), Motivation und Verhalten. München

Dieterich, M. (1986), Konsument und Gewohnheit. Wien

Egner, E. (1952), Der Haushalt. Eine Darstellung seiner volkswirtschaftlichen Gestalt. Berlin

– (1968), Die Konsumentengesellschaft, in: *Jahrbücher für Nationalökonomie und Statistik* (181), S. 518–548

– (1974), Hauswirtschaft und Lebenshaltung. Berlin

Engelhardt, W. H./Kleinaltenkamp, M./Rieger, S. (1984), Der Direktvertrieb im Konsumgüterbereich. Stuttgart/Berlin/Köln/Mainz

Euler, M. (1992), Konsumverhalten 1991, in: *AID-Verbraucherdienst* (37), S. 201–210

Faber, R. J./O'Guinn, Th. C. (1988), Compulsive Consumption and Credit Abuse, in: *Journal of Consumer Policy* (11), S. 97–109

Fetscher, I. (1979), Was brauchen Menschen, um glücklich zu sein, in: *Meyer-Abich/Birnbacher* (S. 101–110)

Finck, H. (1992), Die Öko-Diät. Wie man umweltschonend ißt, in: *Psychologie Heute* Heft 7, S. 30f.

Fischer, W. Chr. (1982), Entwicklung der privaten Hauswirtschaft. Baltmannsweiler

– (1987), Sozialökonomische Aspekte der Verschuldung privater Haushalte. Beiträge zur Arbeits- und Konsumforschung, Heft 5, Mai, Universität Bremen, FB 11

Friedman, Y. (1980), About Implicit Limitations on Satisfiers, in: *Human Needs*, hrsg. v. K. Lederer. Königstein, S. 151–162

Fromm, E. (1980), Haben oder Sein. 6. Aufl. München

Galbraith, J. K. (1973), Gesellschaft im Überfluß. München/Zürich

Gehlen, A. (1957), Die Seele im technischen Zeitalter. Hamburg (1972)

Griesshammer, R. (1986), Umweltengel – Umweltteufel. Freiburg

Gronemeyer, M. (1988), Die Macht der Bedürfnisse. Reinbek

Habermas, J. (1954), Die Dialektik der Rationalisierung, in: *Merkur* (8), S. 701 ff.

Haudenschild, Chr. (1989), Konsum als Mittel der Lebensweltstilisierung. Bern/Frankfurt/New York/Paris
Hesse, K. (1974), Das diskretionäre Einkommen, seine Bestimmung und Verwendung. Berlin/München
Hessischer Sozialminister (Hrsg.) (1986), Grundsätze hessischer Verbraucherpolitik. Wiesbaden, Sept.
– (1976), Verbraucherverhalten. Stuttgart/Berlin/Köln/Mainz
Hörning, K. H. (1970), Ansätze zu einer Konsumsoziologie. Freiburg
Hondrich, K. O. (1975), Menschliche Bedürfnisse und soziale Steuerung. Reinbek
– (1983), Bedürfnisse, Ansprüche und Werte im sozialen Wandel, in: *Hondrich/Vollmer* (S. 15–74)
Hondrich, K. O./Vollmer R. (Hrsg.) (1983), Bedürfnisse. Stabilität und Wandel. Opladen
Hubel, W. (1986), Der Einfluß der Familienmitglieder auf gemeinsame Kaufentscheidungen, Berlin
Hunziker, P. (1972), Erziehung im Überfluß. Stuttgart/Berlin/Köln/Mainz
Kahnwald, M. (1985), Convenience Produkte im Reproduktions- und Produktionsbereich, in: *Hauswirtschaftliche Bildung* (61), S. 210–214
Kaminski, H. (1981), Bedürfnisse. Ein Unterrichtsmodell. Bad Heilbrunn
Kirschner, J. (1980), Die Kunst, ohne Überfluß glücklich zu leben. Locarno
Klages, H. (1988), Wertedynamik. Zürich
Kleinhenz, G. (1978), Zur politischen Ökonomie des Konsums. Berlin
Krockow, C. G. v., Die Heimkehr zum Luxus. Zürich
Kroeber-Riel, W. (1984), Konsumentenverhalten, 3. Aufl. München
Krystal, H./Raskin. H. A. (1983), Drogensucht. Göttingen
Lederer, K./Mackensen, R. (1975), Gesellschaftliche Bedürfnislagen. Göttingen
Leitherer, E. (1971), Der Bedarf als zentraler Ertragsfaktor, in: *Beiträge zur betriebswirtschaftlichen Ertragslehre*, hrsg. von P. Riebel, Opladen, S. 100ff.
Lüderssen, K. (1980), Hans im Glück. Kriminalpsychologische Betrachtungen – mit einem Seitenblick auf die Genese sozialer Normen, in: *Brackert, H. (Hrsg.), Und wenn sie nicht gestorben sind...* Frankfurt/Main, S. 137–152
Maslow, A. P. (1981), Motivation und Persönlichkeit. Reinbek (1954)
Mason, R. (1981), Conspicuous Consumption. Westmead/Farnborough/Hampshire

Meffert, H./Windhorst, K.-G. (1984), Sieben »Werttypen« auf der Spur, in: *Absatzwirtschaft* Heft 9, S. 116–124
Menge, W. (1974), Der verkaufte Käufer. Frankfurt/Main
Meyer-Abich, K. M. (1979), Kritik und Bildung der Bedürfnisse, in: *Meyer-Abich/Birnbacher*, S. 58–77
Meyer-Abich, K. M./Birnbacher, D. (Hrsg.), (1979), Was braucht der Mensch, um glücklich zu sein. München
Moser, S./Ropohl, G./Zimmerli, W. (Hrsg.) (1978), Die »wahren« Bedürfnisse oder: wissen wir, was wir brauchen? Basel/Stuttgart
Michelsen, G./Kalberlah, F./Öko-Institut (Hrsg.) (1980), Der Fischer Öko-Almanach. Daten, Fakten, Trends der Umweltdiskussion. Frankfurt/Main
Opaschowski, H. W. (1987), Konsum in der Freizeit. BAT-Freizeit-Forschungsinstitut, Bd. 7 der Schriftenreihe zur Freizeitforschung, Hamburg
– (1989), Freizeitkonsum: in: *Verbraucherpolitische Hefte,* Nr. 8, S. 65–78
– (1992), Freizeit 2001. Ein Blick in die Zukunft unserer Freizeitwelt. BAT-Freizeit-Forschungsinstitut, Hamburg
Pestalozzi, H. A. (1979), Der Neue Konsument – Fiktion oder Wirklichkeit, in: *Magazin Brennpunkte* (14) »Der neue Konsument. Der Abschied von der Verschwendung – die Wiederentdeckung des täglichen Bedarfs«. Frankfurt/Main
Raffée, H. (1969), Konsumenteninformation und Beschaffungsentscheidung des privaten Haushalts. Stuttgart
Raffée, H./Hefner, M./Schüler, M./Grabicke, K./Jacoby, J. (1976), Informationsverhalten und Markenwahl, in: *Die Unternehmung* (30), S. 95–107
Raffée, H./Wiedmann, K.-P. (1980), Die Obsoleszenzkontroverse – Versuch einer Klärung, in: *Zeitschrift für betriebswirtschaftliche Forschung* (32), S. 149 ff.
– (1987), Dialoge 2 – Der Bürger im Spannungsfeld von Öffentlichkeit und Privatleben, Band: Marketing-Analyse – Konsequenzen und Perspektiven für das gesellschaftliche Marketing. Stern Bibliothek: Hamburg
Rapin, H. (Hrsg.) (1990), Der privater Haushalt – Daten und Fakten, Frankfurt a. M./New York
Riemann, F. (1985), Grundformen der Angst. München
Riesman, D. (1958), Die einsame Masse. Hamburg
Rinsche, G. (1961), Der aufwendige Verbrauch. Sozialökonomische Besonderheiten geltungsbedingter Nachfrage, in: *Kreikebaum, H./Rinsche, G. (Hrsg.), Das Prestigemotiv in Konsum und Investition.* Berlin, S. 105–221

Röper, B. (1976), Gibt es geplanten Verschleiß? Göttingen
Sachs, W. (1990), Die Liebe zum Automobil. Reinbek
Scherhorn, G. (1959), Bedürfnis und Bedarf. Berlin
– (1973), Gesucht: der mündige Verbraucher. Düsseldorf
– (1975), Verbraucherinteresse und Verbraucherpolitik, Göttingen
– (1977), Erziehung zur Konsumfreiheit, in: *Hauswirtschaftl. Bildung* (53), S. 3–9
– (1977*a*), Konsum, in: *Handbuch der empirischen Sozialforschung*, hrsg. von R. König, Band 11: Freizeit – Konsum. 2. Aufl. Stuttgart, S. 193–265
– (1980), Methoden und Chancen einer Beeinflussung der Konsumenten zur rationalen Überprüfung von Präfenrenzen. Referat vor dem Sozialwissenschaftlichen Ausschuß der Gesellschaft für Wirtschafts- und Sozialwissenschaften – Verein für Socialpolitik – 2. 5. 80 (überarb. Fassung)
– (1983), Autonomes Konsumverhalten und informelle Produktion, in: *Hauswirtschaft und Wissenschaft* (31), S. 297–305
– (1990), Autonomie und Empathie. Die Bedeutung der Freiheit für das verantwortliche Handeln, in: *Biervert, B. / Held, M. (Hrsg.), Die Natur des Menschen – zum Menschenbild in der ökonomischen Theorie*. Frankfurt / Main
Scherhorn, G. / Grunert, S. C. / Kaz, K. / Raab, G. (1988), Kausalitätsorientierungen und konsumrelevante Einstellungen. Bericht über die erste Phase des Projekts »Konsumentenverhalten und postmaterielle Werthaltungen«, Universität Hohenheim, Stuttgart, Dez.
Scherhorn, G. / Reisch, L. / Raab, G. (1990), Kaufsucht. Bericht über eine empirische Untersuchung, 3. Fassung, Lehrstuhl für Konsumtheorie und Verbraucherpolitik, Arbeitspapier 50, Universität Hohenheim, Stuttgart, Juli
Scheuch, E. K. (1975), Der Charakter des Konsums in modernen Industriegesellschaften, in: *Hamburger Jahrbuch für Wirtschafts- und Gesellschaftspolitik* (20), S. 111–128
Schmidbauer, W. (1984), Weniger ist manchmal mehr. Reinbek
Schweitzer, R. v. (1976), Haushalte, private (Gesellschaftliche Bedeutung und Haushaltsökonomie), in: *Handwörterbuch der Wirtschaftswissenschaft*, Stuttgart / New York / Tübingen / Göttingen / Zürich, S. 27–62
Scitovsky, T. (1977), Psychologie des Wohlstands. Die Bedürfnisse des Menschen und der Bedarf des Verbrauchers. Frankfurt / New York
Silberer, G. / Raffée, H. (1984), Warentest und Konsument. Frankfurt / Main
Simmel, G. (1986), Die Mode, in: *Bovenschen, S. (Hrsg.), Die Listen der Mode*, Frankfurt / Main, S. 179–207

Sombart, W. (1922), Liebe, Luxus und Kapitalismus. Über die Entstehung der modernen Welt aus dem Geist der Verschwendung. Berlin 1954 (Originalausgabe 1922)

Statistisches Bundesamt (Hrsg.) (1992), Statistisches Jahrbuch für die BRD, Stuttgart

Steffens, H. (1980), Verbrauchererziehung. Tübingen

Stern, H. (1962), The Significance of Impulse Buying Today, in: *Journal of Marketing* (26), No. 2, S. 59–62

Stillner, W. (1987), Der Kaufvertrag. München

Tenbruck, F. H. (1978), Die »wahren« Bedürfnisse des Menschen und die Entwicklung der Sozialwissenschaften, in: *Moser/Ropohl/Zimmerli* (S. 67–78)

Tölle, K./Hofacker, T./Kaas, K. P. (1981), Der »Information Seeker«: Konsumbegeistert oder konsumkritisch?, in: *Marketing ZFP* (3), S. 47–50

Valence, G./d'Astous, A./Fortier, L. (1988), Compulsive Buying: Concept and Measurement, in: *Journal of Consumer Policy* (11), S. 419–433

Veblen, T. (1981), Theorie der feinen Leute. München (Originalausgabe 1899)

Weggemann, S. (1987), Beratung im Dienste der ökonomischen Risikobewältigung, in: *Hauswirtschaft und Wissenschaft* (35), S. 281–287

Weinberg, P. (1981), Das Entscheidungsverhalten der Konsumenten. Paderborn/u. a.

Wenke, K. E./Zilleßen H. (Hrsg.) (1978), Neuer Lebensstil – verzichten oder verändern? Opladen

Wiedmann, K.-P. (1987), Zum Stellenwert der »Lust auf Genuß-Welle« und des Konzepts eines erlebnisorientierten Marketing, in: *Marketing ZFP* (9), S. 207–219

Windhorst, K.-G. (1985), Wertewandel und Konsumentenverhalten. Münster

Wiswede, G. (1968), Konsum-Stratifikation, in: *Jahrbuch der Absatz- und Verbrauchsforschung* (14), S. 308–317

– (1971), Theorie der Mode aus soziologischer Sicht, in: *Jahrbuch der Absatz- und Verbrauchsforschung* (17), S. 79–93

– (1972), Soziologie des Verbraucherverhaltens. Stuttgart

– (1973), Motivation und Verbraucherverhalten, 2. Aufl. München/Basel

– (1987), Über die Entstehung von Präferenzen, in: *Heinemann, K. (Hrsg.), Soziologie wirtschaftlichen Handelns*. Opladen, S. 40–53

Übersicht: Typen möglicher Fehlentwicklungen im Konsum

	Typ	*Charakterisierung*
	I. Der Kauf als solcher als Ursache für Fehlentwicklungen	
[1]	Konsumpassivismus (»Entgrenzung des Konsums«)	Der Verbraucher (V.) ist immer weniger fähig u. bereit, seine Bedürfnisse durch »Eigenleistungen« zu befriedigen.
[2]	Erreichbarkeitstäuschung	Der V. kauft eine Ware, obwohl er sie sich finanziell nicht leisten kann, was u. U. zu seiner Zahlungsunfähigkeit führt.
	II. Die Bedürfnisse als Ursache für Fehlentwicklungen	
[3]	Kauflustbefriedigung	Der V. kauft nur noch wegen des »Kauferlebnisses«, nicht aber weil er die gekaufte Ware benötigt.
[4]	Gewohnheitskonsum (»Funktionelle Autonomie«)	Der V. kauft eine Ware, weil er sich an ihren Konsum gewöhnt hat.
[5]	Konsumlustbefriedigung	Der »Gewohnheitskonsum« erstreckt sich hier auf das gesamte Marktangebot.
[6]	Konsumsucht	Der Bedarf ist auf Grund einer Gewohnheit entstanden, letztlich wird er aber durch die »Abhängigkeit« begründet, die sich im Laufe der Zeit zwischen V. und Ware aufgebaut hat.
	Kaufsucht	Die Sucht erstreckt sich *nur* auf den Kauf von Waren, aber nicht auf deren Konsum.
[7]	Über-Sättigungs-Konsum	Der V. legt den Schwerpunkt seines Konsums auf die möglichst vollständige Befriedigung eines einzelnen Bedürfnisses.

Typ		Charakterisierung
[8]	Unter-Sättigungs-Konsum	Der V. kauft Waren, obwohl er in seinem Haushalt noch nicht ganz verbrauchte bzw. verschlissene Waren derselben Art besitzt.
[9]	Haben-Wollen-Effekt	Der V. kauft eine Ware allein wegen ihres Besitzes, nicht aber wegen ihres Nutzens.
[10]	Impuls-Effekt	Wird beim V. ein Bedürfnis geweckt, leitet er »impulsiv« eine entsprechende Kaufhandlung ein.
[11]	Angebotseffekt	Beim V. entstehen nur noch Bedürfnisse, für die Unternehmen Befriedigungsmöglichkeiten anbieten.
[12]	Stiumulus-Kauf	Der V. kauft genau jene Ware, von der der Stimulus für die Einleitung eines Kaufentscheidungsprozesses ausgegangen ist.
	Impuls-Kauf	Der Stimulus für einen Kauf wird in einem Geschäft empfangen, und der Kauf wird unmittelbar danach im selben Geschäft getätigt.
	»geplanter Impuls-Kauf«	Der V. plant im voraus, daß der Kauf z. B. durch Sonderangebotsaktionen eines Geschäfts stimuliert wird.
[13]	Lager-Konsum	Wegen des erhöhten Lagerbestandes von Waren im Haushalt des V. tritt eine Erhöhung des Konsums dieser Ware ein.
[14]	»Erdnuß-Syndrom (»Mini-Sucht«)	Der V. konsumiert zunächst »unmotiviert« eine Ware, wodurch dann genau ein Bedürfnis nach einem weiteren Konsum dieser Ware entsteht.
[15]	»Wilhelm-Busch-Effekt«	Sobald der V. ein Bedürfnis befriedigt hat, tritt ein anderes Bedürfnis mit derselben Dringlichkleit wie das gerade erst befriedigte auf.
	Komplettierungs-Streben (Sammelleidenschaft)	Ein befriedigtes Bedürfnis weckt Folgebedürfnisse, die darauf hin-

Typ	Charakterisierung
	auslaufen, daß der V. auch jene Waren kauft, die das ursprüngliche Bedürfnis ergänzen bzw. erweitern.
[16] Ersatzkonsum (Konsum als sozialer bzw. individueller Problemverdränger/-löser)	Der V. sollte eigentlich aus sich heraus mit in der eigenen Person liegenden Fähigkeiten etwas tun, um sein Bedürfnis zu befriedigen, statt dessen weicht er auf am Markt angebotene Leistungen aus.
Trost-Konsum/Ersatzkauf	Der V. versucht, durch den Konsum/Kauf von Waren sich über individuelle Probleme hinwegzutrösten.
[17] »Teufelskreis des Konsums«	Auf eine vollbrachte Arbeitsleistung des V. folgt stets eine Konsumleistung, die jedoch nur durch zusätzlich erhöhte Arbeitsleistungen finanzierbar ist, was eine erneute Anhebung der Konsumleistungen zur Folge hat usw. usf.
III. Die Wareneigenschaftsmerkmale als Ursache für Fehlentwicklungen	
[18] Bedarfsanreicherung (-sublimierung)	Der V. hat die Neigung, nach der Befriedigung eines Bedürfnisses die Anforderungen an die weitere Befriedigung dieses Bedürfnisses in jeder zukünftigen Befriedigungssituation von Mal zu Mal höher anzusetzen.
[19] Anspruchsdynamik	Die Ansprüche des V. erhöhen sich, je größer die angebotene Anzahl an zur Bedürfnisbefriedigung geeigneten Warenmarken ist.
[20] Luxus-Streben	Der V. versucht, »Luxus«-Eigenschaftsmerkmale notwendiger Waren zu notwendigen Eigenschaftsmerkmalem umzudeuten und als »selbstverständlich« für sich selbst anzusehen.

Typ	*Charakterisierung*
[21] Perfektionsstreben	Der V. ist bestrebt, beim Kauf sich an der qualitativ »perfektesten« Ware auszurichten, obwohl er auf Grund seiner persönlichen Anforderungen gar nicht dieser perfekten Ware bedarf.
[22] Spezialisierungsstreben	Der V. will sich nicht mit einer »Allround-Ware« begnügen, sondern ist vielmehr bestrebt, eine Ware zu kaufen, die möglichst »wie maßgeschneidert« auf den Verwendungszweck ausgerichtet ist.
[23] Bequemlichkeitskonsum	Der V. ist bestrebt, immer konsumreifere, d. h. »mundgerechtere« bzw. gebrauchsfertigere Waren zu kaufen.
[24] Aktualitätsstreben	Der V. ist besonders empfänglich für neu auf den Markt kommende Waren.
[25] Sicherheitsstreben	Der V. ist bestrebt, sich durch die Inanspruchnahme von Dienstleistungen gegen möglichst jedes Sicherheitsrisiko abzusichern (zu versichern) bzw. durch den Kauf von Sicherheit versprechenden Waren vor jeglicher Gefahr zu schützen.
[26] »USP-(Unique-Selling-Proposition)-Kauf	Der V. reduziert seine Kaufentscheidungsüberlegungen soweit, daß nur noch ein einziger Faktor (z. B. Eigenschaftsmerkmal, Zugabe, Preis) dafür entscheidend ist, welche Warenmarke gekauft wird.
[27] »Grenzqualitätsstreben«	Der V. läßt sich bei seinen Kaufentscheidungsüberlegungen von qualitativen Vorteilen einer Ware beeinflussen, welche lediglich »marginale« Differenzierungen von konkurrierenden Waren darstellen.
[28] Originalitätsstreben	Der V. ist bestrebt, sich beim Kauf möglichst für das »Original« einer

Typ	Charakterisierung
	Ware und nicht für ihre Kopie zu entscheiden.
[29] Schönheitsstreben	Alles was sich ein V. kaufen will, muß »schön« sein.
[30] Modekonsum	Der Kaufwunsch eines V. wird von der »Mode« geprägt.
[31] Kostspieligkeitsbedarf («Veblen-Effekt)	Der V. hält nur solche Waren für »schön«, die sehr teuer (= »kostspielig«) sind.
»Markenfetischismus«	Der V. hält nur solche Waren für »schön«, die ganz bestimmte »Marken« tragen.
[32] Image-Kauf	Relevant für die Kaufentscheidung ist die Vorstellung (das »Image«), die der V. über die Qualität einer Ware hat.
[33] Prestige-Kauf	Der V. kauft eine Ware (u. U. in einem bestimmten Geschäft), um Anerkennung zu erlangen, und zwar durch die Demonstration eines aufwendigen Konsums, eines gehobenen Konsumniveaus, eines bestimmten Lebensstils bzw. von Fortschrittlichkeit oder Vernunft.
»Opinion-Leader-Effekt«	Der V. kauft stets neue, meist technisch bzw. modisch interessante Waren, um auf diese Weise »Sachverstand« zu demonstrieren und somit stets als »Meinungsführer« im Gespräch zu bleiben.

IV. Die Außenwirkungen des Kaufs/Konsums von Waren als Ursache für Fehlentwicklungen

[34] Aufwandskonkurrenz	Der V. will in seiner Umwelt nicht negativ auffallen und paßt sich folglich dem Konsumverhalten ihm nahestehender V. an (»Egalisierung«). Nach erfolgter Anpassung will er u. U. positiv auffallen und

Typ	Charakterisierung
	versucht, sich vom Konsumverhalten der anderen abzuheben (»Differenzierung«). Die Folge ist, daß die anderen V. sich nun ihrerseits genötigt sehen, sich entsprechend anzupassen bzw. aufzufallen.
[35] Aufwandsdynamik	Der V. paßt sein Kaufverhalten dem Status nächst höherstehender Gruppen an.
[36] »Bandwagon-Effekt« (»Mitläufer-Effekt«)	Er charakterisiert jenen V., der unsicher in seiner Kaufentscheidung ist und daher stets das kauft, was die Mehrzahl der anderen V. konsumiert.
[37] »Snob-Effekt« (»Exklusiv-Effekt«)	Je kleiner der Umsatz einer Ware ist, desto exklusiver und somit attraktiver wird sie für den V.
[38] Solidaritätskauf	Der V. versucht, Solidarität zu gewinnen, indem er anderen V. durch den Kauf von Waren, die er diesen zukommen läßt, »Behagen« vermittelt.
[39] Höflichkeitskauf (»Kaufverpflichtungs-streben«)	Der V. hält sich bei einem Kauf an die Empfehlung eines anderen V. bzw. eines Verkäufers, um diese ratgebende Person nicht zu »enttäuschen« bzw. der V. will ein Geschäft, in dem er »gut« beraten wurde, nicht verlassen, ohne etwas gekauft zu haben.
[40] Gefälligkeitskonsum	Der V. konsumiert in Gesellschaft anderer, nur um diesen anderen zu gefallen, nicht aber weil er z. B. Hunger, Appetit oder Lust dazu hat.
[41] Identifikationsstreben	Der V. versucht bei seinem Konsum eine bekannte bzw. beliebte Persönlichkeit nachzuahmen, in der Hoffnung, insgesamt wie das Vorbild bzw. Idol zu werden.